本书由

山西省煤炭职业教育基金会

山西省煤炭工业协会

太原方天煤炭技术咨询有限公司

联合推出

#  2017年：山西煤炭工业发展报告

THE REPORT ON DEVELOPMENT
OF SHANXI COAL INDUSTRY(2017)

主　编　王　昕
副主编　王守祯　丁钟晓　邓保平　李　仪

山西出版传媒集团
山西经济出版社

# 《2017年：山西煤炭工业发展报告》编委会

| | | | | |
|---|---|---|---|---|
| 顾　问 | 王茂林 | 王森浩 | | |
| 主　编 | 王　昕 | | | |
| 副主编 | 王守祯 | 丁钟晓 | 邓保平 | 李　仪 |
| 总编审 | 梁嘉显 | 李生定 | | |
| 编　审 | 何明耀 | 李承义 | 张保华 | 刘　慧 |
| 撰　稿 | 刘　慧 | 李生定 | 武甲斐 | 白凌峰 |
| | 鲁效伟 | 曹利军 | 贾云海 | 姚　婷 |
| | 左　刚 | 梁丽彤 | | |
| 编　务 | 张　亮 | 赵占平 | 李小连 | 洪　英 |

# 目　录

## 综　合　篇

总报告　2016年山西煤炭工业运行分析及2017年展望
……………………………………………………………（003）

## 行业运行篇

专题一　把握供给侧改革契机　推动煤炭安全生产变革 ……（041）
专题二　"十三五"时期煤炭价格走势预判及对山西经济发展
　　　　的影响分析…………………………………………（056）

## 经济转型篇

专题三　破局——去杠杆作为煤炭企业涅槃重生重要抓手的
　　　　实证研究………………………………………………（079）
专题四　立足山西煤炭资源　深度发展煤化产业经济 ………（102）

## 管理创新篇

专题五　三支人才队伍建设的创新与实践 …………………（117）
专题六　"自治式"班组管理法的探索与实践 ………………（130）
专题七　大型煤炭企业安全生产预警系统的构建与实施 ………（144）
专题八　企业一站式信息管理平台的创新与应用 ……………（160）
专题九　矿山应急救援自身防卫创新
　　　　在煤矿安全管理中的应用 ………………………………（174）

附录一　中煤平朔集团有限公司 2015 年社会责任报告 ………（189）
附录二　2016 年煤炭工业相关政策辑要 ………………………（196）
附录三　单位简介 …………………………………………………（301）

参考文献 ……………………………………………………………（306）
后记 …………………………………………………………………（308）

# 综合篇

ZONGHE PIAN

# 总报告
## 2016年山西煤炭工业运行分析及2017年展望

- 煤炭去产能效果显现，产品价格大幅回升，市场有所回暖
- 中国经济处于新旧动能交替过程，煤炭工业回暖基础并不牢靠
- 坚持供给侧结构性改革为主线不动摇，提升煤炭行业发展质量

---

2016年，国内经济稳定增长，基础设施建设、汽车市场和房地产市场的繁荣有效地拉动了冶金、建材等行业的需求，带动煤炭市场需求回暖。同时，煤炭行业去产能效果明显，供需关系短期出现了紧张局面，煤炭价格应声上涨。未来，山西煤炭行业仍将坚持供给侧结构性改革为主线，主动调整体制机制、产业结构、产品结构，夯实煤炭行业运行基础。

### 一、2015—2016年山西煤炭工业运行情况

2015年以来，国家为破解煤炭行业发展难题，提出了多项有针对性的政策措施，随着政策的不断落地，煤炭行业经营局面逐渐好转。

#### （一）2015—2016年全国煤炭工业运行情况

1. 2015年全国煤炭工业运行情况

2015年，全国煤炭市场供大于求的问题突出，煤炭需求大幅下降，国内产能严重过剩及进口煤总量较大，库存居高不下，价格大幅下滑，行业效益持续下降，亏损面进一步扩大，企业资金紧张、经营困难，煤炭经济下行压力加大。

## 2017年：山西煤炭工业发展报告

固定资产投资持续下滑。2015年全年，煤炭开采及洗选业投资总额4007.78亿元，同比下降14.4%。2011—2015年的五年间，受到煤炭消费市场疲软的影响，煤炭行业固定资产投资总额逐渐下降且降幅不断扩大。2011年煤炭开采及洗选业投资总额同比增长9.4%，但明显低于2010年的29.7%的增幅；2013年投资总额绝对量下降，同比下降2%；2015年，降幅继续扩大。

煤炭产量下降。根据国家统计局发布的《2015年国民经济和社会发展统计公报》，2015年我国原煤产量37.5亿吨，同比下降3.3%，连续两年下降。煤炭产量下降一方面是宏观经济趋缓运行的结果，另一方面是受到我国调整能源产业结构和消费结构的影响。

煤炭进出口双双下降。2015年全年共进口煤炭2.04亿吨，同比下降29.9%；出口533万吨，同比下降7.1%；净进口1.99亿吨，同比减少8700万吨，下降30.4%。进口煤炭大幅下降主要是受到了我国经济运行趋缓的影响，同时国家规范煤炭进口、提高煤炭进口关税等措施也一定程度上影响了煤炭的进口。但应该注意的是，我国经济仍处于中高速增长阶段，对能源的需求在一个较长时期内仍将保持旺盛，国外煤炭出口企业也会积极调整应对措施，对中国煤炭的出口策略短期内不会发生大的改变。

煤炭价格下降得到有效遏制。2015年，我国煤炭市场价格从年初开始大幅下滑，直至10月份以后才小幅回升。根据国家煤炭工业网数据显示，中国煤炭价格指数（全国综合指数）年初为137.8，年末降到125.1，较年初下降12.7个基点，与2014年全年下降24个基点相比有了明显的趋稳，显示出煤炭价格下降得到有效遏制。

2. 2016年1—9月全国煤炭工业运行情况

2016年1—9月，我国国内生产总值同比增长6.7%，较上年同期下降0.2个百分点；全国规模以上工业增加值按可比价格计算同比增长6.0%，增速与上半年持平；9月，全国工业生产者出厂同比价格结束了自2012年3月以来连续54个月的负值，同比上涨0.1%。在经济平稳增长和国内去产能的有力推动下，国内煤炭工业的市场形势较前几年有了一定的好转。2016年前9个月，煤炭产量、固定资产投资、进口煤炭和煤炭价格继续全面下降。规模以上煤炭采选业实现利润287.2亿元，同比下降64.4%。

固定资产投资。2016年1—9月，全国煤炭开采及洗选业投资总额2200亿元，同比下降26%。从煤炭开采及洗选业投资总额占采矿业、第二产业和全国固定资产投资比例三个指标看，2015年分别为32%、1.8%和0.75%，2016年前9个月分别为29.8%、1.3%和0.5%，虽然差距不是很大，但2016年采矿业总的投资较2015年是下降的（-20.9%），第二产业投资增长仅为3.2%，而总的固定资产投资增长达到8.2%。说明去产能、调结构政策对国民经济的整体发展已取得明显效果，但煤炭市场受产能过剩和需求低迷的影响波动较大。

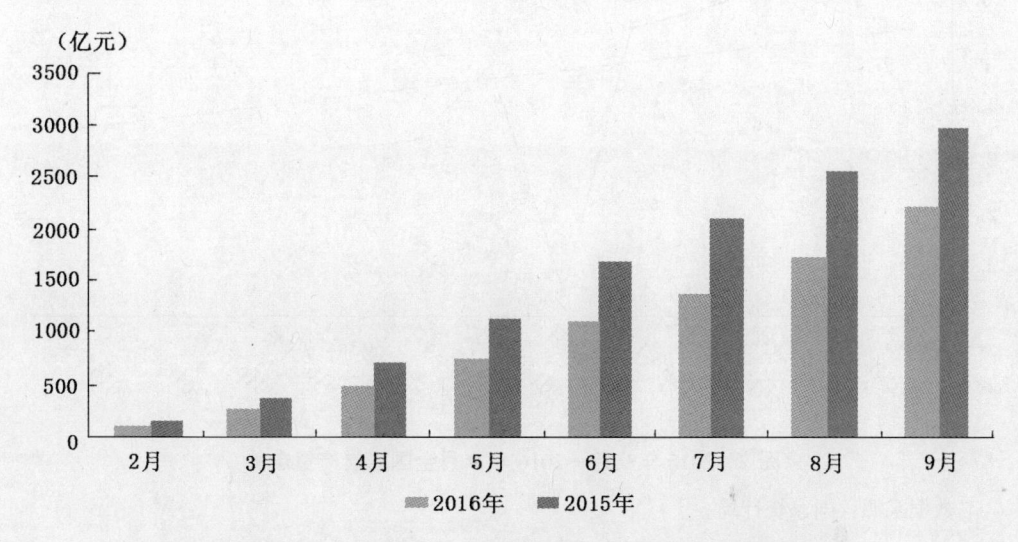

图1　2015年和2016年前9个月煤炭开采及洗选业累计投资对比

数据来源：国家统计局。

煤炭产量。2016年1—9月，全国规模以上工业原煤产量24.6亿吨，同比减少2.9亿吨，下降10.5%。全国主要产煤地区产量都出现不同程度的下降，尤其山西、内蒙古、山东和河南等地的产量降幅都出现了两位数的下降，分别为-16.1%、-10.7%、-10.7%和-13.1%。

进口煤炭。2013年，我国煤炭进口量高达3.27亿吨，占全国煤炭消费量的9.1%。自2013年以后，随着国内煤价不断下跌，进口煤的价格优势日渐萎缩，进口量呈逐年下降态势，且降幅有明显扩大。到2015年年底，进口量占全国煤炭消费量仅为5.1%。

2016年以来，随着去产能的逐步深入，主产地煤炭供应量随之收缩，同时国内煤价大幅上涨，使得进口煤市场重新打开，下游采购订货增加，进口量在近几个月出现持续递增的情况。除1月、2月、4月、7月同比小幅下降

## 2017年：山西煤炭工业发展报告

以外，其他月份均同比上涨，且涨幅较大。2016年1—9月，中国累计进口煤炭1.8亿吨，同比增长15.2%；累计出口630万吨，同比增加228万吨，增长56.7%。

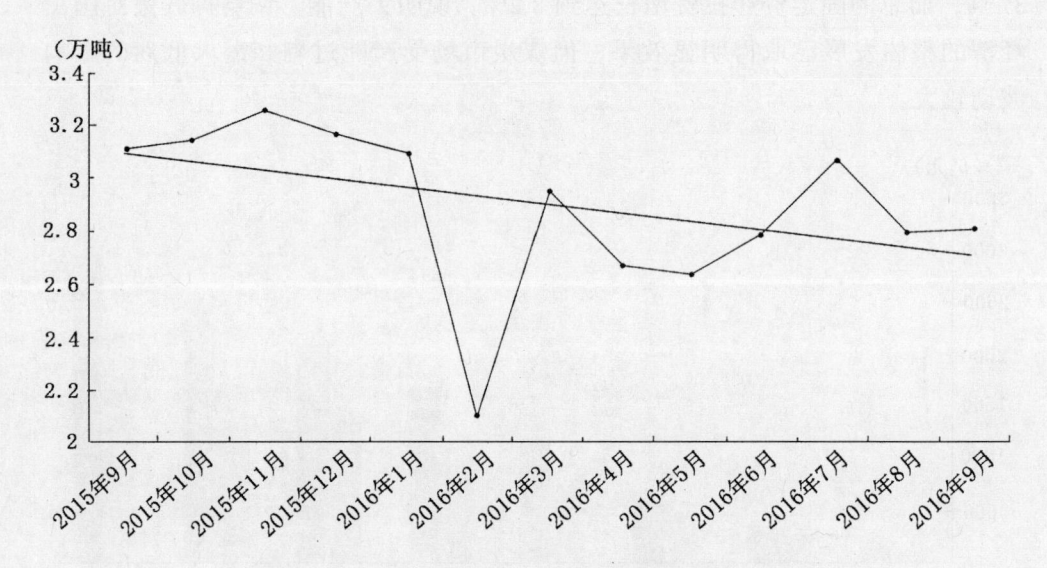

图2 2015年9月—2016年9月全国煤炭产量走势

数据来源：国家统计局。

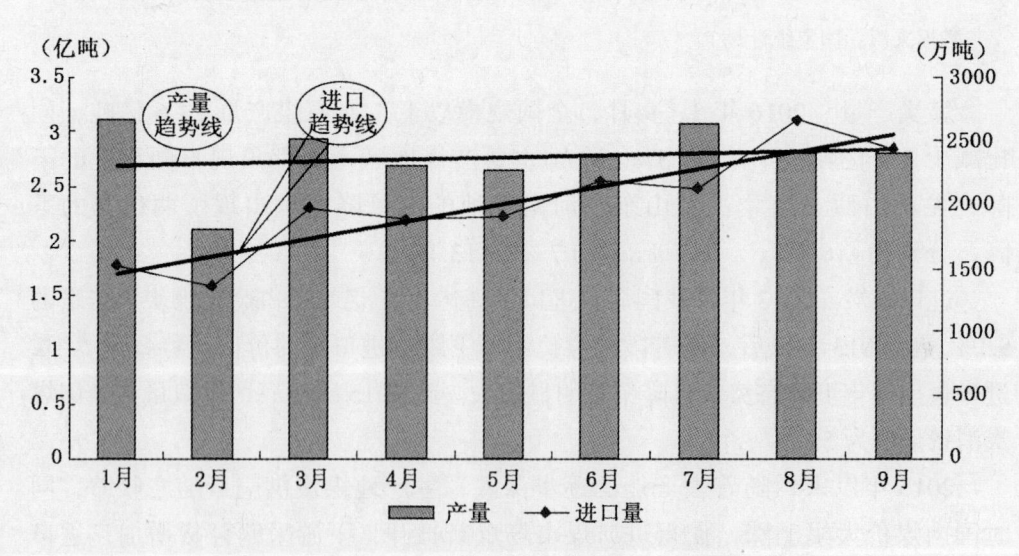

图3 2016年1—9月我国煤炭进口量与产量走势对比

煤炭价格。受国内煤矿去产能、产量下降和下游需求有所复苏的影响，2016年煤炭价格出现恢复性上涨，尤其是进入三季度后，价格上涨明显。9月最后一期环渤海动力煤（发热量5500大卡/千克）平均价格561元/吨，比上年同期增加了165元/吨，同比增长42%。京唐港9月末焦煤（A8，V25，S0.9，G85）场地价1060元/吨，比上年同期增加了295元/吨，同比增长38.6%。

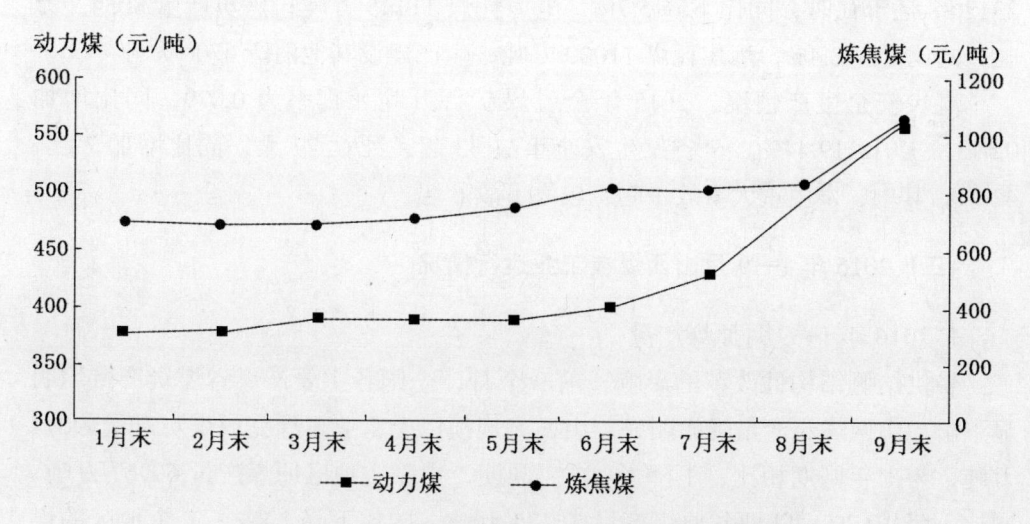

图4 2016年1—9月我国动力煤和炼焦煤价格走势

注：动力煤指标为秦皇岛海运煤炭交易市场发布的环渤海动力煤价格指数（发热量5500大卡/千克动力煤的综合平均价格）；炼焦煤指标为京唐港焦煤的场地价（A8，V25，S0.9，G85）。

### （二）2015年山西煤炭工业运行情况

2015年，山西省GDP同比增长3.1%，较2014年的4.9%继续下滑，降幅趋缓；全省规模以上工业增加值同比下降2.8%，其中，煤炭工业增加值增长1.5%；全省固定资产投资（不含农户、不含跨省）增长14.8%，其中，采矿业投资下降0.2%。全行业坚持稳中求进工作总基调，主动适应引领新常态，统筹推进稳增长、促改革、调结构、惠民生、防风险各项工作，全省经济呈现出缓中趋稳、稳中有进的态势，经济发展在克服困难中奋力前行。煤炭行业仍然是全省经济发展和财政收入的主要力量和基础支撑。

煤炭产量居全国首位。2015年全年，山西省原煤产量97531万吨，同比减少139万吨，下降0.14%；全省规模以上企业煤炭产量94410.25万吨，同比增长 0.6%；山西全社会煤炭产量小幅下降。横向来看，陕西省煤炭产量同期下降 2.46%，内蒙古煤炭产量同期下降 8.1%，山西煤炭产量下降幅度最小。

煤炭消费量小幅增长。2015 年山西省内煤炭消费 30195 万吨，同比减少 1620 万吨，下降 5%。在省内煤炭消费中，生产建设消费 28845 万吨，同比下降 5%；生活用煤 1350 万吨，同比增长 1%。在生产建设消费中，火力发电量 2312.88 亿千瓦时，同比下降 5.7%，电力耗煤 11145 万吨；焦炭产量 8034.7 万吨，同比下降 8.4%，炼焦耗煤 11000 万吨；生产建设其他消费 6700 万吨。

煤炭安全生产情况。2015 年全省煤矿百万吨死亡率为 0.079，同比增加 0.043，上升 119.44%。全省发生安全事故 33 起，死亡 77 人，同比增加 7 起、42 人，其中，发生重大事故 1 起，较大事故 6 起。

### （三）2016 年 1—9 月山西煤炭工业运行情况

**1. 2016 年 1—9 月原煤产量**

受供给侧结构性改革的影响，前 9 个月，全国各主要产煤省煤炭产量均明显下滑，山西煤炭产量降幅明显。山西省规模以上工业累计完成煤炭产量 59011 万吨，与上年同期相比，下降 16.1%。同期，内蒙古地区原煤产量 60967 万吨，同比下降 10.7%；陕西省原煤产量 36475 万吨，同比下降 3.8%。三个地区的煤炭产量占到全国总产量的 63%，是全国煤炭产量的主要产区。

**2. 2016 年 1—9 月山西煤炭消费情况（分析数）**

受国内工业经济回升的影响，我省主要煤炭消费企业产量降幅收窄。全省生产建设消费煤炭总计 20745 万吨，其中：火力发电量 1714.1 亿千瓦时，同比下降 3.2%；电力耗煤 8230 万吨。焦炭产量 6090 万吨，同比下降 6.3%；焦炭耗煤 8235 万吨。冶金、建材、化工等其他行业耗煤 4280 万吨。

山西居民生活耗煤 1000 万吨。

山西省内生产建设和居民生活总的耗煤量 21745 万吨。

表 1　2016 年 1—9 月山西煤炭消费量汇总（分析数）

单位：万吨

| 项目 | 生产建设消费 | | | | 居民生活用煤 | 省内消费合计 |
| --- | --- | --- | --- | --- | --- | --- |
| | 火电 | 焦炭 | 其他 | 小计 | | |
| 2016 年 1—9 月 | 8230 | 8235 | 4280 | 20745 | 1000 | 21745 |

### 3. 山西煤炭生产安全形势

2016年1—8月，山西省煤矿百万吨死亡率为0.062，同比减少0.045，下降41.67%，全省累计发生生产安全事故10起，死亡31人，同比减少12起、29人，分别下降54.55%和48.33%。其中，国有重点煤矿发生事故6起，死亡24人，同比减少6起、19人，分别下降50%和44.19%；地方煤矿发生事故4起，死亡7人，同比减少6起、10人，分别下降60%和58.82%。

### (四) 煤炭市场价格波动情况

#### 1. 2015年煤炭价格变动回顾

2015年国内煤炭价格一路下行，毫无反弹之力，主要是因为经济下行、经济结构调整导致工业产业用电需求降低，电力、钢铁、水泥等下游行业下降明显，与2014年相比，全国火力发电量下降2.8%，焦炭产量下降6.5%，生铁产量下降3.5%，水泥产量下降4.9%，煤炭等基础能源消费缺乏强力支撑，动力不足，需求整体疲软。同时受中国国内市场需求疲软的影响，国际煤价持续下行，国内煤炭企业抢占市场份额不断降价挤压进口市场，全球煤炭市场产能过剩凸显。

在煤炭产能过剩和需求疲软的情况下，煤炭供需形势明显宽松，煤炭价格大幅下跌难以避免。2015年，我国煤炭市场价格延续了2014年下跌的态势。中国煤炭价格指数年初为137.8点，年末达到125.1点，比年初水平下降12.7点。

2015年5500大卡/千克动力煤车板价平均为350元/吨，较2014年下降76元/吨，降幅18%；无烟中块车板价平均为799元/吨，较2014年下降128元/吨，降幅14%；焦煤车板价平均为746元/吨，较2014年下降160元/吨，降幅18%。

#### 2. 2016年1—9月煤炭价格走势

进入2016年，煤炭行业迎来供需两方面的利好。供给侧：国家推动煤炭行业供给侧结构性改革，2016年2月国务院下发《关于煤炭行业化解过剩产能实现脱困发展的意见》，提出淘汰落后产能，执行276个工作日的工作制度。随着政策在各地的落实，全国煤炭产量明显下降。需求侧：2016年1月央行新增人民币贷款2.5万亿元，创单月历史新高，在资金的有力支撑下，房地产等行业开始复苏，同时"一带一路"、亚投行等政策的效果也开始逐渐显现，带动钢铁、建材等工业开始反弹，我国主要经济指标符合预期目标，保持在合理区间。

国民经济保持了平稳运行、稳中有进的态势，积极因素不断积累，推动了煤炭市场逐步回暖。2016年1—9月，动力煤、炼焦煤和无烟煤价格呈现明显回升态势，尤其在进入三季度后，煤炭价格更是一路上涨，煤炭市场复苏迹象明显。

（1）动力煤市场。根据中国电力企业联合会数据，2016年前三季度，全社会用电量同比增长4.5%，增速同比提高3.7个百分点，其中三季度同比增长7.8%。第三产业用电量同比增长11.5%，持续保持较高增速；城乡居民生活用电量同比增长11.6%，其中三季度受高温天气影响，增长18.4%，创十年来季度增速新高；第二产业用电量同比增长2.0%，增速同比提高2.9个百分点。受房地产和汽车市场回暖的影响较为明显，制造业用电量同比增长1.1%，各季度增速分别为-1.5%、0.7%和3.8%，呈逐季回升态势。

受需求回暖的影响，全国电力发电量较上年同期涨幅明显。2016年前三季度，全国规模以上电厂发电量4.37万亿千瓦时，同比增长3.4%。发电设备利用小时2818小时，同比降低179小时。1—9月，全国规模以上电厂发电量43732亿千瓦时，同比增长3.4%。其中，火电发电量32289亿千瓦时，同比增长0.8%（累计增速在9月份由负转正），增速比上年同期提高3.0个百分点。

电力供需环境由宽松转向均衡拉动了动力煤的消费。2016年年初，受气温下降影响，民用电增加，电厂耗煤量大幅增加。动力煤交易价开始反弹。进入二季度后，国内房地产等工业陆续复工复产，电厂耗煤量恢复到正常水平。到三季度，国民经济保持了平稳增长，煤炭的市场需求增加，煤炭企业限产的影响开始显现，市场煤炭资源开始紧张。主要动力煤生产企业拉涨意愿明显，煤价大幅上涨。2016年前三季度动力煤价格呈连续上涨走势，环渤海动力煤价格指数在年内连续突破400元/吨和500元/吨，走出了一条与2015年前三季度完全相反的趋势。从2016年初的374元/吨，到9月末的561元/吨，9个月的时间里环渤海动力煤价格指数累计上涨超过180元/吨，涨幅高达50%。

（2）冶金煤市场。2016年前三季度，随着国家稳增长、调结构政策措施效果逐步显现，钢铁行业总体市场环境好于2015年，价格整体水平高于2015年，钢铁生产和出口都保持增长态势。前三季度，全国粗钢产量60378万吨，同比增长0.4%，上年同期为下降2.1%；钢材产量85178万吨，增长2.3%，增速同比提高1.2个百分点。钢材出口8512万吨，增长2.4%；进口983万吨，增长1%。焦炭出口750万吨，增长13.9%。9月份，国内市场钢材价格综合指数平均为76.30点，比年初提高18.7点，同比提高14.57点。在钢铁行业复苏回暖的带动下，上游焦炭行业也迎来利好，焦炭产量33174万吨，下降1.6%，降幅同比减少3.1个百分点。受资源紧张和需求旺盛的刺激，焦炭价格也是一路上涨。受此影响，炼焦煤市场需求保持旺盛。

与旺盛的需求相比，炼焦煤资源相对紧张。2016年前三季度，我国煤炭产量总体下降10.5%。在煤矿276个工作日的影响下，我国煤炭产能释放逐渐减少，而且由于炼焦煤资源较为集中，产能控制对于炼焦煤的供应影响较大。受国内炼焦煤资源紧张的影响，进口炼焦煤同比增幅明显，达到20%。

需求旺盛，供应紧张，炼焦煤价格大幅回升。根据中国（太原）煤炭交易中心数据，2016年1—9月，山西炼焦煤价格呈明显的上升走势，在9个月中连续上了两个台阶，年初焦煤（S<1，下同）车板含税加权平均价582元/吨，6月初上涨到710元/吨，幅度超过100元/吨，9月末价格涨至860元/吨，幅度达到150元/吨，前9个月累计涨幅接近300元/吨，已经达到了2014年中期的价格。国际方面，一季度日澳焦煤合同价82美元/吨，较2015年四季度下调2美元/吨；二季度日澳焦煤合同价84美元/吨，较一季度上调2美元/吨；三季度日澳焦煤合同价为92.5美元/吨，较二季度每吨大幅上涨8.5美元。而由于6月份以来炼焦煤现货价格暴涨，远远超过三季度的长协价，导致四季度长协价短期不能达成一致。

（3）无烟块煤市场。无烟煤是煤化程度最大的煤种，尽管其生产和消费所占比重不大，但由于资源稀缺性和广泛适用性，使得无烟煤的地位举足轻重，价格也相对更高，主要为块煤、末煤。块煤主要应用于化肥（氮肥、合成氨）、陶瓷等行业，末煤主要应用于钢铁行业的高炉喷吹。无烟煤是化肥的主要原料，合成氨产量是无烟煤价格变化的重要指标。

无烟块煤是合成氨的重要原料，价格弱势运行主要是受合成氨市场疲软的影响。据统计，2016年1月至6月，合成氨累计生产2857.05万吨，同比下降0.85%。合成氨整体需求不振，整体开工率均无满负荷。目前合成氨行业发展主要受到几方面制约：首先，产能过剩较为严重，过剩率在30%以上。其次，行业竞争加剧,下游尿素行情持续低迷,需求相对较弱。

与动力煤和炼焦煤价格走势相反,2016年前9个月,无烟块煤价格仍弱势运行。

到2016年9月末,无烟中块的价格(车板含税加权平均价)643元/吨,较年初718元/吨下跌了75元/吨,跌幅10%。

综合来看,9月份,山西5500大卡/千克动力煤平均价(车板含税)422元/吨,比1月份287元/吨上涨了135元/吨,涨幅47%;比上年同期的319元/吨上涨了32%。

9月份,山西焦煤(S<1)平均价(车板含税)860元/吨,比1月份582上涨了278元/吨,涨幅48%;比上年同期的687元/吨上涨了25%。

9月份,山西6000大卡/千克以上无烟中块平均价(车板含税)643元/吨,比1月份的718元/吨下降了75元/吨,降幅10%;比上年同期的753元/吨下降了15%。

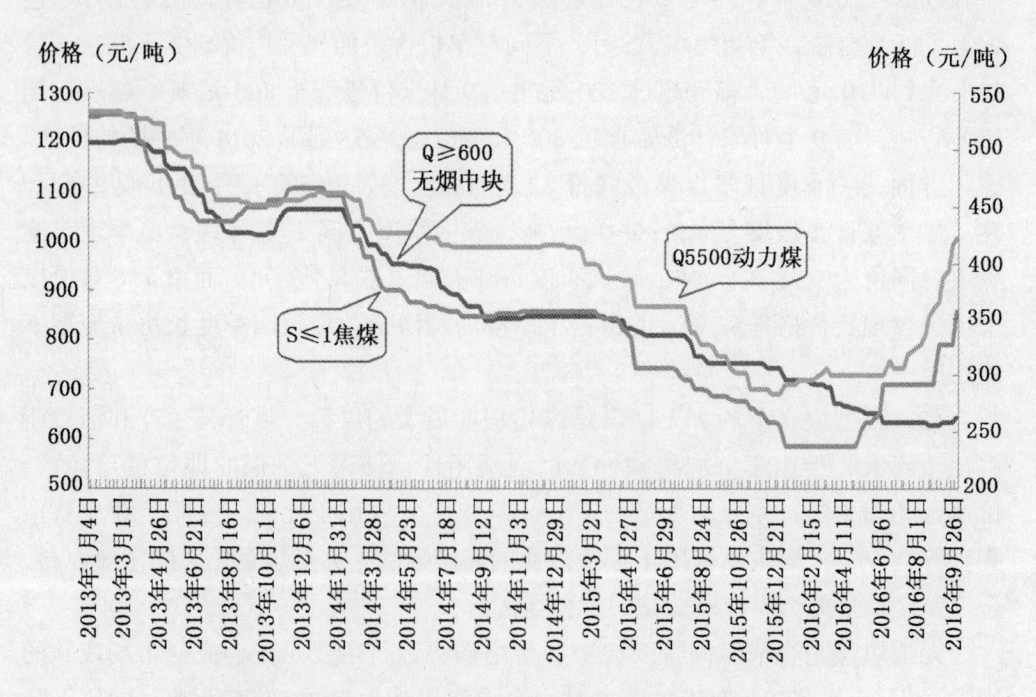

图5 2013年1月—2016年9月山西分煤种煤炭价格走势

数据来源:根据中国(太原)煤炭交易中心网站数据整理。

### （五）山西煤炭行业综改试验进展

**1. 重大改革**

构建化解产能过剩长效机制。充分发挥市场在资源配置中的决定性作用，破除企业市场化退出障碍，清理僵尸企业，加大煤炭、钢铁等特困行业过剩产能化解力度，加快建立及完善以市场为主导的化解产能严重过剩矛盾的长效机制。

加快实施"革命兴煤"。继续加大力度推进煤炭领域改革，围绕煤炭消费革命、供给革命、科技革命、管理革命、开放合作，推动煤炭清洁高效利用，化解产能过剩，实施煤基低碳科技创新，深化煤炭管理体制改革，通过"以煤会友——太原论坛"促进煤炭领域对外合作。落实《关于深化煤炭管理体制改革的意见》（晋发〔2015〕3号），继续推进煤炭行政审批制度改革，实施煤炭资源矿业权出让转让管理办法，完善煤炭信息监管平台，推进煤炭价格形成机制、销售体制、交易方式和储备机制改革，推动煤炭管理体制和管理能力现代化。

推进煤层气管理体制改革。争取国家煤层气探矿权、采矿权审批制度改革试点，建立和完善规划指导、市场配置、勘查约束、社会监督等新机制，促进煤层气产业健康发展。

探索煤炭行业增值税制度改革。进一步争取扩大煤炭行业进项税抵扣范围，降低煤炭增值税负担，减轻煤炭企业税负。

扩大固定资产加速折旧实施范围。积极争取将煤炭行业纳入固定资产加速折旧实施范围，推动设备更新和技术应用。

**2. 重大事项**

推进国家新型综合能源基地建设。围绕国家能源发展战略，按照《关于贯彻落实〈能源发展战略行动计划（2014—2020年）〉的实施意见》（晋政办发〔2015〕1号），着力完善现代能源产业体系，促进能源产业升级，加快国家新型综合能源基地建设。

实施三大煤炭基地提质工程。以大型煤炭企业为主体，进一步减少全省煤炭矿井个数。优化产能结构，提升煤炭产业集约化水平。按照"安全、清洁、高效、低碳"方针，积极推进煤炭产业提质工程建设，提升矿井现代化水平。不断增加清洁煤炭供应。

**推进三个千万千瓦级煤电外送基地建设。** 优化能源资源配置，坚持输煤输电并举，积极推进晋北、晋中、晋东三个千万千瓦级现代化大型煤电外送基地建设工程。

**加快晋北现代煤化工基地建设。** 加快实施《晋北现代煤化工基地规划》，推动一批煤基清洁能源和煤基高端化工重大项目在晋北煤化工基地布局。

**实施煤矿瓦斯抽采全覆盖工程。** 重点建设一批高标准瓦斯抽采示范工程，引领和促进全省煤矿瓦斯井上、井下抽采协调发展，煤矿瓦斯防治能力得到显著提升，有效遏制煤矿瓦斯重特大事故，煤矿基本实现瓦斯零超限。全省煤矿全面建立完善的瓦斯综合治理工作体系。

**打造京津冀清洁能源基地。** 抓住京津冀协同发展契机，加强清洁能源开发利用合作，坚持创新驱动、低碳发展，完善能源输送网络，打造京津冀一体化的清洁能源供应基地。

**加快推进八大新兴制造业。** 主动对接"中国制造2025"国家发展战略，继续推进《山西省新兴制造业三年推进计划（2015—2017年）》（晋政办发〔2015〕55号），规划布局装备制造、新材料、节能环保等八大新兴制造业，加快实施煤机装备、新能源汽车、铝工业、轨道交通、现代煤化工、煤化工装备、煤层气装备、电力装备等八大领域重大项目，推动制造业集聚发展和产业结构优化升级，建设布局合理、特色鲜明的制造业强省。

**开展动力煤衍生品场外交易试点。** 加快中国（太原）煤炭交易中心建设，推动煤炭产地现货交易向场外交易、期货交易发展，构建现代能源商品交易市场体系。在国家指导下开展动力煤衍生品场外交易试点，逐步开展焦炭、煤层气、煤化工以及电力等能源商品场外交易。

**打造国际低碳技术创新高地。** 在山西科技创新城部署重点产业创新链，核心区优先布局煤、煤层气、页岩气产业创新链，电力产业创新链，新材料产业创新链。继续采取国际、国内招标方式引进重大产业攻关项目，积极引进国际一流、国内领先的高端煤基低碳研发机构。到2020年，核心区煤机产业清洁、安全、低碳、高效发展创新链臻于完备，产出一批具有国际、国内影响的重大技术成果，形成以煤基、低碳产业为重点的自主创新优势，打造国际低碳技术创新高地。

**持续推进低碳发展高峰论坛（太原论坛）。** 继续做大做强低碳发展高峰论坛，积极争取推动低碳发展高峰论坛升级为"太原论坛"，设立专门机构，筹建永久会址，调动社会力量，实行市场化运营，使论坛成为低碳新理念的传播平台、低碳新成果的展示平台、低碳新技术的交易平台。

组建产业技术创新战略联盟。以煤基装备制造等产业技术发展为依托，以市场机制汇聚创新资源，引导企业牵头科技攻关和创新成果转化，开展产学研协同创新，在重点产业、重点领域组建产学研技术创新战略联盟，建立以联盟为主体承担重大创新项目的机制。

实施低碳创新发展行动计划。以低碳发展为主题，以煤炭资源清洁高效利用为主线，以晋城市低碳城市试点为重点，加强技术、管理和政策创新有机衔接，实施煤基低碳重大专项，在煤炭清洁高效利用技术、煤层气开发利用技术、高端煤化工技术、节能环保技术等领域实现核心技术重大突破。推进产业减碳、企业低碳和低碳社会建设主题计划，加快"气化山西"步伐，实现高碳资源低碳发展、黑色资源绿色发展。

发展壮大战略新兴产业投资基金。发挥政府引导资金（20亿元）作用，募集社会资金80亿元，重点支持煤机装备制造、轨道交通装备制造、煤层气装备制造、现代煤化工装备制造、煤化工装备制造、电力装备制造、新材料、新能源汽车和现代服务业发展。

加强以煤会友。以"低碳引领、以煤会友、提质增量、合作共赢"为原则，进一步加强和改进我省国际友城工作，到2020年实现15个主要产煤省州建立友城意向，42个产煤省州友好交往，省级友城争取新增10对左右。加强与德国北威州、美国西弗吉尼亚州、怀俄明州等煤炭资源型地区在科技研发攻关、资源型城市转型、矿区生态修复治理、煤炭高效清洁利用和接续产业发展等方面的合作。

## 二、2016年山西煤炭经济运行分析

### （一）山西煤炭经济运行面临的形势

1. 全球经济仍处于深度调整和再平衡阶段

2016年全球重大风险事件对于世界经济金融体系产生了重大影响。年初全球金融市场动荡不断，A股市场波动加大继而推出熔断机制，引发流动性担忧，带动欧美股市大跌；原本走势平稳的美元突然连续大跌，市场避险情

绪急速升温，以日经股市为代表的全球股市暴跌。年中英国退欧公投，英镑兑美元暴跌，黄金价格飙升，全球股市大幅波动，短期内对全球经济形成了较大的负面效应。市场普遍预期的美联储会在 2016 年加息 2—3 次，但只在 12 月中旬加息一次，但每次加息会议都会给市场带来较大的影响。美国总统大选和政府更迭、欧洲难民危机、土耳其政变等地缘政治冲突会对经济产生新的影响。

金融危机至今已有 8 年，全球忙于应对此起彼伏的短期风险，当前全球经济增长仍面临重重困难，全球货币宽松仍在继续，资产荒、资产泡沫与负利率在全球市场普遍共存。

联合国《2016 年世界经济形势与展望》报告的年中修订版指出，全球经济增长持续疲软，预计 2016 年和 2017 年世界经济将分别增长 2.4% 和 2.8%。2016 年全球经济增长预计仅为 2.4%，比 2015 年 12 月发布的预测下调了 0.5 个百分点。发达经济体总需求的持续疲软将继续拖累全球经济增长。大宗商品价格低迷、财政和经常账户日渐失衡、政策收紧等对非洲、独联体、拉美及加勒比地区许多大宗商品出口经济体的前景带来负面影响。恶劣天气、政治挑战和资金大量外流也在许多发展中国家和地区加剧了经济增长的负面影响。

2. 国内经济政策调整效果明显

近年来，面对复杂严峻的国内外形势，党中央、国务院坚持稳中求进的工作总基调，实施积极的财政政策和稳健的货币政策，并保持政策的连续性和稳定性，依靠改革开放，积极创新宏观调控方式，着力推进供给侧结构性改革。

进入 2016 年后，从中央到地方，通过实施适度扩大总需求，坚定不移推进供给侧结构性改革，用稳定的宏观经济政策稳定社会预期，为供给侧结构性改革创造了宽松环境；通过"去产能、去杠杆、去库存、降成本、补短板"的"三去一降一补"政策改善市场供求。这些政策措施在改造传统动能的同时，培育新动能，有力促进了经济稳定增长和转型升级，国民经济运行总体平稳。

2016 年前三季度，国内生产总值同比增长 6.7%，其中一、二、三季度均增长 6.7%，经济增长的稳定性不断提高。全国规模以上工业增加值按可比价格计算同比增长 6.0%。9 月，全国工业生产者出厂同比价格结束了自 2012 年 3 月以来连续 54 个月的负值，同比上涨 0.1%。在经济平稳增长和国内去产能的有力推动下，国内煤炭工业面临的市场形势较前几年有了一定的好转。

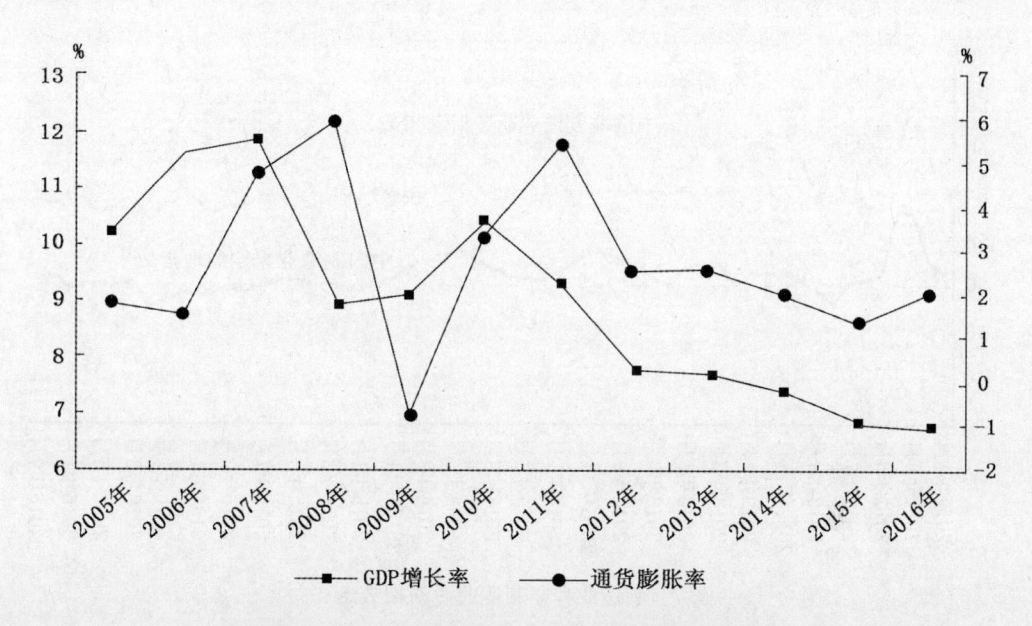

图6　2005—2016年国内GDP增长率和通货膨胀率

注：2016年为预测数据。

中国制造业PMI（制造业采购经理指数）前9个月仍围绕50上下波动，其中三个月在50以下（50被视为经济强弱的分界点），6个月在50以上，其中2月跌到了近5年的最低点（49），后几个月缓慢回升。制造业经济整体趋势较为平稳，但上涨的动力仍显不足。

从中国非制造业PMI来看，前9个月总体基本保持在53%上下波动，其中连续7个月稳定在53%以上景气区间，表明非制造业保持稳中有升的发展态势。

PMI走势变化显示出我国经济发展仍在弱势运行，总体较为平稳。

### （二）2016年煤炭经济整体预测

1. 山西煤炭经济运行分析

据山西省统计局数据显示，全省地区生产总值8945.55亿元，按可比价格计算，比上年同期增长4.0%，增速比上半年加快0.6个百分点，比上年同期加快1.2个百分点。分产业看，三大产业均实现了同比增长，其中，第一产业增加值同比增长2.5%，第二产业增加值增长0.5%，第三产业增加值增长7.0%。

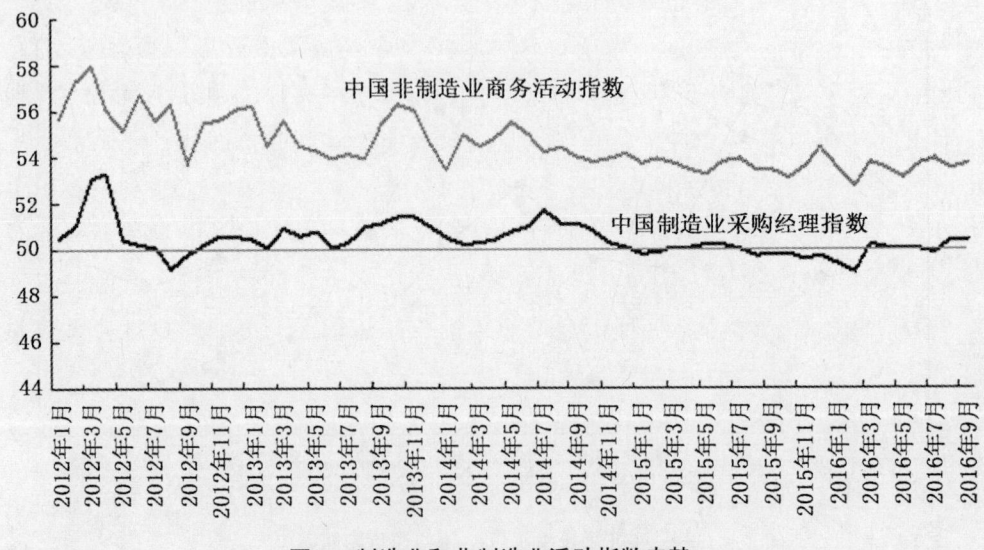

图7 制造业和非制造业活动指数走势

数据来源：根据国家统计局数据整理。

2016年前三季度，全省规模以上工业增加值比上年同期下降0.1%，降幅较上半年收窄1.9个百分点；其中，6、7、8、9月工业连续4个月正增长，分别增长1%、1.1%、4.8%、3.6%。前三季度，全省规模以上工业行业中，装备制造业增长10.9%，冶金工业增长4.9%，建材工业增长12.6%，全省工业稳步回升。

前三季度，全省规模以上原煤产量比上年同期下降16.1%，钢材产量下降1.1%，生铁产量下降0.8%。全省全社会用电量1309.0亿千瓦时，比上年同期增长1.6%；工业用电量1002.3亿千瓦时，增长0.2%，自5月份以来累计降幅持续收窄，前三季度首次累计正增长。

从前三季度全省工业运行的总体情况看，供给侧结构性改革成效显现，全省经济低位企稳、稳中向好、稳中有进的态势更加明显，固定资产投资同比增长9.1%，其中第一、第三产业投资同比增长41.8%和10.7%，第二产业投资同比下降2%。但经济增速仍在合理区间之外，持续回升的基础尚不牢固，我省经济仍处于困难时期。

2. 煤炭需求小幅回升，去产能效果明显

进入2012年后，煤炭行业结束了十年的黄金发展时期，随着经济增速回落，煤炭需求下降，加上产能过剩的影响，煤炭市场包括固定投资、原煤产量、煤炭进出口和煤炭价格全面下降。面对煤炭经济下滑的严峻形势，2014年6月，中共中央总书记、中央财经领导小组组长习近平在中央财经领导小组第六次会议提出推动能源消费、能源供给、能源技术和能源体制四方面的"能源革命"。2016年1月27日，中共中央总书记、中央财经领导小组组长习近平主持召开中央财经领导小组第十二次会议，研究供给侧结构性改革方案。能源革命为能源产业中长期的发展提供了思路，供给侧改革则更贴近短期，通过去产能、去库存、去杠杆、降成本、补短板优化产业结构，淘汰落后产能，减少社会无效供给。煤炭产量出现了明显的下降。

同时，在稳健的货币政策和积极的财政政策的支撑下，基础设施建设和房地产方面投资增长较快，有效地拉动了上游行业建材、冶金行业等的需求，2016年前三季度，钢材产量累计同比增长2.3%，水泥产量累计增长2.6%，为煤炭行业的企稳提供了条件。

在经济平稳增长和国内去产能的有力推动下，国内煤炭工业面临的市场形势较前几年有了一定的好转。但目前煤炭需求并不稳定，相反由于产量下降过快，市场供应短缺，导致煤价上涨过快。考虑到四季度会逐步进入冬季取暖用煤高峰，为了稳定煤炭市场，改善煤炭供需状况，国家发改委要求中国煤炭工业协会评定的先进产能煤矿、国家煤监局公布的2015年度一级安全质量标准化煤矿、各地向中国煤炭工业协会申报的安全高效煤矿将有条件有序释放部分安全高效先进产能，适当增加产能投放，可以在276个工作日至330个工作日之间释放产能，产能释放期限暂定为2016年10月1日至2016年12月31日。由于是有条件放开部分煤矿的产能，而产能释放又有一个过程，因此预计四季度山西煤炭产量也很难大幅增加。2016年全年山西省煤炭产量8.2亿吨左右。

从需求情况看，火电、冶金是山西煤炭消耗的主要行业，从2016年1—9月份的数据看，受到下游市场有所复苏的影响，火电和冶金行业增速均出现回升，预计四季度将延续前期回升的趋势。预计2016年山西火力发电2315亿千瓦时（与上年持平），电力耗煤1.12亿吨；山西焦炭产量8260万吨（较上年增长2.8%），消耗煤炭1.13亿吨；其他工业企业耗煤0.75亿吨。生产建设消费耗煤预计3亿吨，居民生活耗煤预计0.15亿吨，2016年山西省内总的耗煤量预计3.15亿吨，比2015年增加1000万吨。

### 3. 供需矛盾有所缓解，价格非理性上涨有望改善

在国家政策的强力扶持下，煤炭需求有所复苏，煤炭供给大幅下降，国内煤炭市场的供需矛盾有所缓解，煤炭价格在沉寂两年后，在2016年出现报复性反弹，尤其是在进入三季度后，煤价一天一个走势，这与国家拉动煤炭行业的初衷有所背离。国家发改委要求各地先进煤矿产能从10月开始延长工作日时间，增加市场供给，因此，四季度的煤炭产量会有所增加，尤其是动力煤方面。

在需求方面，四季度进入基础设施建设和建筑市场施工的淡季，加上前期火热的房地产市场引起国家的重视，各地纷纷出台相关抑制房地产市场过热的措施，主要用煤行业的冶金和建材市场的用煤需求会有所减缓，炼焦煤价格涨幅不大，回落的概率较大。动力煤方面由于冬季取暖的原因，预计价格将保持平稳。

由于各煤种价格在底部徘徊时间较长，三四季度价格上涨并不能明显拉涨全年价格。全年预计山西5500大卡/千克动力煤平均价（车板含税）360元/吨，比上年同期增长2.9%；山西S<1的焦煤平均价（车板含税）750元/吨，比上年同期上涨0.5%；山西6000大卡/千卡以上无烟中块平均价（车板含税）695元/吨，比上年同期下跌13%。

## 三、2017年山西煤炭经济形势展望

### （一）国内外经济形势展望

#### 1. 全球经济形势

2017年，世界经济仍处于国际金融危机以来的深度调整阶段。国际货币基金组织（IMF）预计，2017年全球经济增长3.4%，比2016年略有提高。其中，发达国家增长1.8%，新兴经济体增长4.6%，均较2016年略有提高。

世界经济格局分化严重。长期处于低位的国际油价对于欧洲、日本等发达经济体的经济发展成本明显利好，但石油等初级产品价格低位震荡已经严重影响巴西、俄罗斯和南非等资源出口依赖型国家的经济复苏步伐。而持续宽松的货币政策，使得欧元区和日本经济增长有望进一步趋稳。但是货币宽松政策已经实行多年，经济并无明显改善，政策实施的空间接近极限，边际

效用在减弱。

美国大选尘埃落定，美国经济将可能继续温和增长，企业投资和消费者信心增加，是2017年全球经济重要的利好信号。

在中国和印度等国经济增长的带动下，新兴市场和发展中国家经济增长较快，但仍然面临许多困难，贸易壁垒日益增多，资本外流风险依然存在，结构性改革有待进一步深化。

政治影响经济。2016年有美国大选、意大利宪法公投，2017年有法国总统选举、德国普选。这一大波的政治事件对于2017年的世界经济必定会产生重大影响，利好还是利空，无法预料。

综合来看，世界经济的衰退已经由短期向中长期开始演变，整个世界经济需要一种全新秩序的建立来打破现在的旧秩序。2017年全球经济弱势复苏的形势难以改善，货币宽松和资产荒将延续，市场潜在风险依旧存在，不确定事件对于世界经济的影响将可能高于2016年。

2. 中国经济形势

2016年前三季度，在积极的财政政策和稳健的货币政策支撑下，国家着力推进供给侧改革，中国经济运行总体平稳，结构调整取得了明显的成效，经济发展的新动能加快成长，但是影响和制约经济增长的因素仍然较多。

中共中央政治局2016年10月28日召开会议，中共中央总书记习近平主持会议。会议强调，要针对当前经济发展新常态特征更加明显的实际，继续坚持适度扩大总需求，以推进供给侧结构性改革为主线，注重预期引导，要深化、细化、具体化政策组合，加大工作落实力度，确保实现2016年经济社会发展预期目标，确保实施"十三五"规划良好开局。要有效实施积极的财政政策，保证财政合理支出，加大对特困地区和困难省份支持力度。要坚持稳健的货币政策，在保持流动性合理充裕的同时，注重抑制资产泡沫和防范经济金融风险。要落实供给侧结构性改革各项任务，抓紧完成年度重点改革任务。要创造良好发展预期，加强产权保护，做好市场沟通工作。要巩固投资有所企稳态势，推动消费平稳增长，促进对外贸易改善。要帮助困难群众解决生产生活中遇到的问题，及时化解社会矛盾，维护社会大局稳定。要做好安全生产工作，强化责任意识，狠抓工作落实，消除安全隐患。

从会议内容可以看出，2017年经济的发展主线主要为三条：一是推进供给侧改革，这是推动经济增长由主动变被动的重要举措，通过调整供给结构，实现供需再均衡；二是积极的财政政策，除了加大惠及民生的基础设施建设外，要加大对特困地区和省份的扶持力度，扩大社会总需求；三是稳健的货币政策，为整个经济提供合理充裕的流动性，但强调抑制资产泡沫和金融风险，驱使货币更多进入实体经济，这是中国经济长期增长的必要条件。

总体来看，2017年国内经济仍然向好，经济形势以稳为主，经济增速可能继续放缓，但经济结构进一步优化。

**（二）2017年山西煤炭经济展望**

1. 影响煤炭市场运行的因素

影响国内煤炭市场运行的因素主要有宏观经济、进口煤炭、政策环境和市场需求等。

（1）宏观经济。2017年中国经济增速继续放缓，社会改革继续深入，经济结构、产业结构调整加快。供给侧改革贯穿全年经济发展主线，制造业产能过剩局面将得到有效改善。过去两年实施"大众创业、万众创新"的动能将开始释放，新产业、新业态将为中国经济提供新的动力。京津冀经济圈、国家级新区、自贸区等的建设，将继续带动地区的经济增长速度。"一带一路"等国际间的合作成效逐渐显现，国内产能外输会逐渐加大。有利于提升居民消费的改革力度会继续加大，财政政策有望从减税和增加补贴两方面促进居民收入和消费增长，以及增加教育、医疗和扶贫等方面的公共支出，户籍制度和土地改革将继续推进。

值得注意的是2017年的房地产市场，由于2016年四季度我国对于过热的房地产市场出台了较多的调控政策，这些政策可能会对2017年的房地产市场形成较大的影响。据人民大学的相关数据，2016年上半年我国7.5万亿元新增贷款中，居民购房贷款和房地产开发贷款占比46%，即大量的流动性进入了房地产领域，这对于整个实体经济的健康发展是不利的。而主要耗煤行业冶金、建材等与房地产市场密切相关。因此，对房地产市场的调控必然会影响到煤炭市场的需求。

综合来看，2017年我国经济对煤炭的需求有利好，也有利空，但总体将保持平稳，增幅不大。

（2）进口煤炭。由于全球性产能过剩，煤炭需求疲软，过去几年国际煤价低位徘徊，国际大煤炭商纷纷关闭或出售旗下煤矿，主要煤炭出口国煤炭供应减少。到 2016 年后，受到中国去产能、缩短工作日的影响，国内煤炭供给减少，加上需求超预期，国内煤价大幅上涨，拉动国际煤价飞涨。10 月份澳大利亚纽卡斯尔港 6000 大卡动力煤 FOB 价涨至 97.5 美元/吨，比年初最低价上涨 98.2%，澳大利亚昆士兰州海角港风景煤矿优质炼焦煤平仓价达到 246 美元/吨，比年初上涨了 219%。煤炭市场由供大于求转向供需相对平衡、甚至局部偏紧，很多用户特别是炼焦煤用户更多选择进口煤炭。随着国际煤价上涨到位，加上国内煤炭增产，国内外价差会明显缩小，煤炭进口将逐步回落，2017 年煤炭进口量将比 2016 年有所下降。

（3）政策因素。2016 年，对于煤炭市场，从去产能到控价格，政策因素贯穿全年。预计这一因素在 2017 年仍将会有明显体现。经过 2016 年一年去产能的实施以及严格治理违法违规生产、超能力生产和落实减量化生产措施，煤炭市场严重供大于求的状况得到了根本改观。但煤炭产能过剩局面并未根本改变，未来三至五年内去产能仍将是煤炭行业的发展主线。今后一段时期，政府将根据贯彻落实"三去一降"战略部署的需要，严格执行控产量政策，调控煤炭供给。

2. 煤炭供给受限，需求小幅回升

在煤炭供给侧改革的推动下，煤矿产能释放受到限制，市场供给量可能会出现阶段性波动，但经过 2016 年的试运行后，预计 2017 年的供应曲线会变得更为平缓。受到实体经济复苏缓慢和环保日益严格的限制，煤炭需求回升幅度较小。作为山西优势煤种的优质动力煤、炼焦煤和无烟煤要加大省外销量。预计 2017 年山西煤炭产量 8.5 亿吨左右。

预计 2017 年，山西火力发电 2400 亿千瓦时（较 2016 年增长 3.5%），电力耗煤 1.14 亿吨；山西焦炭产量 8300 万吨（较 2016 年增长 5%），消耗煤炭 1.14 亿吨；冶金、建材、化工等行业耗煤 0.8 亿吨；生产建设消费耗煤预计 3.08 亿吨；居民生活耗煤 0.15 亿吨，山西省内总的耗煤量 3.23 亿吨。省内煤炭需求有望小幅回升。

3. 煤炭供需基本平衡，价格涨势趋缓或小幅回落

动力煤方面。进入 2017 年之后，发改委和地方煤炭企业对于煤炭产能的释放安排将更为有序，预计会有效衔接产能供给缺口，而动力煤需求将逐步由高位回落。同时，动力煤价格上涨过快已经引起政府的重视，要求主要煤炭生产企业抑制价格的过快上涨。因此，预计 2017 年动力煤价格将会较 2016 年三四

季度有所回落。

炼焦煤方面。钢材市场是炼焦煤主要消耗行业，尽管2016年钢材价格大幅上涨，但2017年钢材市场难以乐观。钢铁行业一直在推动去产能，但产能规模依然庞大，投资、消费和出口不会有太好表现，房地产也将进入下行调整周期，铁路和各地的基建项目对钢铁产能的消化有限，国内经济影响钢材需求的回暖。因此，2017年钢铁市场大幅波动行情难以出现。受上游行业前景疲软的影响，预计炼焦煤价格以稳为主。

无烟块煤方面。由于近几年国内肥料市场产能严重过剩，加上种植结构的变化、出口竞争力的减弱，肥料市场的需求也有所减弱。以无烟块煤为原料的尿素企业的竞争力将被削减，无烟块煤需求进一步回落，短期内无烟块煤价格上涨乏力。

作为资源类的煤炭价格在2016年一路上涨，拉动了工业品出厂价格，煤炭企业经营形势有所好转。但由于目前国内经济仍处于新旧动能转换的过程中，整体国内需求仍将为疲软。初级产品价格的上涨会直接提升工业产品的成本，从而拉涨整个国民经济运行成本。煤价上涨将会受到更多行政干预，预计2017年上半年煤炭价格会高位回落，但受供给侧改革和煤炭运输成本增加的支持，价格回落空间有限。到2017年下半年，随着供需双方逐渐实现新的平衡，煤炭市场将以稳为主，预计煤炭价格将会保持平稳，略有回升。

综合来看2017年山西煤炭代表品种的全年价格：山西5500大卡/千克动力煤平均价（车板含税）450元/吨，比2016年9月末增长7%；山西S<1的焦煤平均价（车板含税）950元/吨，比2016年9月末增长10%；山西6000大卡/千克以上无烟中块平均价（车板含税）750元/吨，比2016年9月末增长15%。

## 四、煤炭经济发展的建议

### （一）切实解放思想，坚定不移推进煤炭行业供给侧结构性改革

中共中央总书记、中央财经领导小组组长习近平在2016年1月26日下午主持召开中央财经领导小组第十二次会议上强调，供给侧结构性改革的根本目的是提高社会生产力水平，落实好以人民为中心的发展思想。要在适度扩大总

需求的同时，去产能、去库存、去杠杆、降成本、补短板，从生产领域加强优质供给，减少无效供给，扩大有效供给，提高供给结构适应性和灵活性，提高全要素生产率，使供给体系更好地适应需求结构变化。煤炭是山西经济发展的主导产业、基础产业，随着中国经济的回落，煤炭产业产能过剩问题日益凸显，煤炭供给侧结构性改革势在必行，2016年以来，山西省出台《山西省煤炭供给侧结构性改革实施意见》以及27个实施细则等一揽子措施，坚定决心去产能，解决煤炭产业无序过剩问题，精准制导推进煤炭清洁高效利用，从各个领域推进煤炭产业脱困升级。

在经济平稳发展的大背景下，我省煤炭工业要认真学习省委书记骆惠宁同志在中国共产党山西省第十一次代表大会上的讲话，"把供给侧结构性改革作为经济发展和经济工作的主线，把资源型经济转型综合配套改革试验区作为推动经济转型发展的抓手，以提高发展质量和效率为中心，全力推动我省经济发展的动力结构、产业结构、要素结构和增长方式发生重大转变。站在时代高度开创转型综改试验区建设新局面。用解放思想打开转型综改试验新天地，用先行先试擦亮转型综改试验这个金字招牌，营造活力充沛的转型生态。破解资源型地区创新发展难题、结构性矛盾突出地区协调发展难题、生态脆弱地区绿色发展难题、内陆地区开放发展难题、欠发达地区共享发展难题，加快实现能源产业向绿色低碳转变、产业结构向多元化中高端转变、发展动能向创新驱动转变、发展形态向园区化循环化转变、城乡统筹向一体化转变、经济增长向平稳健康可持续转变"。

供给侧结构性改革，就是从提高供给质量出发，用改革的办法推进结构调整，矫正要素配置扭曲，扩大有效供给，提高供给结构对需求变化的适应性和灵活性，提高全要素生产率，更好地满足广大人民群众的需要，促进经济社会持续健康发展。

1. 有效化解过剩产能

《山西省煤炭供给侧结构性改革实施意见》指出：严禁违法违规生产建设煤矿。对违法违规生产建设的煤矿按照国家要求依法实施联合惩戒。对于国家发改委发改电〔2016〕167号文件列出的我省未履行核准手续、擅自建设生产的16座煤矿，立即停产停建。在全省开展大检查，对所有未核准的煤矿项目和各类证照不全的生产煤矿坚决依法依规停建停产。坚决打击私挖滥采和超层越界开采等违法违规行为。

严格执行276个工作日和节假日公休制度。全省所有煤矿要严格按照276个工作日规定组织生产，原则上法定节假日和周日不安排生产。对于生产特定煤种、与下游企业机械化连续供应及有特殊安全要求的煤矿企业，可在276个工作日总量内实行适度弹性工作日制度。

优化存量产能、退出过剩产能。按照依法淘汰关闭一批、重组整合一批、减量置换退出一批、依规核减一批、搁置延缓开采或通过市场机制淘汰一批的要求，实现煤炭过剩产能有序退出。到2020年，全省有序退出煤炭过剩产能1亿吨以上。同时，要坚持生态优先，依法妥善处理现有矿区与已设立或划定的风景名胜区、自然保护区、城镇规划区、泉域水资源保护区和饮用水源地保护区等的关系，确保各类生态系统安全稳定。

严格控制煤炭资源配置。"十三五"期间，我省原则上不再新配置煤炭资源。2016年起，暂停出让煤炭矿业权，暂停煤炭探矿权转采矿权。

从严控制煤矿项目审批。"十三五"期间，我省原则上不再批准新建煤矿项目，不再批准新增产能的技术改造项目和产能核增项目，确保全省煤炭总产能只减不增。

2. 探索建立煤炭产能的弹性释放方式

制定产能储备调节制度，建立省级产能储备基地。在当前煤炭市场需求不足的情况下，煤炭产能过剩凸显，要严格执行产能上限的红线制度，确保矿井安全和市场平衡。但当经济结构发生变化，在需求增加的时候，由于供给短缺，必然会造成价格快速上涨，煤炭市场的供求平衡被打破，影响市场稳定。

2008年，我省受到煤炭资源整合和煤矿企业兼并重组的影响，煤炭产量大幅下降，当年煤炭价格大幅上涨，内蒙古等地煤炭市场迅速扩张，不仅占领了我省的一部分市场，而且从中获得了重大的收益。因此，在当前煤炭市场低迷的情况下，我们不仅要坚定地实行供给侧结构性改革，更要未雨绸缪，放眼长远，真正实现产能收得住、放得开。这就需要探索建立煤炭产能的弹性释放方式，考虑选择部分煤矿作为产能储备中心，建立产能储备调节制度，利用煤炭大数据，实时监测煤炭市场的变化，尤其在煤炭市场发生大的变动或长期趋势变化的情况下，要实现提前预警，保证产能的提前匹配，让煤炭产业成为山西经济发展的主导产业、山西经济收入的主要源泉。

3. 延伸产能利用的延长线

我省煤炭资源丰富，煤炭品种齐全，动力煤、无烟煤、炼焦煤都有着较大的优势。围绕山西科技创新城的建设，引进一批国家级、省级重点实验室和工程技术研究中心等创新平台，引进一批高端研发机构和人才，引进一批优秀企业和标志性项目，将山西科技创新城打造成低碳发展的新高地。围绕煤炭深加工产业链、创新链，构筑我省政产学研合作对接平台，带动和提升我省煤炭产业自主创新能力。

以煤炭的清洁、高效利用为重点，实施一批重大煤基低碳科技创新项目，力争在"十三五"期间有一批自主技术率先突破。开拓煤炭原料的利用要重点研发煤炭—气化工程技术、气化技术、合成技术。逐步提高设备国产化水平，实现煤炭的高效化转化，尖端化利用和煤基高端制造。煤炭企业的转型发展必须深刻研究技术、人才条件，深度分析经济技术可行性，以示范工程先行，掌握核心技术，培养技术人才，深入扩大发展。

引进国内外先进技术，研发煤炭从能源向材料转化技术。稳妥、有序、高效开发煤制油、煤制天然气、煤制烯烃技术。建立新技术研发中心，发展本土技术，开发关键工艺技术和装备；开发催化剂技术，开发煤化工精细加工技术；开发煤炭在其他领域的深度利用研究，从无机—有机—生物的链条研究；开发二氧化碳再利用和封存技术；开发煤炭地下气化—合成天然气—合成油深度化工的技术。促进煤炭由主要作为燃料向燃料、原料并重转变。要充分利用煤炭碳、氢等元素发热和化工合成原料的功能，满足电、热需求的同时，生产天然气、超低污染物含量的液体燃料油、航空及军用特种燃料、化工品等多种清洁能源和工业原料。

（二）率先示范，加快推进煤炭国企改革

2016年7月4日，习近平同志对国企改革做出重要指示，国有企业是壮大国家综合实力、保障人民共同利益的重要力量，必须理直气壮做强做优做大，不断增强活力、影响力、抗风险能力，实现国有资产保值增值。要坚定不移深化国有企业改革，着力创新体制机制，加快建立现代企业制度，发挥国有企业各类人才积极性、主动性、创造性，激发各类要素活力。要按照创新、协调、绿色、开放、共享的发展理念的要求，推进结构调整、创新发展、布局优化，使国有企业在供给侧结构性改革中发挥带动作用。要加强监管，坚决防止国有资产流失。要坚持党要管党、从严治党，加强和改进党对国有企业的领导，充分发挥党组织的政治核心作用。各级党委和政府要牢记搞好国有企业、发展壮大国有经济的重大责任，加强对国有企业改革的组织领导，尽快在国有企业改革重要领域和关键环节取得新成效。

可以看到中央对国有企业改革的决心是坚定的。在改革的过程中，要加强和改进党对国有企业的领导；理直气壮做强做优做大国企，不断增强国企活力、影响力、抗风险能力；全面加强国资管理，防止国有资产流失；加快建立现代企业制度，发挥国有企业各类人才的积极性、主动性、创造性，激发各类要素活力；将国企改革与五大发展理念和供给侧结构性改革相结合，推进结构调整、创新发展、布局优化，使国有企业在供给侧结构性改革中发挥带动作用。

山西煤炭企业众多，其中国有煤炭企业占比很大，国有煤炭企业对山西经济的贡献度很高，在今后一个较长的时间内仍将扮演不可替代的角色。因此，推动煤企改革和煤炭行业供给侧结构性改革的关键是推动煤炭国企改革，推动煤炭国企的结构性重组，推动煤炭国企分离办社会职能，推动煤炭国企内部改革，让国企做优做强。

1. 加快完善现代企业制度建设

现代企业制度是以市场经济为基础，以完善的企业法人制度为主体，以有限责任制度为核心，以产权清晰、权责明确、政企分开、管理科学为条件的新型企业制度。经过二十多年现代企业制度建设，大型国有企业基本形成了现代企业制度框架，但是现代企业制度的效率并没有得到充分体现。主要原因就是产权结构不合理，国有股一股独大；公司治理结构不健全，运作不规范；企业各类社会负担沉重，配套政策不到位。

推进投资主体多元化。引入和鼓励非国有资本投资主体通过出资入股、收购股权、认购可转债、股权置换等多种方式，参与国有企业改制重组或国有控股上市公司增资扩股以及企业经营管理。实行同股同权，切实维护各类股东的合法权益。向非国有资本推出符合产业政策、有利于转型升级的项目。最终形成多元投资主体，优化煤炭企业股权结构，促进产权结构和投资主体多元化。

完善公司治理，依法规范运作。法人治理结构是公司制的核心，是现代企业制度建设的基本内容。当前煤炭国企公司治理的一个显著的缺陷是董事会职能的虚化，最主要的问题是董事会选聘管理层的职能没有落实。董事会对公司的生产经营成果，向股东承担责任，董事会为完成股东的委托及投资回报的期望而选择合格的管理者。合格的经营管理者直接关系到股东的投资回报，国有资产的增值和保值。培育和建立职业经理人制度是十分必要的，通盘考虑山西煤炭经济的实际，建立选报、考核、评价体系。董事会的任务就是把真正适合的经理人放在合适的岗位上，必将对山西煤炭企业的发展起到巨大促进作用。

2. 推动煤炭国企内部改革

深化企业三项制度改革。建立健全企业员工公开招聘、竞争上岗的市场化用人制度，实现企业员工能进能出；推进职业经理人队伍建设，变身份管理为岗位管理，实现干部能上能下；完善企业内部考核评价机制，严格与绩效挂钩考核，实现职工薪酬能高能低。激励员工通过诚实劳动、创新创业和提高劳动生产率，实现企业增效和个人增收。鼓励支持资源枯竭煤矿发挥人才、技术和管理等优势，实施跨区域、跨行业、跨所有制创业创新发展。

分离企业办社会职能。完善相关政策，建立政府和国有企业合理分担成本的机制，多渠道筹措资金，采取分离移交、重组改制、关闭撤销等方式，剥离国有企业所办医院、学校、社区等公共服务机构，妥善解决国有企业历史遗留问题。具备条件的企业都要加快推进分离办社会职能工作，暂时不具备条件的也要积极创造条件，依法依规稳妥推进。推动省属国有煤炭企业医疗保险、工伤保险和生育保险实行属地社会管理。将企业医疗机构纳入当地医药卫生体制改革规划。幼儿教育机构要移交当地政府管理。省属国有煤炭企业承担的矿区、职工家属生活区供水、供电、供暖（供气）和物业管理等社会职能，要逐步分离移交当地政府，实行社会化管理。通过加大分离企业办社会职能改革，使企业轻装上阵。通过主辅分离、辅业改制，企业可以重新研究自己的战略定位，根据自己发展战略的需要，对主业与辅业重新进行整合，有利于集中力量尽快地做大做强主体产业，推进辅业专业化和后勤服务社会化。

### （三）转型升级，加快智能化矿山建设

智能化矿山是矿山信息化、自动化与智能化发展所追求的最终目标。随着大数据、"互联网+"等信息技术的快速发展及"中国制造2025"等战略的实施，为煤炭企业应对挑战提供了新的路径和重要的机遇。煤炭企业应该抓住机遇主动作为，创新应对挑战，加快信息通信技术与矿业的融合，以智能化矿业

建设为契机，加强转型升级。

1. 科学制定山西建设智能化矿山的规划和目标

山西作为煤炭大省，资源丰富，开采条件相对简单，煤炭资源整合完成后，大型煤企已具备了发展智能化开采的条件。为了实现企业的智能化生产管理和高效安全运营这一目标，山西煤炭管理部门和企业应根据"十三五"发展规划中科技创新的要求，科学制定加快智能化矿山建设的规划和目标。推动煤矿机械化换人、自动化减人、科技强安行动，在"十三五"期间使山西智能化矿井建设达到一个新水平。

2. 加快建设煤机制造配套基地

我省各大煤机制造企业、科研院校具有许多独特的资源优势，经过多年生产经营积累了丰富的创新能力，拥有了自己的特色产品。如将太重煤机、山西煤机、平阳机械厂、汾西机械厂、太原煤科院、太原理工大、科达自控等企业的产品、技术整合在一个平台上，组成煤机制造配套基地，这样可以充分发挥煤机配套市场竞争力优势，也可有效地承载智能化矿山建设的重任，为煤矿现代化建设做出更大的贡献。

3. 优先推进千万吨级智能化矿井建设

山西省煤炭企业兼并重组和资源整合以来，千万吨级矿井建设和生产快速发展。全省生产和在建千万吨级矿井700万吨以上的有25座，约占全国千万吨级矿井的三分之一，为山西省煤炭生产和安全发挥了巨大作用。千万吨级矿井建设要求高标准，机械化、自动化程度也较高，在此基础上建设智能化矿井难度较小，因此，优先推进千万吨级智能化矿井建设，对全面提升山西煤炭行业运行质量和矿井安全水平可以起到引领示范作用。

4. 重点推进掘进工作面智能化建设

一直以来，相对于国内煤矿综采技术装备的快速发展，掘进智能化技术进展缓慢。目前，国内煤矿巷道掘进普遍采用炮掘、综掘工艺，而所谓综掘实际上只解决了掘进问题，工作面未形成配套系统，支护、运输环节落后，掘进效率低、劳动强度大、作业环境差。随着回采规模的不断扩大，各安全高效矿井存在采掘接续紧张、采掘比例失调、掘进队伍庞大、井下施工点多、掘进战线长等问题，对安全生产构成较大压力。目前，掘、支、运一体化掘进系统已有重大突破，但现场使用还有许多瓶颈，面对行业的迫切需求，推进掘进工作面智能化建设已势在必行。

5. 全面推动综采工作面智能化开采

我省采煤工作面已全部实现了机械化开采，大部分工作面开采设备自动化程度也达到一定水平，推动综采工作面智能化开采已具备了一定的基础，全面推动综采工作面智能化开采，对煤矿安全高效生产、行业技术进步、产业升级具有重要意义。因此，结合企业自身条件，制定专项方案，有步骤、分阶段开展建设工作，对于切实转变传统的煤炭生产经营模式，具有战略意义。

6. 加大科技创新投入，保障可持续发展能力

科技创新是企业保障可持续发展能力的主要因素，科技是第一生产力，只有加大科技创新投入，才能产生创新成果。由于现有体制等诸多因素，企业创新欲望和能力不足，所以必须由管理部门整合科研、院校、企业等资源，从人力、资金等方面制定创新政策，加大投入，这样才会加快推动煤炭产业技术的转型升级，使煤炭企业可持续健康发展。

### （四）立足自身，提升企业发展质量

去产能、搞好供给侧改革是政府为企业发展创造良好的发展空间，更多的是为企业解决后顾之忧。市场经济条件下，企业才是真正的市场主体，所谓打铁需要自身硬，企业只有做好做优自身，才能适应各种不同的经济环境，把实现"价值最大化"作为重要追求。

1. 做好战略布局

从国家到省、市、县都有关于煤矿产业发展的布局，企业要在大的战略布局下，做好自己的布局，包括产业布局、区域布局、矿井布局和客户布局等。企业的领导层要时刻知道自己企业创造价值点的位置，要正确处理企业当前利益与未来效益的关系，对于不同时间点的布局要有不同的政策措施。对于短期内不能贡献经济效益的在建项目和长期亏损且扭亏无望的在产项目，在经过专家论证后，果断处置。正确处理企业经济效益与履行社会责任的关系，把履行社会责任范围控制在可负担的基本限度内。

2. 优化内部结构

经济环境的变化无时无刻不在进行，企业的发展要跟上环境的变化，必须不断对企业内部结构进行改革和优化，包括产业结构、产品结构、组织结构、资产结构、客户结构等。要坚持客户结构为导向，合理布局产品结构，理顺组织结构，优化资产结构，从而实现既控制成本，又可拓展利润空间，整体提升

企业发展效率。

### 3. 坚持技术创新

科学技术是第一生产力，是降低成本的重要途径，促进煤炭企业成为技术创新的主体，提升自主创新能力。要充分利用现有煤炭科技资源，充分挖掘和发挥煤炭科技潜力；整合煤炭院校、科研单位、设计院所、勘探部门及煤炭企业的技术中心和煤机制造等科研资源，建设省级科技研究体系，形成具有山西特色，服务山西煤炭企业，促进山西经济转型发展的推进器；以链式思维构建煤炭清洁转化、液化与气化等清洁化利用的技术支撑体系，提升煤炭产业综合创新能力；加快建设山西科技创新城，重点研究煤炭相关技术体系。

### 4. 精细化生产过程

生产过程是煤炭企业的主体，庞大的生产组织规模、巨大的前期投入，使得煤炭行业在适应市场变化过程中反应缓慢。随着煤矿开采工艺的进步和机械化程度的不断提高，传统的粗放式管理模式已经显现出它的诸多弊端，煤矿生产管理需要从粗放式向精细化管理转变，就是要按照精益管理的内涵激活煤矿内部各生产要素，精确定位、合理分工、细化责任、量化考核，提高生产效率，降低生产成本。而煤矿生产技术的创新可以更好分专业、分系统对采场设计、生产布局、工艺流程、生产组织进行科学优化，为生产管理的优化提供了巨大的空间。

### 5. 加强人力资源培养

过去几年间，我省实施《山西省煤矿劳动用工管理暂行规定》，煤炭行业用工制度由招工变招生，从源头上提高员工素质。企业要把人才培养作为煤炭产业转型升级的重要考核指标，鼓励产学研结合模式培养煤炭产业相关的专业人才、高素质人才及复合型人才。引进国内外先进的煤炭专业和技术人才，保证企业有新鲜的动力。加强人力资源培养，在企业内部形成良好的学习氛围，整体提升企业的人力资源效率。

### 6. 加强资金管理研究

资金是企业正常运转的血液，通过有效的资金管理加快资金周转，保持资金运作的连续性和充足的现金流。加强现金流动态管理和债务管理，合理安排债权结构，建立风险防范机制和预警机制。研究银行贷款和财政扶持资金政策，大力推动资源资产化、资产资本化、股权多元化，多元化开拓低成本融资渠道。

#### 7. 充分利用煤炭大数据平台

随着互联网信息技术的飞速发展，大数据已经成为基础性战略资源，大数据已经对全球生产、流通、分配、消费活动以及经济运行机制、社会生活方式产生重要影响。2015年国务院常务会议通过《关于促进大数据发展的行动纲要》，2016年7月，中国煤炭工业协会、中国煤炭运销协会发布《推进煤炭大数据发展的指导意见》，明确提出煤炭大数据发展目标，以及以全国煤炭交易数据平台为基础，力争在2020年建成全国煤炭数据平台，实现煤炭数据资源适度向全社会开放，为煤炭企业探索新业态、新模式和行业转型升级提供支撑。企业应该充分利用大数据平台，建立适合自身发展的模型，精准把握市场动向，为企业的战略布局、资金流向提供决策依据。

#### 8. 纵横多维发展

煤炭作为资源性产品，过去的大部分时间都是处于供给的主体地位，企业的经营模式都是直线式，就是采煤、卖煤。近些年，社会对煤炭粗放式的利用对于环境造成的影响日益重视，要求煤炭绿色开采和清洁利用的呼声增多，加上煤炭深加工技术逐渐成熟，延伸产业链成为企业的不二选择。煤炭产业的纵向发展一定程度上解决了煤炭的利用，但在整个经济环境发生变化后，煤炭产能过剩情况日益凸显，煤炭行业本身的现金流出现问题。因此，企业在发展煤炭纵向产业链的同时，应该有意识地发展横向产业，利用企业产生的现金流、土地等发展非煤产业，通过出资、出地、出人等多种形式参股或控股其他朝阳产业，但煤炭企业本身不应参与这些产业的决策和经营，避免出现外行领导内行，尤其是煤炭国有企业，要严格按照公司制、市场化的模式运行。

### （五）严守红线，促进煤矿安全发展

牢固树立发展决不能以牺牲安全为代价的红线意识，以防范和遏制重特大事故为重点，坚持标本兼治、综合治理、系统建设，统筹推进煤矿安全生产领域改革发展。

#### 1. 严守安全红线

（1）强化红线意识，实施安全发展战略。要把安全发展作为科学发展的内在要求和重要保障，把安全生产与转方式、调结构、促发展紧密结合起来，从根本上提高安全发展水平。

（2）强化安全生产第一意识，落实安全生产主体责任，加强安全生产基础能力建设，要紧紧抓住"党政同责、一岗双责、齐抓共管"这个核心，深入推进，狠抓落实。

（3）确保煤矿安全，要坚持预防第一，严把规划、设计、建设、改造等各个关口，从源头上减少安全隐患。

2. 加强隐患排查，增强安全防控意识

瓦斯和水是煤矿生产过程中两个重要的隐患，必须要把"摸清水、治瓦斯"作为煤矿安全管理的一种常态，坚决遏制重特大事故、减少一般性事故。抓住"治瓦斯、摸清水"两个重点，强化煤矿安全生产责任，深入开展煤矿隐蔽性致灾隐患普查治理，做到隐患要查清、措施要全面、现场要落实、管理要到位。

（1）加强矿井通风瓦斯管理，完善、优化通风系统，降低矿井通风阻力，控制和降低瓦斯涌出，保证井下工作地点通风畅通。强化矿井局部通风管理，严格执行安全规程、规定，完善局部通风区域的监测监控系统，实现准确无误的预警预报，确保开拓掘进工作面风流畅通、断电可靠、瓦斯不超限。严格落实两个四位一体综合防突措施。加大矿井采区工作面煤层气（瓦斯）预抽工作力度，坚持先抽后采、抽采达标，把矿井瓦斯隐患从根源上彻底治理。

（2）加强矿井水的防治。严格执行"有掘必探、先探后掘"的方针，严格现场调查、检查和报告制度，一旦发现有透水预兆，及时采取措施，杜绝水害事故发生。严厉打击越层越界开采，防止邻近矿井水害事故的蔓延。

（3）加强机电运输设备运行管理，严禁电气设备失爆。严禁井下使用非阻燃电缆、风筒、胶带，杜绝因电气事故引爆瓦斯、煤尘，发生重大事故，加强矿井提升、运输、人员升降的管理。

3. 继续推动煤矿科技强安行动

继续落实资金、项目，推进隐患排查治理、职业危害防治、应急救援能力、科技研发推广、安全文化示范和监管监察能力等重点工程建设，进一步提升安全保障水平；加快实施"科技强安"战略，在防范煤矿瓦斯爆炸、水害、顶板事故、危化品运输存放等方面发布强制性安全技术措施，建立隐患排查治理体系。采用高科技、大数据、机器替人等手段，健全监测监控、预报预警和快速反应系统，提高风险预控与处置能力。

### （六）绿色发展，继续加大煤层气（瓦斯）开发力度

省政府第 131 次常务会议指出，发展煤层气产业是做好煤炭这篇大文章的重要内容和重大举措，党中央、国务院高度重视，国家部委大力支持，发展前景十分广阔。要抓住国家委托我省审批煤层气矿业权等重大政策机遇，理清思路、理顺体制，确立原则、科学规划，加强引导扶持，推动项目建设，加快把资源优势转化为产业优势、竞争优势、发展优势。要坚持把改革创新和规矩规范统一起来，完善规章制度，解决实际问题；把开放市场和有序管理统一起来，激发市场活力，防止无序竞争；把产业发展和市场开拓统一起来，搞好产业配套，扩大用气市场，提高经济效益；把项目建设和群众利益统一起来，依法依规落实政策，保障好群众的合法权益。

《山西省国民经济和社会发展第十三个五年规划纲要》明确，"十三五"大力发展煤层气产业，力争到 2020 年总产能达到 400 亿立方米。要充分发挥山西煤层气资源大省优势，积极探索形成与天然气同质同价的价格机制，大力推进煤层气开发与井下瓦斯抽采，实现煤矿瓦斯抽采全覆盖。重点建设沁水和河东两大煤层气产业基地，建设河曲—保德、临县—兴县、永和—大宁—吉县、沁南、沁北、三交—柳林六大煤层气勘探开发基地。同时，还将积极推进井下瓦斯规模化抽采利用，着力构建晋城矿区、阳泉矿区、潞安矿区、西山矿区和离柳矿区五大瓦斯抽采利用园区；积极探索煤层气多通道、多途径利用，推进煤层气逐步替代汽油燃料和工业燃煤，在煤矿瓦斯富集地区发展坑口瓦斯发电，形成勘探、抽采、输送、压缩、液化、化工、发电、汽车用气、居民用气等一整套产业链，尽快把煤层气发展成为全省战略性支柱产业。

与此同时，积极承接国际国内产业转移，努力实现煤层气勘探开采、生产加工、输送利用工艺环节装备全覆盖，重点发展高精尖勘探装备、智能化排采成套装备、煤层气发电装备等，建设太原、晋城两大煤层气装备制造基地，发展大同、运城两大煤层气特色应用基地。

《山西省"十三五"循环经济发展规划》提出，煤层气（煤矿瓦斯）综合利用。坚持安全生产与煤层气（煤矿瓦斯）抽采利用相统筹、煤矿瓦斯灾害治理与高效利用相结合，加快煤层气全资源化利用。开展井上、井下联合抽采，通过煤炭规划区、准备区和生产区"三区联动立体式"的抽采方法实现煤层气

（煤矿瓦斯）应抽尽抽，构建"采煤采气一体化、煤与瓦斯共采"的全方位立体化瓦斯抽采模式，提升煤层气（煤矿瓦斯）的抽采规模。推进煤层气全浓度综合利用，煤层气采取集输、压缩（CNG）、液化（LNG）等方式，用于发电、民用、汽车、工业（燃料）等，积极推广使用瓦斯提纯、压缩及液化技术，煤矿抽采低浓度瓦斯以就地发电和民用为主，提高综合利用率；鼓励支持煤矿企业风排瓦斯的利用，降低低浓度瓦斯直接排放。加大煤层气（煤矿瓦斯）抽采及利用的关键技术与装备研发。继续并加大给予煤层气（煤矿瓦斯）勘查、抽采利用的企业在用地、价格调整、入（管）网、低浓度瓦斯发电和瓦斯发电上网、财政补贴等方面的政策支持。

我省应抓住由国土资源部直接受理行政区域内的煤层气勘查开采审批事项部分委托下放至我省这一契机，加大煤层气勘查力度。

### （七）加强互联，推动煤炭行业扩大对外开放

2015 年，中共中央、国务院出台了《关于构建开放型经济新体制的若干意见》，提出加快构建开放型经济新体制，进一步破除体制机制障碍，使对内对外开放相互促进，引进来与走出去更好结合，以对外开放的主动赢得经济发展和国际竞争的主动。

推动国际交流合作，提高煤炭工业对外开放水平。研究建立更加有效的国际煤炭领域的交流与合作机制，加强对话与合作，定期举办国际煤炭峰会、展览会、论坛等，促进煤炭行业和企业开展多层次、多方位的合作。我省要充分发挥"太原能源低碳发展论坛"平台作用，使其成为低碳发展新理念的传播平台、新成果的展示平台和新技术的交易平台。

加强煤炭先进技术研发与推广体系建设，分享世界各国先进的科技成果，支撑煤炭工业健康可持续发展。利用山西科技创新城建设的契机，吸引国内外先进的煤炭技术和煤炭人才，沿着价值链从研发合作到技术推广，再到产业合作，内外良性互动，实行科技与经济的深度融合，强力推进煤炭产业转型升级。

把握"一带一路"的战略机遇，以开放带动能源转型。在沿线重点区域展开煤焦国际产能合作，通过推动建设一批具有较强辐射带动作用的重大合作项目，带动装备、技术和服务出口，推动优势产能走出去。

加强省内外、国内外市场合作，充分利用国内与国外两个市场、两种资源，

通过"走出去"与"引进来"的策略，加强政府、企业、科研机构、金融机构及社会中介等各方的有效参与和联合推动，通过跨行业兼并、重组，引进民间资本，改革煤炭工业发展思路，开发煤炭工业发展环境，促进煤炭产业健康发展，共同形成促进煤炭行业低碳转型、绿色发展的合力。

（八）结束语

2016年煤炭价格的上涨让山西煤炭企业绷紧多年的神经有所放松，企业的经济效益开始好转。但是我们应该清醒地认识到，中国经济整体正处于新旧动能的交替之中，整个世界经济的复苏也还在缓慢通道，目前煤炭市场回暖的底部基础并不扎实，煤价上涨缺乏实体经济的有力支撑，煤炭行业的春天并未真正到来。山西煤炭经济的发展必须依靠改革，坚持改革，着力推进供给侧结构性改革，着力推进煤炭国企改革，着力推进煤炭企业思维变革，以主动求变适应市场发展，让山西煤炭行业真正成为山西经济社会发展的支柱产业。

刘　慧　李生定

# 行业运行篇

HANGYE YUNXING PIAN

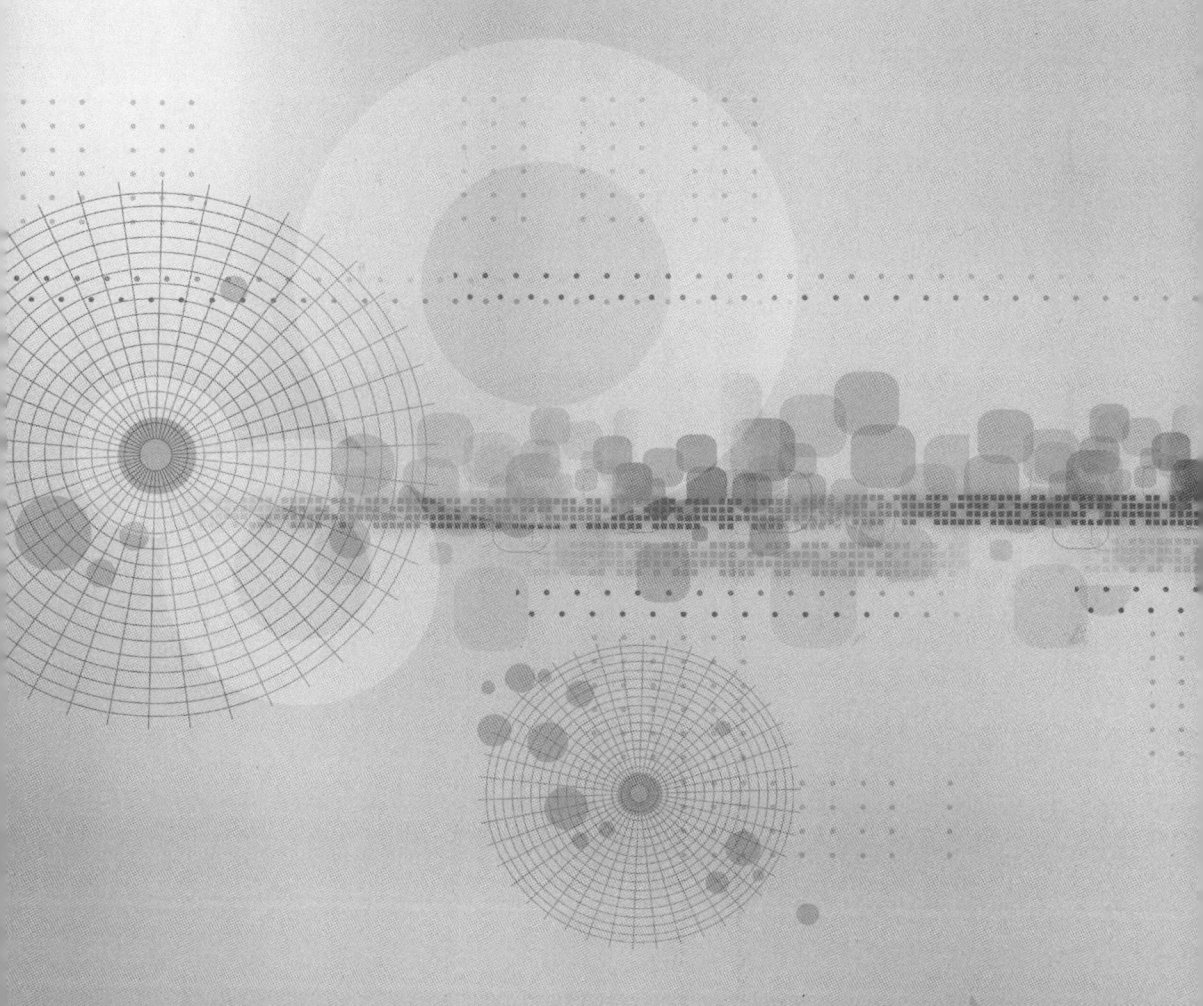

# 专题一
# 把握供给侧改革契机
# 推动煤炭安全生产变革

- 2016年山西省煤炭安全生产形势趋于稳定
- 重组整合煤矿成为国有集团公司安全管理的短板
- 融会供给侧改革思维,提升煤炭安全生产质量

---

2016年是"十三五"规划的开局之年,是供给侧结构性改革的重要之年,也是山西省全面推进经济社会"六大发展"、推进煤炭"六型转变"的关键之年。从当前我国煤炭行业所处的外部发展环境来看,世界经济增速放缓,世界能源利用低碳无碳化的发展趋势日益清晰,美国的页岩气革命,石油、天然气价格下行挤压了煤炭市场的消费需求,而印度、澳大利亚等煤炭出口国的煤炭贸易行为使原本恶劣的竞争环境雪上加霜。而在国内,一方面煤炭仍然处于我国能源供应的基础地位,以煤为主的能源格局短期内仍然稳定;另一方面,新能源和可再生能源的快速发展,不仅将占有能源消费的增量,而且还将替代煤炭的存量。与此同时,煤炭行业进入需求增速放缓期、过剩产能和库存消化期、环境制约强化期、结构调整攻坚期"四期并存"的发展新常态,其显著特征就是产能过剩和煤价低位运行。面对复杂多变的国际能源发展格局,我国提出了"多能并存、高效利用,低碳清洁"的能源发展战略,并出台了一系列改革配套政策,严格控制煤炭新增产能、加大节能减排和大气污染防治力度,对煤炭消费提出了"红线"约束和"刚性"制约,倒逼煤炭行业必须进行供给侧改革。

## 一、当前山西省煤炭安全生产基本情况

安全生产是煤炭工业发展的基础和前提，任何时候都绝不能过高估计我省的安全生产形势，绝不能过高估计干部群众对安全生产重要性的认识，绝不能过高估计自身的安全生产管理能力和水平，要牢固树立安全发展理念，要始终把安全生产放在首要位置，要不断增强政治意识、忧患意识、责任意识，敬畏生命、敬畏责任、敬畏制度，扎实做好安全生产各项工作。[①]

从2015年的安全生产形势来看，监察监管工作力度较大，范围较广。全年煤炭系统共监察各类矿井1020座，检查覆盖率94.53%；监察各类煤矿2505矿次，检查复查率145.59%；"三项监察"矿井1582矿次，完成年计划的109.1%；查处一般事故隐患10829条，应完成整改10817条，监督按期整改10736条，一般事故隐患整改率99.25%；查处重大安全隐患29条，应完成整改29条，监督按期整改29条，重大安全隐患整改率100%；行政处罚188次，其中对生产经营单位行政处罚149次，对主要负责人行政处罚45次；责令停产整顿矿井6座，下达各类监察执法文书5166份。但全省的煤炭安全生产形势依然严峻，全年全省煤矿百万吨死亡率为0.079，同比增加0.043，上升119.44%，与全国情况对比可以发现，在国家大的安全发展形势呈现不断改善的态势下，山西煤炭安全生产水平近些年来一直优于全国平均水平（见图1-1），但即便如此，2015年全省仍发生安全事故33起，死亡77人（未完成国务院安委会下达的64人的控制指标），同比增加7起、42人，分别上升26.92%和120%。其中，发生重大事故1起，死亡21人，同比增加1起、21人，发生较大事故6起，死亡25人，同比增加3起，14人，分别上升100%和127.27%。梳理33起煤矿事故，与以往相比，煤炭安全生产形势呈现出五大特征：一是国有重点煤矿事故多发，共发生事故18起，死亡55人，分别占到总数的54.55%和71.43%；二是瓦斯和水害事故多发，共发生6起，死亡43人，分别占较大以上事故的85.71%和93.48%；三是资源整合煤矿事故多发，共发生事故19起，死亡32人，分别占到总数的57.58%和41.56%；四是非法违法生产建设事故有所抬头，共发生事故3起，死亡

---

[①] 该表述部分引自2016年山西省煤炭工作会议上向二牛同志的讲话。

15 人，分别占到总数的 9.1%和 19.48%；五是企业迟报、瞒报事故时有发生，全年共接到迟报事故 11 起，瞒报事故 3 起。

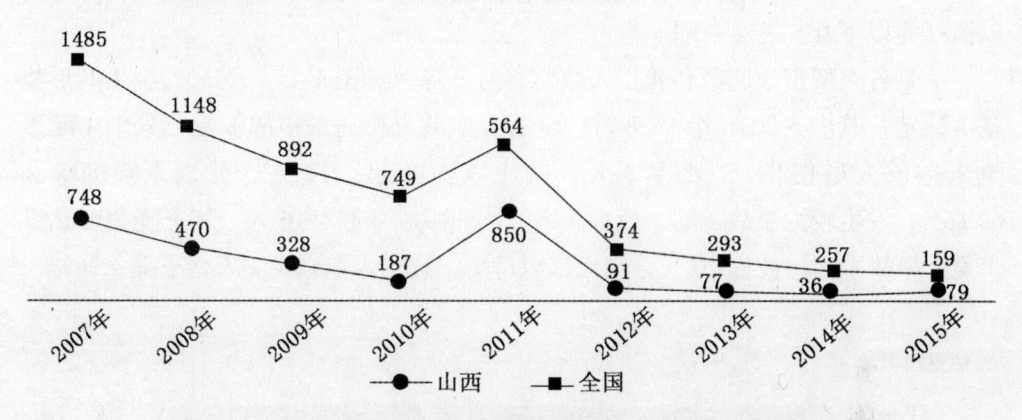

图 1-1 2007—2015 年山西和全国煤炭百万吨死亡率（数值×1000）

进入 2016 年，山西省煤炭行业全面贯彻落实国家和山西省经济工作会议精神，坚持深化改革、创新驱动，坚持"安全第一、预防为主、综合治理"，积极推进"两控两优两提高"（控制总量、优化布局、控制增量、优化存量、提高质量、提高效益），以深化安全管理新体系为主线，以落实各级安全生产责任为抓手，深入开展了各项安全生产监管工作，1—8 月，山西省煤炭监察系统共监察矿井 767 座，监察各类煤矿 1281 矿次，监察复查率 67.01%，其中："三项监察"矿井 869 矿次，煤矿"三项监察"完成年计划的 70.31%。查处一般事故隐患 5524 条，应完成整改 5429 条，已监督按期整改 5334 条，一般事故隐患整改率 98.25%。查处重大事故隐患 18 条，应完成整改 16 条，已监督按期整改 16 条，重大事故隐患整改率 100%。行政处罚 154 次，其中：对生产经营单位行政处罚 130 次，对主要负责人行政处罚 30 次。责令停产整顿矿井 17 座，下达各类监察执法文书 3003 份。事故查处方面，共组织调查处理各类煤矿事故 10 起，已结案 4 起。处理事故责任人 60 人，其中：追究刑事责任 5 人，行政处分 41 人，党纪处分 10 人，行政处罚 34 人，对事故单位罚款合计 175 万元，对事故责任人罚款合计 44.33 万元。随着安全监察工作力度的加大，2015 年以来较为严峻的山西省煤炭行业安全生产形势趋于稳定。

2016 年 1—8 月，山西省煤矿百万吨死亡率为 0.062，同比减少 0.045，下降 41.67%，全省累计发生生产安全事故 10 起，死亡 31 人，同比减少 12 起、29 人，分别下降 54.55%和 48.33%。其中：国有重点煤矿发生事故 6 起，死亡 24

人，同比减少6起、19人，分别下降50%和44.19%；地方煤矿发生事故4起，死亡7人，同比减少6起、10人，分别下降60%和58.82%。梳理基本情况，可以概括为以下几点主要特征。①

一是各类型事故起数和死亡人数均有所下降（见图1-2），煤炭安全生产形势基本稳定，其中，2016年1—8月，全省煤矿共发生一般事故8起（其中1起事故未造成人员伤亡），死亡7人，同比减少8起、12人，分别下降50%和63.16%；发生较大事故1起，死亡4人，同比减少4起、16人，均下降80%；发生重大事故1起，死亡20人，同比起数持平，死亡人数减少1人，下降4.76%。

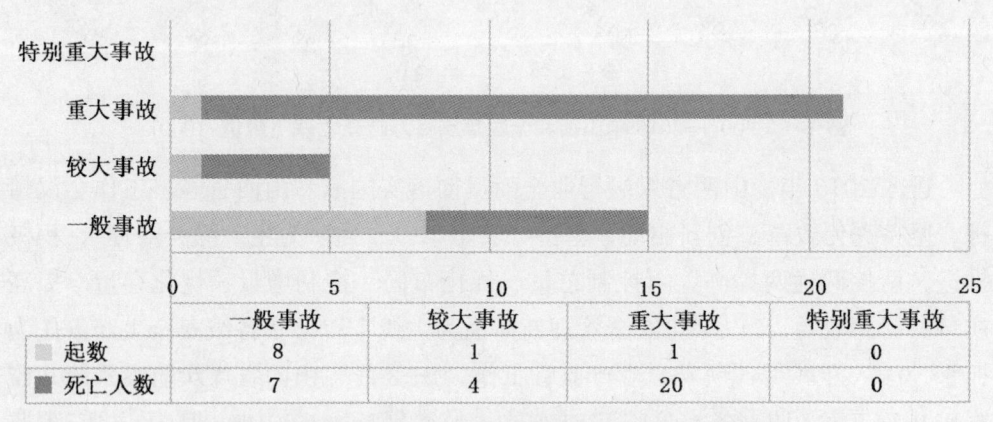

| | 一般事故 | 较大事故 | 重大事故 | 特别重大事故 |
|---|---|---|---|---|
| 起数 | 8 | 1 | 1 | 0 |
| 死亡人数 | 7 | 4 | 20 | 0 |

图1-2　2016年1—8月各类型事故起数和死亡人数

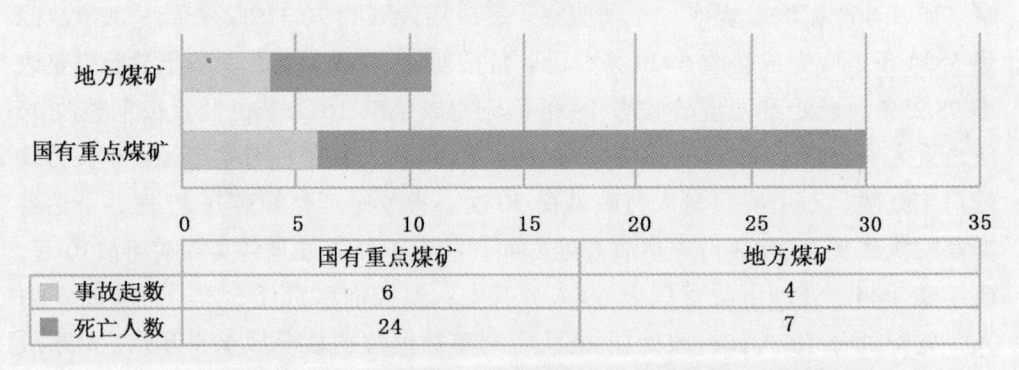

| | 国有重点煤矿 | 地方煤矿 |
|---|---|---|
| 事故起数 | 6 | 4 |
| 死亡人数 | 24 | 7 |

图1-3　2016年1—8月国有、地方煤矿事故起数和死亡人数对比

二是国有重点煤矿事故多发，国有重点煤矿事故起数和死亡人数分别占总体的60%和77.42%，国有重点煤矿的百万吨死亡率为0.099，地方煤矿百万吨

---

① 煤炭安全数据由山西省煤炭安全监察局统计中心提供。

死亡率为 0.030，国有重点煤矿的百万吨死亡率是地方煤矿的 3.3 倍。

三是瓦斯、水害事故仍然是对矿工生命威胁最大的事故类型，截至 2016 年 8 月底，仅 "3·23" 安平煤矿瓦斯事故和 "7·2" 中村煤矿水害事故，两起事故就造成了 24 人死亡的严重后果，死亡人数占到全部死亡总人数的 77.42%。

四是煤矿机电、运输事故多发。截至 2016 年 8 月底共发生机电事故 4 起，运输事故 2 起，机电和运输事故起数占总数的 60%。另发生瓦斯事故 1 起，水害事故 2 起，其他事故 1 起，未发生顶板、放炮和火灾事故（见图 1-4）。

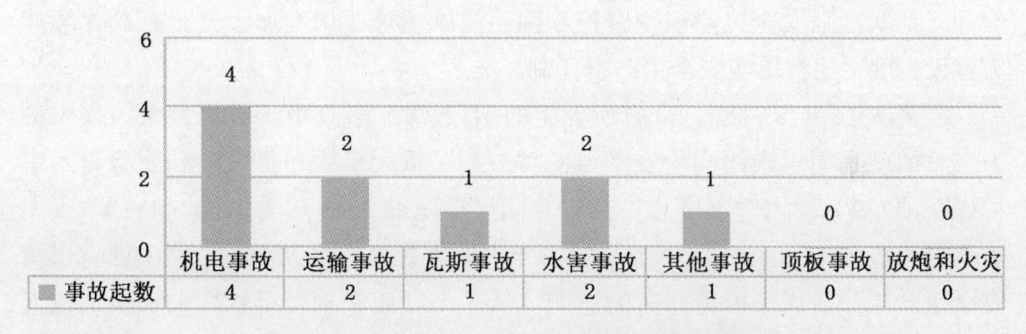

| 事故类型 | 机电事故 | 运输事故 | 瓦斯事故 | 水害事故 | 其他事故 | 顶板事故 | 放炮和火灾 |
|---|---|---|---|---|---|---|---|
| 事故起数 | 4 | 2 | 1 | 2 | 1 | 0 | 0 |

图 1-4　2016 年 1—8 月各类型事故发生数量图

五是企业迟报、瞒报事故现象严重。2016 年 1—8 月，全省发生的 10 起事故中，就有 2 起事故迟报、3 起事故瞒报。如 4 月 21 日 8 时 13 分，焦煤集团杜儿坪矿井下回采工作面发生运输事故，死亡 1 人；5 月 30 日 13 时 26 分，焦煤集团杜儿坪矿井下回采工作面发生机电事故，死亡 1 人；7 月 20 日 9 时 30 分，同煤集团地煤公司马口煤矿井下 8305 工作面发生机电事故，死亡 1 人，3 起事故直到 8 月才补报至监察部门。

## 二、安全事故分析及主要经验教训

2016 年 7 月，习近平总书记在中共中央政治局常委会会议上发表重要讲话，对加强安全生产做出重要指示，强调安全生产是民生大事，一丝一毫不能放松，要以对人民极端负责的精神抓好安全生产工作，站在人民群众的角度想问题，把重大风险隐患当成事故来对待，守土有责，敢于担当，完善体制，严格监管，让人民群众安心放心。各级党委和政府特别是领导干部要牢固树立安全生产的观念，正确处理安全和发展的关系，坚持发展决不能以牺牲安全为代价这条红线。要求加快完善安全生产管理体制,强化安全监管部门综合监管责任,严格落实行业主管部门监管责任、地方党委和政府属地管理责任,严格实行党政领导干部安全生产工作责任制,切实做到失职追责。要把遏制重特大事故作为安全生产整体工作的"牛鼻子"来抓,切实提高安全发展水平。李克强总理做出重要批示,指出全国安全生产形势总体稳定,但重特大事故多发势头仍未得到有效遏制。各地区、各部门尤其是各级领导干部要深刻汲取教训,坚持生命安全至上、人民利益至上,坚持安全发展理念,坚持依法治安、源头防范、系统治理,切实加强安全风险识别管控和隐患排查治理,切实加大安全基础保障能力建设力度,切实落实安全生产责任制。

截至2016年8月底,全省所发生的10起煤矿事故中,影响最大、损失最为惨重的就是同煤集团同生安平煤矿"3·23"重大事故和晋城沁和能源集团中村煤矿"7·2"较大透水事故,其中,同煤集团继2015年姜家湾"4·19"重大透水事故造成21人死亡后,连续第二年下属煤矿发生重大事故,给山西省煤炭安全生产工作造成了极为恶劣的影响。从一个反面深刻警示着广大煤炭从业人员,越是改革发展稳定任务艰巨繁重,越要确保安全生产;越是安全生产形势长期明显好转,越要警钟长鸣;越是大企业、大集团、现代化矿井,越要高度重视安全生产。

### (一)同煤集团同生安平煤矿"3·23"重大事故

大同煤矿集团有限责任公司是中国第三大煤矿国有企业,仅次于神华集团和中煤能源集团,公司总部位于山西大同。同煤集团同生煤业安平矿,是山西省山阴县两座地方小煤矿兼并整合而来,整合后同煤集团持股51%,个人持股49%,手续和证照齐全,年产90万吨。2011年矿井开工建设,2013年10月进入联合试运转,2015年2月取得安全生产许可证,由基建矿井转为生产矿井,2015年安平煤业以销售收入2.07亿元、上缴利税2707万元的业绩成为同煤集团众多煤矿中的佼佼者。

事故经过:本起事故发生在安平煤业8117综采放顶煤工作面,工作面布置一盘区西北部的5#煤层中,北部与已采的8119综放工作面相邻,西南部与马营煤业采空区相邻,由于该工作面回风巷在掘进至800米处时,与马营煤业越入安平煤业(资源整合前)的老采空区贯通,为避开采空区,遂砌筑6米厚密闭墙,退出到770米处施工70米外切眼,然后继续往里掘进270米布置130米里切眼，巷道工程全部完工后，8117工作面呈"刀把式"布置，该工作面于2015年12月27日开始回采，发生事故时工作面已与外切眼延长段对齐，形成倾斜长200米的工作面，8117工作面直接顶比较坚硬，不易垮落，《8117工作面作业规程》开采技术论证意见第三条明确提出："工作面在开采期间，加强工作面顶板的管理，发现工作面压力增大时要及时加快推进速度，防止工作面出现台阶下沉，开采初期注意老塘的垮落，如直接顶未初次垮落，严禁人工放顶煤，防止顶板大面积垮落形成暴风及老塘瓦斯涌出。"截至事故发生前，8117工作面共进行过三次顶板特殊处理，第一次是2015年12月24、25日，工作面开采之前对顶板进行了预裂爆破；第二次是2016年1月2日，工作面推进至30米时，采取了强制放顶措施；第三次是2016年3月23日事故发生前，工作面推进至与外切眼对接位置时，对外切眼70米顶板进行预裂爆破，正是这次预裂爆破，导致了灾难的发生。3月23日14时，综采二队队长刘同军组织中班作业的17人召开了班前会，班前会上刘同军安排对8117工作面70米延长段已提前打好的炮眼进行装药爆破预裂顶板，孟献良、茚生冬负责放炮（2人均无爆破资格证），技术员王世强在会上贯彻了预裂爆破安全技术措施，班长邢永标对当班各项工作做了具体安排，会后，技术员王世强自行入井，放炮员高海钦领取放炮器和放炮线后从副斜井直接入井，另外15人随刘同军到炸药库领取火工品，领完火工品后刘同军返回未下井，其余15人携带400米导爆索、60发雷管、13箱炸药从主斜井步行入井，到工作面后，班长邢永标安排6人连接移溜千斤顶，其余人员做装药等放炮准备工作，装完1个炮眼后，技术员王世强到达工作面指导装药作业，装完8个炮眼后，王世强离开工作面升井，21时30分许，工作面70米延长段装完9个炮眼，班长邢永标安排邢永飞和孔德车到回风顺槽风门外设置放炮警戒，二人随后离开工作面达到警戒地点，约20分钟后听到工作面方向传来响声，风门突然被吹开，一股黑烟吹出，伴随有呛人的气味，看不清周围东西，紧接着又有一股气流冲出，两人被冲倒，邢永飞矿灯损坏，二人在原地等了约30分钟后，孔德车经风门进入回风顺槽察看，走了约200米后发现满巷烟雾，看不清里面，便退出到一盘区变电所打电话向矿调度室汇报了井下情况，22点07分，矿井安全监测监控系统报警，后溜尾、上隅角甲烷传感器（量程0—4%）显示值超过4%，上隅角、回风流一氧化碳传感器（量程0—1000ppm）显示值超过1000ppm，同时调度室接到汇报，一盘区变电所防爆门被吹坏，主副斜井井口均吹出尘雾，经事故现场勘察，两次冲击波共造成

8117进风巷和盘区轨道巷皮带架全部倾倒损坏，瓦斯爆炸产生了高温火焰和一氧化碳有毒气体，进风皮带顺槽工作面和回风槽均有明显过火痕迹，救援人员在工作面进风巷距工作面50米外陆续发现遇难人员10名，盘区轨道巷2117运料斜巷口以北50米处找到遇难人员6名，2119皮带顺槽口附近遇难人员2名，主井煤仓附近搜到遇难人员1名，截至25日中午，在盘区轨道巷发现第20名失踪的遇难人员，抢险救援结束。

经过事故调查组专家认定，"3·23"矿难的具体原因是：该矿属于坚硬顶板和坚硬顶煤，在综采放顶煤开采过程中形成大面积悬顶，没有进行及时的处理，这个工作面自身情况也比较特殊，它原来的工作面是130米，是里切眼，到271米处时还有一个外切眼是70米，形成总的工作面共200米，当时的初衷是怕外切眼的顶煤或顶板垮落下不来，因而采取了爆破，主要对顶板和顶煤进行预裂爆破，但是没有考虑到原来工作面的悬顶问题，放炮后诱导了悬顶大面积垮塌，垮塌后形成暴风，对工作面范围之内的设施和人员有一定损坏和损伤，另外把采空区大量瓦斯挤入到进风巷，由于进风巷中有皮带，有泵站，有大量的设备，特别是10千伏的电缆，形成的暴风把电缆冲下来后，又进行冲击，冲击后形成一定的曲率半径，对电缆内部绝缘层形成破坏，短路后产生电火花，点爆了由采空区挤出的瓦斯，而形成瓦斯爆炸。①

经认定，该事故属于责任事故，安平煤业安全意识淡薄、管理混乱是造成事故的直接原因，具体体现在：①违规使用劳务派遣队伍从事井下采掘活动，且对劳务派遣队伍未能实施有效管控；②违反规定多布置采掘工作面，超能力组织生产；③领导带班下井制度执行不严，事故当班无矿领导带班下井，综采二队无跟班领导；④出入井管理混乱，人员定位系统、出入井登记表均不能准确显示、记录出入井人员情况；⑤现场交接班制度执行不严，安检工、瓦检工提前离岗；⑥安全培训不到位，爆破人员无证上岗，现场爆破作业未按规定将人员撤到安全距离以外。

安平煤矿"3·23"重大事故血淋淋的事实给我们以下警示：

第一，重组整合煤矿已经成为国有集团公司安全管理的短板，近年来的多起重大事故主要发生在国有煤矿，特别是2011年以来发生的5起重大事故，其中的4起就发生在国有集团公司的重组整合煤矿，由此折射出国有煤炭集团对

---

① 事故的经过及调查结果源自山西煤炭安全监察网。

兼并重组煤矿在生产管理、技术指导、监督监察、制度安排、资源落实等方面存在严重的管理真空和信息不对称，相关企业应汲取教训，加强管理，落实制度，做到"真投入、真控股、真管理"。

第二，需要对隐蔽致灾因素有更为科学、更为深刻的认识，同煤集团"4·19"和"3·23"两起重大事故均于"采空区"有关。近年来，由于采空区集聚瓦斯或因采空区导通老空水引发的事故已对煤矿安全造成严重困扰，此次，由于采空区顶板垮落引发的叠加次生灾害更应当引起煤矿生产管理的警觉和重视。

第三，任何类型的一次事故都可能导致瓦斯事故的连锁发生，低瓦斯矿井不等于瓦斯事故可以避免；顶板条件良好不等于可以降低管理标准，要时刻警觉对重大灾害认识不足，防范意识不强，当灾害迹象有所显现时麻痹大意，缺乏有效的管理手段和应急处置能力，要时刻警觉煤矿灾害防治技术不可靠，灾害治理措施针对性不强。

## （二）晋城沁和能源集团中村煤矿"7·2"事故的救援经过及主要经验

瓦斯和水害是煤炭生产中威胁矿工生命安全的最大危险源，相较于瓦斯爆炸的突发性和爆发性，水害产生后一般会有一定的救援时间和空间，中村煤矿"7·2"透水事故发生后，由于救援工作的指挥得力，分工合理，救援科学，在一定程度上减轻了煤矿事故所造成的损失，值得煤炭生产部门学习借鉴。

2016年7月2日20时10分，山西沁和能源集团中村煤业有限公司井下2405回风顺槽掘进工作面掘进过程中发生透水事故，当班下井94人，其中82人安全撤出，12人被困井下，7月8日凌晨4时27分，8名在井下被困125小时的矿工成功获救，7月15日经过井下排水、清淤、搜救，累计排水10.59万立方米，15日13时30分在2405巷搜救出最后一名遇难矿工遗体，此事故造成4名矿工遇难。[①]

### 1. 该起事故的救援经过

2016年7月2日20时10分，山西省晋城市沁和能源集团中村煤矿2405回风顺槽掘进工作面发生透水事故，矿调度室接到事故报告后，立即通知全矿各作业区域停产撤人，经核实有12名矿工被困井下。22时53分，中村煤矿向晋

---

[①] 事故的经过及主要经验部分引自国家煤炭安全监察网。

城市政府有关部门报告了事故情况。接到事故报告后，国务院副总理马凯、国务委员王勇等领导同志做出重要批示。国家安全监管总局局长杨焕宁，副局长孙华山，副局长、国家煤矿安监局局长黄玉治立即研究部署，并委派国家煤矿安监局副局长桂来保带领工作组赶赴事故现场，指导协助抢险救援工作。山西省委书记骆惠宁、省长李小鹏、副省长付建华率有关单位赶赴事故现场指挥抢险救援工作。晋城市、沁水县及有关部门快速反应，晋煤集团等国有企业积极参加抢险救援。

事故发生后，抢险救援指挥部与井下8名被困矿工成功取得了联系，了解到被困人员集中在巷道积水水位以上，有一定的生存空间，但是该矿水文地质情况不清，周边小煤矿老空区积水情况及透水补充水源不明，该矿虽是瓦斯矿井，但被困人员集中在受限空间内，时间久了就会出现各种有害气体聚积，被困人员供氧不足等问题，给安全施救带来巨大压力。抢险救援指挥部认真分析救援条件，科学制定救援方案，精心组织实施。于7月8日3时58分至4时26分，8名被困矿工成功获救。至7月15日13时，其余4名被困矿工遗体全部找到，抢险救援工作结束。

2. 该起事故救援的主要经验

一是强有力的组织保障和领导协调理清了救援的思路，集约高效地利用了救援有生力量。这次事故救援中，多位省部级重要领导始终坚守在抢险救援一线，组织调集救援力量和装备，科学细化救援方案。救援指挥部下设的技术组、现场组、医疗组、后勤组等各小组责任分工，每小时调度各项工作进展情况，对重点工作都明确了责任部门、责任领导和完成时限；晋城市、沁水县党委政府及有关部门负责同志始终坚守在救援现场，按照救援指挥部统一部署和要求，全力做好医疗救护、天气预报、后勤保障、善后稳定等相关工作。

二是行动迅速、布置周密，制定了科学合理的救援方案。为认真分析井下险情，科学决策救援方案，抢险指挥部领导下井实地查看排水情况，抢险救援指挥部根据现场实际勘查情况，制定了以加大井下排水能力和在地面施工救援钻孔为重点的总体救援方案，即：在井下排水点安装8台水泵，在主泵房增加2台水泵，最大限度提高井下排水能力；在地面向井下施工3个钻孔，其中2个排水钻孔向井下积水区施工，安装潜水泵直接向地面排水，1个生命补给钻孔向8名矿工被困区域施工，投送给养。救援指挥部在总体救援方案的基础上，制定了各项救援工作的具体实施措施，保证了救援工作始终科学、统一、高效开展。

截至 7 月 15 日累计排水约 10.6 万立方米；井上生命补给钻孔成功实施后，及时与井下被困人员联系，投送了食物、药品等。同时，安排心理医生通过电话对被困人员进行心理疏导，保障了被困人员身体和精神处于良好状态，增强了获救的信心。由于救援方案周密科学，落实措施到位，救援过程中没有发生次生事故。

三是科学决策，依靠先进的救援技术，救援装备可靠。这次救援方案的成功快速实施，离不开可靠的装备和设施，也离不开专业的技术水平。如晋煤集团派出经验丰富、技术娴熟的地面钻井队，先后施工的 1 个生命补给钻孔和 2 个排水钻孔，全部是一次施工、准确到位，为成功营救被困矿工赢得了宝贵的时间。井下使用的高压快速排水软管承压能力强，纵向抗拉强度高，具有排水量大、连接方便、抗拉断等特点，大大缩短了井下排水管路安装时间，确保了排水管路的可靠运行。此外，针对救援方案中施工地面钻孔、排水及医疗等关键环节，抢险指挥部为确保救援工作有序有力进行，从晋煤集团、潞安集团、阳煤集团等多个国有重点企业成建制调集专业队伍参加抢险救援。据初步统计，参加本次抢险救援的人员 1500 余人，调运水泵、移动变电站、地面钻机、发电机、开关、照明器材、潜水衣等设备 259 台套，排水管 1.6 万米。整个抢险救援的过程中，国有重点企业在人员队伍、装备设备、技术支持等各个方面，都发挥了极其重要的作用。

四是安全管理培训在关键时候起到了重要作用，正是受灾企业和被困员工的积极自救，一定程度上减轻了受灾损失。事故发生后，该矿将巷道供水管路改为压风管路向被困人员供风，同时对井下压风管路进行恢复，保证了被困人员处的新鲜风流供给。井下被困工人积极组织自救，井下被困矿工拉开盘圈的多余电话线，将电话移至较高位置，确保井上井下通信通畅；持续监测井下瓦斯浓度和观测水位变化，为救援指挥科学决策提供重要参考；事故地点出水量变小后，挖沟渠将水引到邻近掘进工作面，减小了救援排水量。

## 三、把握供给侧改革契机，推动煤炭安全生产变革

2015 年 10 月 10 日，习近平同志在中央财经领导小组会议上，首次提出"在适度扩大总需求的同时，着力加强供给侧的结构性改革，着力提高供给体系的质量和效率"。10 月 15 日，在 G20 会议上，习近平同志又重申重视供给端和

需求端的共同协同发力,至此,供给侧改革作为一个热点议题进入决策公共讨论的视野。2016年1月26日,中央财经领导小组第十二次会议上,习近平发表重要讲话强调,供给侧结构性改革的根本目的是提高社会生产力水平,落实好以人民为中心的发展思想。要在适度扩大总需求的同时,去产能、去库存、去杠杆、降成本、补短板,从生产领域加强优质供给,减少无效供给,扩大有效供给,提高供给结构适应性和灵活性,提高全要素生产率,使供给体系更好地适应需求结构变化。

(一)供给侧改革的理论渊源

供给学派的思想和政策主张来源于古典经济学,把生产、成本、生产率等供给因素视为增长的源泉,强调市场经济和自由放任的政策主张。老供给主义者认为减税等激励政策是长期政策,需要较长实践才能起显著作用;而新供给主义者对于供给政策的短期效果非常乐观,认为可以不付出事业代价而降低通货膨胀、减税不会造成预算赤字等。以经济学家阿瑟·拉弗命名的拉弗曲线非常形象地说明了供给学派的理论精髓和政策主张。其讲述的命题是:由于高税率严重地抑制了经济活动,一旦进行相当程度的减税,因此会释放巨大的经济能力(税基增大),以至于政府的财政收入会因减税而增加。

供给学派反对凯恩斯理论,支持所有提高市场效率、减少政府干预的经济政策,除减税外,供给主义者还一直主张缩小政府规模、削减福利开支、放松产业管制以及紧缩货币政策来降低通货膨胀。20世纪70年代之后,对于供给政策的理论研究也取得了一些新的成果,20世纪80年代初期,一些学者研究税收对资本存量的影响,他们估计,取消资本所得税使美国资本存量增加35%,总的福利改进相当于一生消费的1%。1990年,罗伯特卢卡斯计算表明,这等同于降低10个百分点的通货膨胀所带来的福利改进的两倍,消除整个美国战后经济波动的20倍,或是消除美国所有产品市场垄断行为的10倍。因此他认为供给学派的政策主张是一顿很好的免费午餐。

习近平同志提出加强供给侧改革是对改革精神的回归,同时也是我国经济进一步深化改革的必然,由于计划经济是典型的短缺经济,中国改革从一开始的着力点就是扩大供给,改革使得个人多劳多得,发家致富,企业可以自主经营、自负盈亏,开放则带来了新的技术和理念,供给潜力得以释放,才有了中国经济的奇迹。但在21世纪以后相当一段时期内,政府对经济微观层面干预明显增多，在宏观层面以过度刺激总需求来实现增长，结果政府干预多的行业产能严重过剩且无法化解，而政府管制多的行业却有效供给不足，在这种情况下继续刺激总需求收效甚微，唯一的出路是加强供给侧改革，减少政府对经济的干预。

### （二）山西省煤炭供给侧改革的措施与成果

煤炭行业是山西省的四大支柱产业之首，山西省经济发展的特点可以概括为"一煤独大、四点支撑、因煤而兴、受煤所困"。2012年以来，产能严重过剩、价格持续大幅下跌、企业亏损严重、职工收入下降等已成为影响山西省煤炭行业可持续发展、甚至影响全省经济社会发展大局的突出问题。究其原因，主要是供需失衡、管理落后、清洁高效利用不足。为此，山西省委、省政府按照党中央、国务院部署，贯彻落实宏观政策要稳、产业政策要准、微观政策要活、改革政策要实、社会政策要托底的要求，成立了以省长任组长的钢铁煤炭行业化解过剩产能实现脱困发展领导组，将去产能定为2016年山西省供给侧结构性改革的首要任务，随后编制方案，分解目标，于2016年4月24日发布了《山西省煤炭供给侧结构性改革实施意见》，该意见共30条，从有效化解过剩产能、加大煤炭企业改革力度、进一步完善煤炭市场机制、加强煤炭安全清洁高效生产和消费、加快煤炭产业科技创新、以煤会友扩大对外开放与国际交流合作、千方百计做好职工分流安置和转岗培训等民生工作、进一步优化政策环境八大方面着力去产能、去库存、去杠杆、降成本、补短板，随后又在2016年5月10日下发了推进煤炭供给侧结构性改革工作领导小组第二次全体会议审议通过的《探索建立煤炭战略储备体系的实施细则》《推进煤炭绿色低碳消费的实施细则》等第二批12个实施细则，全力推动全省煤炭供给侧结构性改革。

过往的几个月时间里，山西省煤炭行业严控新增产能，主动减量生产，去产能、减量化生产初见成效，截至9月20日，2016年确定关闭的25座煤矿已全部停止井下采掘并已开始回撤设备。其中，设备回撤量完成100%的有5座，完成80%的有4座，完成50%的有6座，10月底前将完成关闭工作并具备省内验收条件。1—8月，全省规模以上原煤产量5.24亿吨，同比减少9775万吨，下降15.7%，超过全国5.5个百分点，占全国减少产量的39.4%；受煤炭减量化的影响，煤炭价格在经历长时间下行和低位徘徊之后，出现恢复性上涨。8月末，全省煤炭企业库存4160万吨，比年初减少829万吨，下降16.6%。1—8

月，规模以上煤炭行业盈亏相抵后净亏损84.3亿元，但8月份扭亏为盈，实现净盈利3.3亿元，结束了连续19个月净亏损的局面，煤炭企业效益正在好转。①

### （三）融会供给侧改革思维，提升煤炭安全生产质量

长期以来，高速增长模式刺激经济的手段主要侧重于需求侧管理，强调要素投入，靠投资、消费、出口"三驾马车"拉动，可以在短期内取得明显的综合收益，煤炭行业尤为明显。在山西省煤炭行业的"黄金十年"中，腐败丛生、体制僵化、机构臃肿、效率低下、事故频发等经济社会问题在煤炭价格一路攀升的繁荣表象里被一一掩盖，但当煤炭价格下跌时，体制机制的弊端便突显出来，煤炭企业利润减少，甚至负债经营，随之的连锁反应便是安全生产投入降低，工程技术人才和业务骨干转行流失以及主管领导抓安全的工作精力分散，这些因素无形中将事故发生的风险概率不断加大，供给侧改革的提出不仅关系到经济发展，更关系到安全生产，通过化解过剩产能实现供需平衡，通过关闭破产、资产重组、组织再造改变落后的发展方式，通过要素升级进一步促进产业结构优化，这些对煤炭安全行业是巨大的挑战，更是前所未有的机遇，煤炭主管部门和生产企业应将供给侧改革思维融会贯通，进而全面提升安全生产工作的质量。

任何改革都会遇到旧有体制机制的习惯性阻力，煤炭安全生产领域的变革应与供给侧改革同步谋划、同步推进，进一步创新安全监管工作的思路和方法，在思想理念上更加强化以人为本、生命至上，全面推进安全生产的系统治理、依法治理、综合治理、源头治理。结合我省当前煤炭供给侧改革的实际情况和所遇到的现实问题，特提出以下政策建议。

第一，严格把关煤矿安全生产条件，提高市场准入门槛，实行重大事故和重大风险"一票否决"。充分利用供给侧改革"优胜劣汰"的市场法则，抓住去产能和资产重组的有利时机，坚决淘汰那些不具备安全生产条件的生产经营单位，对运营的生产经营单位严格执行276个工作日和节假日公休制度。同时引导煤炭生产主体落实《中华人民共和国安全生产法》所规定的安全生产主体责任，健全完善以责任制为核心的内部管理制度，堵塞各种漏洞，补齐安全短板，做到安全投入到位、基础管理到位、安全培训到位、应急救援到位。推进企业机械化、自动化、信息化和标准化建设，建立起自我约束、持续改进的安全生

---

① 数据来源于山西省发改委《供给侧改革情况报告》。

产长效机制。

第二，继续简政放权，进一步明确负面清单、权力清单、责任清单，全面提升政府部门的服务意识，处理好政府与市场的关系，更好地发挥市场配置资源的决定性作用。一方面，通过结构性调控，以定向减税、免税手段来优化现有生产能力；另一方面，减少各种行政审批，利用组织再造、管理创新、业务培训提高政府相关部门的服务水平和办事效率，为企业发展创造积极健康和较为宽松的外部发展环境。

第三，转变安全监管工作的传统思维，创新安全监管的工作思路，确立全面小康社会首先是安全保障型社会的发展理念，强化以人为本、生命至上的服务意识。把确保公众安居乐业、社会安定有序、人民平安幸福作为奋斗目标。延伸监管范围上，在继续强化关键环节安全监管的同时，逐步向涉及煤矿从业者职业健康扩展，不断满足人民群众对安全发展的更高要求；进一步丰富监管手段，要强化法治思维和风险预控管理，坚持标本兼治、综合治理，走社会化、法治化、精细化管理的新路子。

第四，不断夯实安全生产的保障基础，继续落实资金、项目，推进隐患排查治理、职业危害防治、应急救援能力、科技研发推广、安全文化示范和监管监察能力等重点工程建设，进一步提升安全保障水平。加快实施"科技强安"战略，在防范煤矿瓦斯爆炸、水害、顶板事故、危化品运输存放等方面发布强制性安全技术措施，建立隐患排查治理体系。采用高科技、大数据、机器替人等手段，健全监测监控、预报预警和快速反应系统，提高风险预控与处置能力。

第五，充分发挥煤炭从业者的主观能动性，调动企业的创新积极性，按照上项目异地分流安置一批、鼓励职工自主创业分流一批、享受国家奖补政策安置一批、职工自愿内退一批、妥善分流转岗安置职工。建立煤炭集团"大众创新、万众创业"试验基地，以技能大师工作室和技工创新工作室为引领，充分发挥人才集聚、技术积累的优势条件，吸引资金，搭建平台，不断增强煤炭企业抵御风险、扩充渠道、提质增收的能力。

执　　笔：武甲斐
特邀专家：白凌峰
参 与 人：鲁效伟　曹利军

# 专题二
# "十三五"时期煤炭价格走势预判及对山西经济发展的影响分析

- "十二五"期间国内煤炭价格走势特征分析
- 影响未来煤炭价格走势的因素分析
- "十三五"期间国内煤炭价格震荡中小幅上升的走势对山西经济的影响

---

煤炭价格由市场供需决定,作为基础性能源、工业原材料和各产业链的最上游产品,煤炭价格的波动不仅能反映供需关系的变化,而且能揭露出一些更深层次的问题,包括整个能源格局的变化、区域经济发展的阶段性特征,以及产业结构的变化趋势。对山西这样的以煤炭经济为主的资源型地区来说,"十三五"时期煤炭价格面临的趋势性、长期性变化将为山西带来更深远的影响。

## 一、"十二五"时期国内煤炭价格走势及行业发展概况

### (一)"十二五"时期国内煤炭价格走势回顾

"十二五"时期是煤炭行业发展史上不平凡的五年,国内煤炭价格出现有史以来最大幅度、最长周期的连续性下挫,煤炭价格走势的关键词可以概括为"跌跌不休"。至2015年年底,环渤海5500大卡动力煤综合平均价格跌至372元/吨,较2014年同期下降153元/吨,下跌29%;生产者出厂价格总水平收至83.2(以上年同期为100),同比下跌5.2%。价格已经跌回2004年年末水平,与2011年前后的高价位相比,煤炭价格跌幅已经超过一半。

从产品种类来看，除化工煤以外，动力煤、炼焦煤、喷吹煤等在内的各产品品种全部下跌。2015年，国内动力煤跌幅就达到30%以上，炼焦煤跌幅达到20%以上，山西大同南郊动力煤车板价由年初的350元/吨一路下跌至年底的220元/吨，全年价格下跌130元/吨，跌幅达37.1%；柳林4#低硫主焦煤由年初的805元/吨跌至年底的590元/吨，下跌215元/吨，跌幅23.7%。

煤炭产能方面，据统计，截至2015年年底，中国煤矿总产能达到56.47亿吨。其中，生产矿井产能39.23亿吨，改扩建矿井产能7.4亿吨，新建矿井产能9.16亿吨，许可证注销矿井产能0.68亿吨。从产能分布来看，国内煤炭产能27%分布在山西，数量高达15.3亿吨（包括山西省公告的13座未核准建设煤矿计7400万吨/年产能），其中，生产矿井产能10.4亿吨，新建和改扩建矿井产能4.88亿吨；其次为内蒙古，该区产能11.7亿吨，占全国总产能的21%，其中，生产矿井产能8.1亿吨，新建和改扩建矿井产能5.6亿吨；排名第三的陕西省，产能共6.7亿吨，其中，在产产能4亿吨，新建和改扩建矿井产能2.6亿吨。

"十二五"期间煤价的下跌，导致国内煤炭行业产能过剩、违规改扩建、煤企负债高等问题不断暴露。截至2015年年底，全国煤炭总规模57亿吨，其中，正常生产及改造的煤矿39亿吨，停产煤矿3.1亿吨，新建改扩建煤矿15亿吨，其中约8亿吨属于未经核准的违规项目。如果按照煤炭行业有效产能47亿吨、2015年原煤产量37亿吨计算，国内煤炭产能利用率只有78.8%。受产能过剩影响，煤炭价格持续下滑，企业盈利严重恶化，亏损企业数量大幅增加。从2001起，煤炭行业的盈利能力如同坐上过山车，随着行业的景气度上升，利润总额从2001年的42亿元，跳升至2011年的历史高点4342亿元，增长近10倍，随后随着行业产能过剩的影响，利润总额大幅下滑，2015年仅为441亿元，只相当于2004年和2005年水平；销售净利率与利润总额走势相似，2010—2011年维持在14%的高盈利水平，随后大幅下滑，2015年仅为1.8%，跌幅达87%，不如2001年行情启动前的水平。

### （二）影响煤炭价格走势的因素分析

价格由供需关系决定，供需受多方因素综合影响，煤炭的生产与消费也相互影响。作为传统能源代表，煤炭的开采历史悠久。从供给层面来看，世界煤炭生产主要取决于资源条件、生产技术和市场需求的变化。在过去的50年里，世界煤炭生产的发展呈现大幅度波动的趋势；从需求层面看，20世纪80年代以来，世界煤炭消费量总体上呈现一个较平稳的趋势。

1. 能源格局变化

国际能源格局方面，当前世界煤炭市场主要由动力煤市场和炼焦煤市场组成。尽管煤炭储量分布很广，但60%的可开采煤矿集中于美国（25%）、俄罗斯（17%）和中国（12%），澳大利亚、印度、德国和南非等其他国所占比重为29%。据国际能源机构统计，上述七国的可开采储量占世界煤炭储量的80%以上。《国际能源展望2007》〔以下简称IEO（2007）〕指出，2004年全球煤炭需求为113.4千兆Btu，2015年全球煤炭需求将上升至152.1千兆Btu。2015—2030年期间，全球煤炭消费增长率年均将达到2.2%，但不同地区的消费水平会有很大差异。世界能源格局的变化也直接影响我国的煤炭进出口规模，随着中美煤炭战略对话及与国际能源署、世界能源理事会、世界采矿大会、世界煤炭协会等国际组织交流日益深化，我国与俄罗斯、印度、澳大利亚、印度尼西亚、波兰、乌克兰等主要产煤国联系更加紧密，五年累计进口煤炭13.3亿吨，占世界贸易比重由11.3%提高到25%左右，进口煤与国内煤价差不断减少，2015年，中国进口煤炭平均单价下跌至59.3美元/吨，同比下降了22.4%。国内能源格局方面，煤炭占能源消费比重也几乎一直呈现下降趋势，由1994年的占比75%下降到2015年的64%，累计下降了近11个百分点，水电、风电、核电、天然气等清洁能源消费量占能源消费总量的17.9%。随着能源结构的调整，煤炭在国内能源消费结构中的比重将从目前的超过60%降至未来的50%以下。

2. 能源政策走向

2015年11月，中国煤控项目组发布了《中国煤炭消费总量控制规划研究报告》，该报告指出，2020年中国煤炭消费总量的目标应约束在27.2亿吨标煤，即38亿吨实物量以内，总能耗控制在47.4亿吨标煤。按照上述煤炭控制目标，煤炭占能源消费总量的比重将从2014年的65.6%降至57.4%。

当前，我国煤炭价格受国家政策影响仍然较大，尤其是对电煤价格的影响。目前我国的宏观政策已明确，电煤价格由供需双方协商确定。但是，由于电力市场化改革尚未完成，电煤价格仍然受到政策性因素的影响。一是许多方面仍在以行政手段干预电煤价格，搞行政行为的"煤电价格联动"。二是各地在实践中还存在大量的重点合同电煤价格，存在文件上的市场手段与实践中计划手段相矛盾的"双轨制"。三是在电力企业与煤炭企业实力的对比中，由于电力企业的垄断地位及其对国民经济的影响作用，削弱了煤炭企业定价的话语权。如

2008年，为应对国际金融危机的影响，国家安排4万亿元投资以及在不到100天内多达5次的货币政策调整，经济振兴政策的出台间接提高了国内煤炭的消费需求，进而影响煤炭价格；2008年12月，国家出台了对矿产品增值税税率的调整政策，由原来的13%调高4个百分点，增加煤炭财务成本30元/吨左右（按照700元/吨价格预算）；同时国家提高煤炭出口税率，遏制了煤炭出口，鼓励了煤炭进口，影响国内煤炭需求和煤炭价格。

3. 煤炭科技进步

一方面，火力发电技术的进步，推动单位能耗不断下降。2015年，国内火力发电量为42102亿千瓦时，同比下降0.55%；消耗动力煤18.77亿吨，同比下降5.3%；每度电耗标准煤减少至316克/千瓦时，同比下降2克/千瓦时。

表2-1　2011—2015年中国电力行业耗煤量[①]

| 指标 | 2011年 | 2012年 | 2013年 | 2014年 | 2015年 |
| --- | --- | --- | --- | --- | --- |
| 火电装机容量（千瓦） | 76500 | 81900 | 81900 | 91800 | 99000 |
| 火力发电量（亿千瓦时） | 38137 | 37867 | 42153 | 42337 | 42102 |
| 每度电耗标准煤（克/千瓦时） | 330 | 330 | 321 | 318 | 316 |
| 动力煤消费量（亿吨） | 19.51 | 18.43 | 20.10 | 19.81 | 18.77 |

注：火力发电包含燃煤、燃气、燃油、生物质能等，其中燃煤发电占火力发电总量的95%左右。
数据来源：国家统计局；中国煤炭网。

另一方面，煤炭的清洁利用取得较快发展。全国燃煤电厂超低排放机组装机达到8400万千瓦，烟尘、二氧化硫和氮氧化物的排放水平达到或低于天然气电厂的排放标准。高效煤粉工业锅炉在甘肃、内蒙古、陕西等西部高寒地区和东部沿海等20多个省区推广运用，燃烧效率比普通链条锅炉提高28个百分点，污染物排放水平接近或达到天然气锅炉的排放标准。此外，截至"十二五"末，

---

[①] 中国（太原）煤炭交易中心，山西汾渭能源开发咨询有限公司.中国煤炭市场发展报告[M].北京：中国经济出版社，2016年6月.

国内煤制油、煤制烯烃、煤制气、煤制乙二醇产能分别达到650万吨、406万吨、44.4亿立方米、150万吨。水煤浆、型煤、低阶煤提质等洁净煤技术攻关取得明显进展。

4. 物流运输

物流运输费用一般占据煤炭价格的25%—30%，物流运输费用高低也是影响区域煤炭产业竞争力的重要因素。在物流运输中，铁路运输为最主要的外运方式，其次为公路、水路运输。

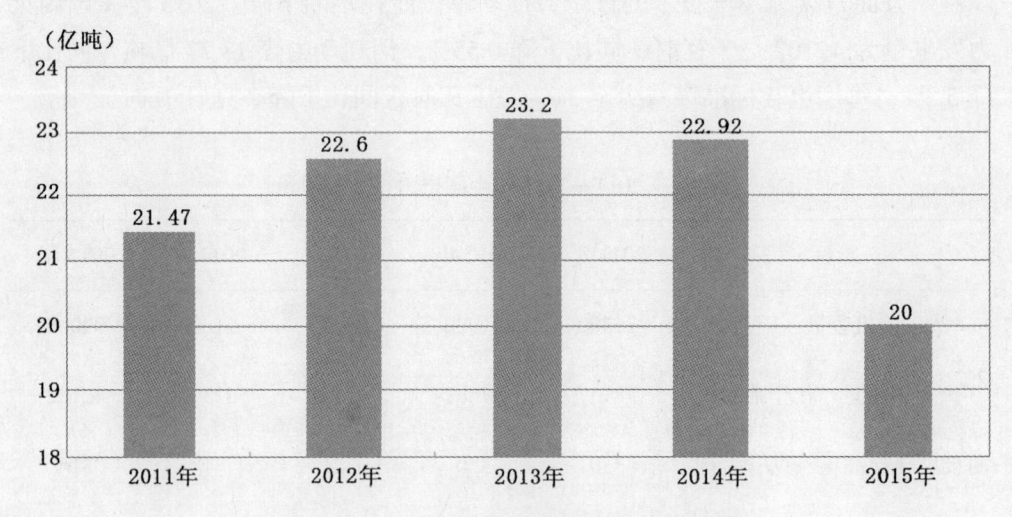

图2-1 2011—2015年中国煤炭铁路发运量

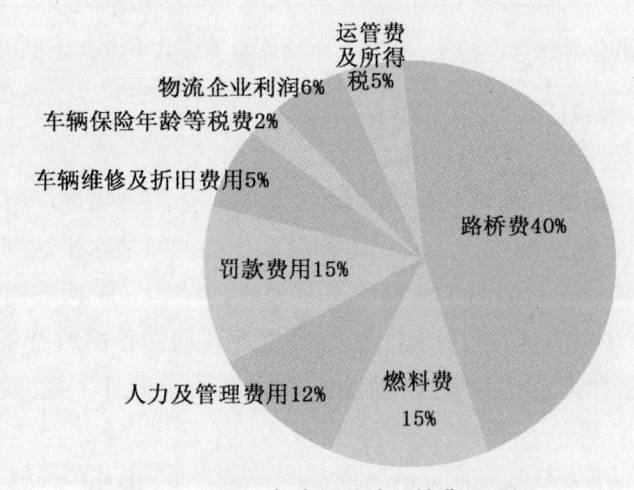

图2-2 2015年中国公路运输费用明细

新常态下，煤炭售价持续低迷，铁路运输需求受到较大影响。2016年，铁路总公司下发《关于推进铁路供给侧改革深化现代物流建设若干措施的通知》（以下简称《通知》），《通知》称，将以煤炭、冶炼物资为重点，通过扩大铁路局运价调整自主权限，坚决实现货运量止跌回升，这种物流运输供给的调整也成为影响煤炭价格的重要因素。公路运输方面，据测算，2015年公路运输的平均费用为0.32元/吨千米，"十二五"以后，国内的煤炭公路运价已接近成本线，基本已无下降空间。

5. 其他不确定因素

除了以上主要影响因素外，煤炭价格还可能受到国家价格调控、国际煤炭市场价格等宏观经济因素影响，也有上下游产品价格、煤炭替代品价格等微观经济因素的影响，此外，还有煤炭储存量、气候变迁等天然因素，以及铁路运力、房地产建设规模等非煤炭领域的其他经济因素影响。

### （三）"十二五"期间国内煤炭行业发展概况

"十二五"期间国内煤炭价格一路下行，既受到科技、政治、外交、文化等多因素的交织影响，更反映出全球能源领域内的深层次变革和能源格局的大调整态势。总结"十二五"期间国内煤炭行业的发展情况，主要亮点包括以下几方面。

1. 全国煤炭行业集中度提高

截至2015年年底，全国煤矿数量为1.08万处，其中，年产120万吨以上的大型煤矿1050处，比2010年增加400处，产量比重由58%提高到68%；年产30万吨以下的小型煤矿7000多处，比2010年减少4000多处，产量比重由21.6%下降到10%左右。据统计，14个大型基地产量占全国总产量的92.3%左右，比2010年提高4.3个百分点。产量超过亿吨的煤炭省区8个，产量比重84.1%，提高了8个百分点。前4家煤炭企业产量8.68亿吨，占全国的23.6%，比2010年提高1.6个百分点；前8家企业产量13.1亿吨，占全国的35.5%，增加了5.4个百分点。神华、同煤、山东能源、陕煤化、中煤、兖矿、山西焦煤、冀中能源、河南能源等9家企业产量超亿吨，比2010年增加4家，产量14.1亿吨，占全国的38.2%，提高了13个百分点。

2. 国家煤炭市场化改革深入推进

自2013年起，国家取消重点电煤合同，煤炭供需企业开始自主订货、协商定价，并逐步实现电煤价格并轨。煤电价格联动机制逐步完善，全国建成了中国太原、大连东北亚、鄂尔多斯、华东等多个区域性煤炭交易中心，焦炭、炼焦煤、动力煤期货上市，形成了以全国煤炭价格指数为主体，秦皇岛、环渤海、太原等区域价格指数为辅的煤炭市场价格指数体系。炼焦煤、动力煤期货成功上市，电子商务得到较快发展，集交易、物流、金融、信息等为一体的煤炭供应链管理服务体系逐步完善，市场发现价格功能明显增强。煤炭大数据平台建设加快，运行分析、景气指数和行业预警定期发布，成为企业科学组织生产经营的重要参考依据。

3. 行业科技创新能力显著提高

在煤炭清洁高效利用方面，截至"十二五"末，全国原煤入选能力26亿吨，原煤入选率65.9%，比2010年提高15个百分点。煤矸石综合利用率达到64.2%，提高2.8个百分点；矿井抽采瓦斯利用率达到46.4%，提高15.7个百分点；土地复垦率达到47%，提高9个百分点；大中型煤矿原煤生产综合能耗、生产电耗分别比2010年下降14.6%、14.8%。全国燃煤电厂超低排放机组装机达到8400万千瓦，烟尘、二氧化硫和氮氧化物的排放水平达到或低于天然气电厂的排放标准。煤制油、煤制烯烃、煤制气、煤制乙二醇产能分别达到650万吨、406万吨、44.4亿立方米、150万吨。科技创新平台方面，全行业共建成国家重点实验室18个，工程实验室7个，国家工程研究中心8个，国家工程技术研究中心4个，国家工程技术研究院1个，国家能源研发中心5个，国家能源重点实验室6个，国家级企业技术中心27个，培育17个各级协同创新中心。科技创新成果方面，共荣获国家科技奖励35项，其中技术发明奖5项、科技进步奖30项，其中"特厚煤层大采高综放开采关键技术及装备"获国家科技进步一等奖，获中国专利奖36项，国家标准《中国煤炭分类》（GB/T5751-2009）荣获中国标准创新贡献奖一等奖。"十二五"时期，行业科技贡献率达到49%，比"十一五"时期提高了近10个百分点。

4. 煤炭行业效益大幅下滑

一方面体现在资产负债率不断提高。据统计，2015年，我国煤炭行业的平均资产负债率已经达到67.7%，处于2016年以来的最高水平，29家上市煤企平均资产负债率为55%，其中部分煤企的资产负债率已超过80%，如国投新集为80.82%、山煤国际为82.06%、煤气化为88.01%，远远超过了70%的资产负债率警戒线。

表 2-2　煤炭行业上市公司一览表

| 名称 | 代码 | 名称 | 代码 | 名称 | 代码 |
| --- | --- | --- | --- | --- | --- |
| 中国神华 | 601088 | **潞安环能** | **601699** | 神火股份 | 000933 |
| 中煤能源 | 601898 | 兰花科创 | 600123 | 四川圣达 | 000835 |
| 郑州煤电 | 600121 | 开滦股份 | 600997 | 平庄能源 | 000780 |
| **永泰能源** | **600157** | 恒源煤电 | 600971 | **美锦能源** | **000723** |
| **阳泉煤业** | **600348** | **大同煤业** | **601001** | **煤气化** | **000968** |
| 兖州煤业 | 600188 | 安源煤业 | 600397 | 靖远煤业 | 000552 |
| 上海能源 | 600508 | 金瑞矿业 | 600714 | 冀中能源 | 000937 |
| **山西焦化** | **600740** | 国投新集 | 601918 | 远兴能源 | 000683 |
| 平煤股份 | 600997 | **安泰集团** | **600408** | 山煤国际 | 600546 |
| 盘江股份 | 600395 | **西山煤电** | **000983** | | |

数据来源：互联网，加粗字为山西煤炭上市企业。

另一方面，企业利润率不断下降。"十二五"末期，受整体经济下滑影响，煤炭企业的生产经营遇到了前所未有的困难，加上煤炭开采成本不断增高，价格持续下滑，销售压力不断增大，企业的利润率持续降低。据统计，截至2015年，国内规模以上煤炭开采和洗选业主营业务收入为24994.9亿元，比上年下降了14.8%，利润总额440.8亿元，同比下降65%。

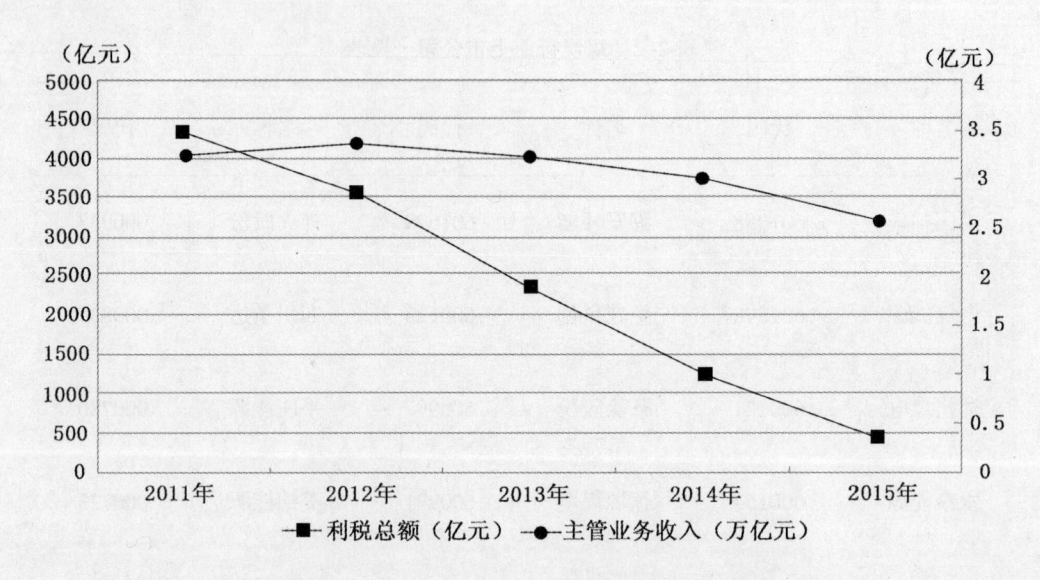

图 2-3　2011—2015 年中国煤炭企业经济效益

数据来源：国家统计局。

## 二、"十二五"时期煤炭价格变化对山西经济发展的影响

煤炭价格走势与山西经济总量在全国的相对竞争力密切相关，"十二五"时期煤炭价格的变化对我省经济发展的影响巨大，从一定意义上说，已经是山西经济发展的重要转折点，是山西资源型经济各种弊端的集中凸显期。之前被煤炭繁荣所掩盖的结构性问题、增长动力问题、收入分配问题等都在这个时期暴露出来，影响深远。

GDP 增速大幅下滑。改革开放初期，在国家严格的计划管控下，煤炭统配统销，山西以重工业大省的定位，一度保持了数年的全国第 15 位；随着煤炭市场化改革深入，2003 年至 2008 年期间，山西 GDP 总量在全国也能够保持第十六七的排位。"十一五"以来，山西省的 GDP 总量始终保持在全国第 21 位，并在 2011 年首次进入"万亿俱乐部"。自 2009 年之后，随着煤炭价格从最高处一跌再跌，山西 GDP 的排名就开始快速下滑，到"十二五"时期，煤炭均价从 2011 年最高时的 656 元/吨下跌到 2015 年 10 月的 244 元/吨，全省 GDP 总量排名也迅速下滑至全国第 24 位，GDP 增速更是出现"硬着陆",在各省中排名倒数。"因煤而兴,因煤而困"已经成为全省经济发展挥不去的诅咒。

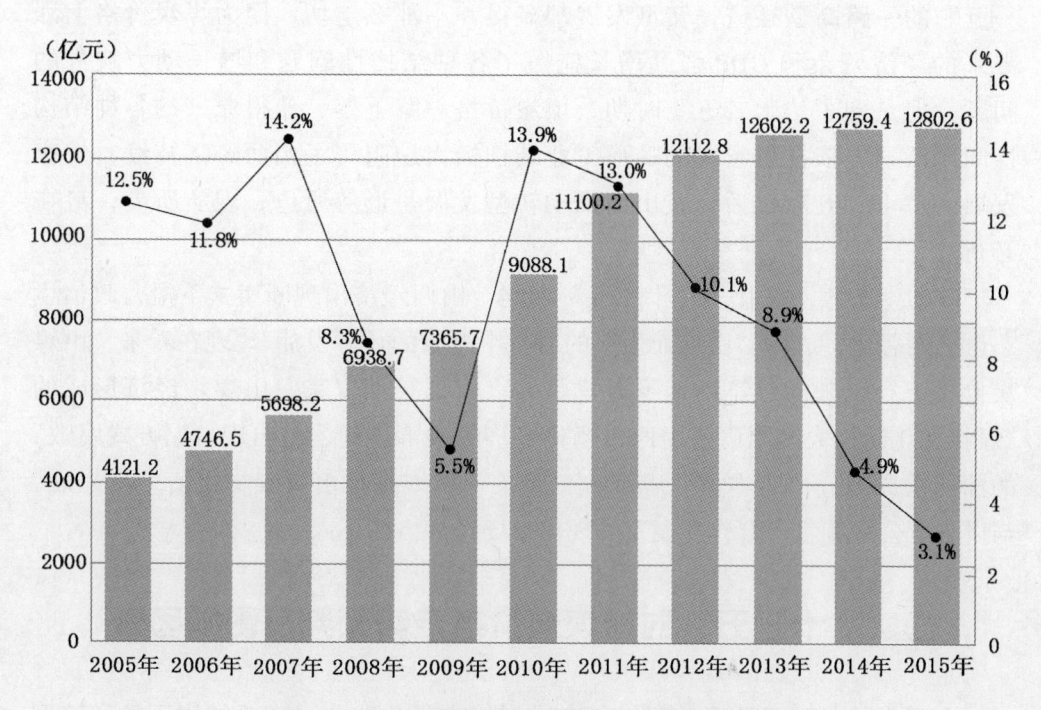

图 2-4  山西省地区生产总值比上年同期增长率

注:绝对额为当年价格值,增长率按可比价格计算。

煤炭企业大幅亏损。山西省煤炭行业集中度非常高,七大集团原煤产量占一半以上。"十二五"以来,省属七大煤炭集团的净利润从 2010 年的 173.1 亿元一路下跌,2013 年净利润开始由正转负,整体出现大幅亏损。煤炭价格"腰斩"后,全省的煤炭企业整体呈现"八降两增"特征:产量降、销量降、利润降、投资降、工资降、税收降、价格降、销售收入降,库存增、应收账款增。截至 2016 年 6 月底,山西五大省属煤炭企业资产负债率 78.5%,利息支出 174.5 亿元,同比增长 19.3 亿元,仅应收账款和存货两项就占用流动资产总额三分之一以上。煤炭企业的大幅亏损和负债率过高的现实,使银行在煤炭行业投放贷款的风险再"亮红灯"。2016 年第一季度末,山西七大省属煤炭企业负债总额已达 1.2 万亿元,几乎相当于全山西省 2015 年 1.28 万亿元的生产总值。国有大型煤炭企业大面积亏损直接导致全省工业经济效益持续下行。

转型发展势在必行。在山西，推动经济结构调整，加快转型发展，这一发展目标自19世纪80年代就开始提出。但是随着煤炭价格在"十五""十一五"的一路高歌猛进，转型发展却显得并不那么迫切，因为煤炭价格上涨带来的经济繁荣和GDP强劲增长掩盖了各种结构性问题和增长动力缺失的问题。但是到了"十二五"时期，煤炭价格一路下挫，使得原来的各种结构性问题凸显，依托煤形成的畸形工业结构极大地阻碍了山西经济持续、健康发展。"十二五"过后，在山西推动转型发展是形势所迫，现实所需，势在必行。

政治生态急剧恶化。"十二五"期间，山西经济出现断崖式下滑，政治生态也急剧恶化，成为"由煤而生"的另一个严重的"并发症"。现在看来，由煤炭价格下行带来的经济增速下滑只是导火索，长期以来，由煤炭经济形成的"煤炭文化"极大地阻碍了山西市场化经济的改革进程才是出现"塌方式腐败"的深层次原因。"官本位"思维、"路条"思维都是由煤炭文化衍生出来的，与讲求"公平竞争、合作共赢"的现代市场经济格格不入。

## 三、"十三五"时期煤炭价格走势预判及影响因素

在国内外宏观经济形势错综复杂，煤炭市场化改革、产业结构调整和转型发展深入推进的大背景下，"十三五"对煤炭行业来说，既面临深度行业调整，也面临依靠创新驱动提升科学化发展水平、保障国家能源安全的双重任务，可能遭遇的挑战和风险仍然很大。

从行业发展来看，"十三五"将是我国煤炭行业进入深度调整的转折期，受"三期叠加"等多重因素影响，煤炭行业将进入需求增速放缓期、过剩产能和库存消化期、环境制约强化期和结构调整攻坚期"四期并存"的发展阶段[1]，煤炭价格也将在供需关系调整下趋于新的平衡、走向新常态。

1. 影响"十三五"时期煤炭价格走势的几大要素

"十三五"是煤炭价格从"十二五"短期性低谷走向调整、平衡性低谷的新阶段，预计到"十三五"末期，煤炭价格的平衡性低价态势也将成为新常态，总体来看，影响煤炭价格走势的因素包括以下几个。

---

[1]王显政.谈煤炭"十二五"和"十三五"[N].中国煤炭报.2015-10-25.

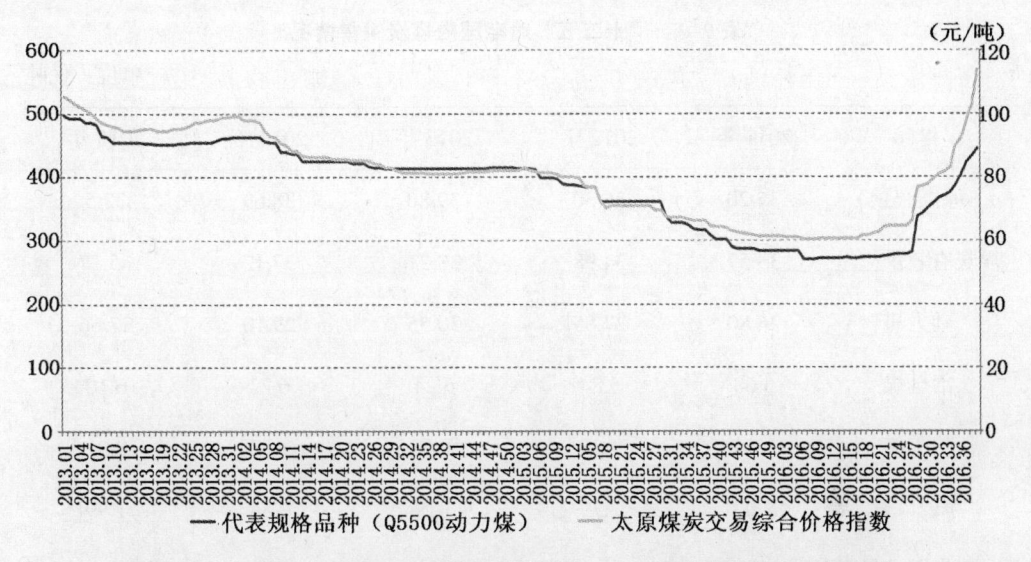

图 2-5　近三年太原煤炭交易综合价格指数 CTPI 及代表规格品价格变动

数据来源：中国太原煤炭交易中心。2016 年 7 月 19 日，太原煤炭交易中心正式发布 CTPI-2.0 指数，图中代表规格品变更为动力煤 Q5500 下水代表规格品 1 的平仓含税加权平均价。

供需关系。供需关系是影响煤炭价格的最直接因素，煤炭供需总量的相对平衡是煤炭价格企稳的前提条件。据有关部门统计，截至 2015 年年底，全国煤矿产能总规模达到 57 亿吨，按照严格限制增量、对已有存量实施 10 亿吨的减产能目标计算，5 年后国内煤炭产能约为 47 亿吨左右。

2014 年 6 月，国务院办公厅印发《能源发展战略行动计划（2014—2020 年）》，确立了我国到 2020 年的战略方针与目标：到 2020 年，我国一次能源消费总量将控制在 48 亿吨标准煤，煤炭消费总量控制在 42 亿吨；非化石能源占一次能源消费比重达到 15%，天然气比重达到 10% 以上，煤炭消费比重控制在 62% 以内。

根据行动计划要求，我们假设 2016—2020 年我国 GDP 同比增速维持 7% 的水平，单位 GDP 能耗按每年下降 6% 计算，至 2020 年，我国煤炭占能源消费总量的比重下降至 56.5%，那么至 2020 年，我国的年均煤炭需求增速将降至 -1.59%。

综合国家对煤炭能源消费的限制，以及煤炭市场需求分析数据来看，"十三五"期间，国内煤炭需求市场均难超过 40 亿吨。与"十二五"相比，预计"十三五"期间，全国煤炭市场供过于求的现象还将延续。

表2-3 "十二五"时期国内煤炭供需情况

单位：亿吨

| 指标 | 2011年 | 2012年 | 2013年 | 2014年 | 2015年 |
| --- | --- | --- | --- | --- | --- |
| 原煤产量 | 35.20 | 36.50 | 39.80 | 38.69 | 37.5 |
| 煤炭有效供应量 | 33.57 | 34.98 | 38.21 | 37.12 | 35.77 |
| 动力煤 | 26.80 | 27.85 | 30.55 | 29.10 | 27.66 |
| 冶金煤 | 5.68 | 5.84 | 6.24 | 6.22 | 6.10 |
| 化工煤 | 1.09 | 1.29 | 1.42 | 1.80 | 2.01 |
| 净进口量 | 2.07 | 2.79 | 3.19 | 2.85 | 1.99 |
| 煤炭需求量 | 35.95 | 37.50 | 40.83 | 39.85 | 37.65 |
| 动力煤 | 29.02 | 30.11 | 32.81 | 31.47 | 29.31 |
| 冶金煤 | 5.94 | 6.20 | 6.70 | 6.67 | 6.41 |
| 化工煤 | 0.99 | 1.19 | 1.32 | 1.71 | 1.93 |
| 供需差 | -0.30 | 0.26 | 0.57 | 0.13 | 0.10 |

数据来源：国家统计局。

政策因素。2016年2月初，国务院出台《关于煤炭行业化解过剩产能实现脱困发展的意见》，提出自2016年开始，国内煤炭行业将用3—5年的时间，退出产能5亿吨左右，减量重组5亿吨左右。煤炭的过剩产能将在政策调节下进一步削减，这对稳定煤炭价格是重要的利好因素。

自2014年12月启动的煤炭资源税改革是影响"十三五"时期煤炭价格走势的另一个政策利好。具体措施包括：由从量计征到从价计征，将煤炭矿产资源补偿费费率降为零，停止征收价格调节基金，取缔省以下地方政府违规设立的涉煤收费基金等。据统计，2015年煤炭采选业实现税收1560亿元，同比减少427亿元，下降21.5%；全国减少涉煤收费基金366亿元，增加资源税185亿元，税费相抵后煤企总体减负181亿元，平均吨煤减负4.3元，煤企税费负担率由8%降低至5.7%。

能源布局。从能源行业的竞争格局来看，目前，国内以光伏、风电为代表的可再生能源风头正劲，地方对新能源产业推出的鼓励性政策不断出台，引入新能源项目的积极性持续；同时，监管层对待弃风、弃光及弃水现象的容忍度日渐降低，整治这一顽疾的政令频发，可再生能源产业的成长环境逐步改善。近两年，国内火电利用小时数的回落可表明这一点。

除此之外，储能、智能电网、特高压等技术被列为国家"十三五"规划重大项目，这对清洁可再生能源应用、提升能源利用率都将起到积极推动作用。2015年，全国6000千瓦以上电厂发电设备装机容量增加了15.07亿千瓦，同比增长7.8%，但占全国总装机容量的比例由上年的67.25%下降至66%，[①] 此外，"十三五"期间，陆续有部分电厂项目建成投产。

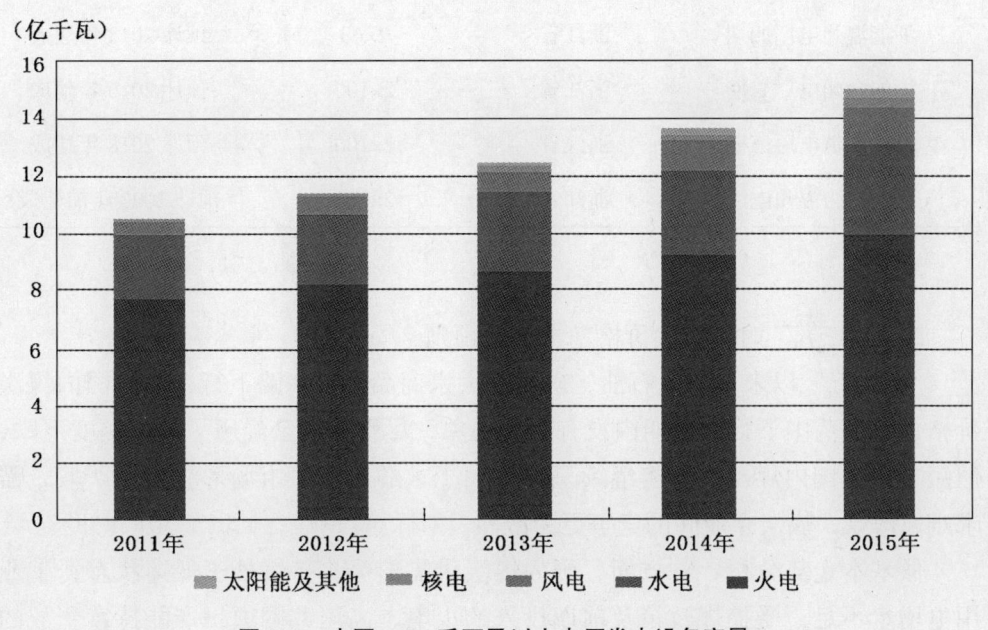

（亿千瓦）

图 2-6 中国 6000 千瓦及以上电厂发电设备容量

随着新兴能源的大量投入，可以预见，火电以及煤炭能源受新能源挤压的局面还将持续，甚至进一步加剧。长远来看，煤炭需求的萎缩将抑制煤炭价格上扬。

---

[①] 中国（太原）煤炭交易中心，山西汾渭能源开发咨询有限公司.中国煤炭市场发展报告[M].北京：中国经济出版社,2016年6月.

表 2-4 "十三五"期间部分地区电厂建设

| 用户名称 | 区域 | 装机容量/万千瓦 | 建设进度 |
| --- | --- | --- | --- |
| 江苏华电句容发电有限公司 | 江苏省 | 2×100 | 2017 年建成投产 |
| 国电宿迁热电有限公司 | 江苏省 | 2×60 | 2017 年建成投产 |
| 中电投协鑫滨海发电项目 | 江苏省 | 2×100 | 2018 年建成投产 |
| 张家港沙洲电力有限公司 | 江苏省 | 2×100 | 2018 年建成投产 |
| 皖能铜陵电厂 | 安徽省 | 1×100 | 预计 2017 年中期投产 |
| 神皖庐江电厂 | 安徽省 | 2×66 | 预计 2017 年年底投产 |
| 华电芜湖电厂 | 安徽省 | 1×100 | 预计 2018 年投产 |
| 浙能温州电厂四期 | 浙江省 | 2×60 | 预计 2018 年建成 |
| 浙能台州电厂二期 | 浙江省 | 2×100 | 预计 2016 年建成 |
| 浙能乐清电厂三期 | 浙江省 | 2×100 | 预计 2018 年建成 |
| 华润电力温州电厂 | 浙江省 | 2×100 | 预计 2020 年前建成 |

2. "十三五"时期煤炭价格基本走势预判

"十二五"以来，国际石油、矿石等大宗商品价格一路下行，国际国内煤炭价格也在震荡中下行，短期内没有企稳迹象，尽管前期已经历了较大幅度下跌，但短期内，国内煤炭市场将继续呈现供大于求的局面，市场形势更为严峻，需求难以改观，煤炭企业间的竞争更为激烈。

从基本走势分析，一方面，国内煤炭供需形势将持续处于低迷状态，工业用电增量不足，受控煤政策及前期投入的火电、高压并网项目产能持续释放的影响，预计国内煤炭市场将进一步低位运行。

另一方面，在全球增长乏力及宏观经济走向新常态的双重局面下，如果无法化解过剩的产能，大宗商品、煤炭价格将继续在低位徘徊。随后在市场机制和市场化改革双重力量推动下，并适时进行供给侧的深度调整，供给量若得到有效控制，同时需求有所增长，预计"十三五"期间的煤炭价格或将筑底。

综合上述因素，再考虑到成本上升和通胀等因素，"十三五"期间，煤炭价格将持续低位运行状态,短期内,有较小幅度的上行震荡出现;如果去产能、企业结构调整等任务顺利完成,到"十三五"末,国内煤炭价格仍有一定上涨的空间。但是,对煤炭价格是否能回归2011年前后的高位,应持绝对谨慎态度。

3. 对山西经济发展可能产生的长远影响

"十三五"是国内煤炭行业大幅调整时期,经过"十二五"价格的一路下行、"十三五"的震荡调整,预计到"十三五"末期,国内煤炭价格将达到新的平衡点。对此,我们必须清醒地认识到:煤炭行业重回"黄金十年"时期的价格和辉煌基本已无可能。但是,由于长期以来"一煤独大"的畸形产业结构已然形成,煤炭行业在调整过程中将给全省经济带来持续"阵痛",这种"阵痛"在"十三五"期间将异常明显。

对区域经济增长的影响方面,"十二五"末期,国内煤炭价格已探底,特别是自2016年下半年以来,国内煤炭价格呈现小幅反弹。"十三五"期间,煤炭价格的震荡调整将直接带来整个行业格局的变化,山西经济转型的"阵痛"将持续"发威",具体体现在:一是在没有形成新的增长点之前,全省的经济增速将继续保持低位徘徊,增长压力空前加大;二是以国有煤企为主的全省工业经济增长形势严峻,甚至有可能产生较大规模的煤炭企业倒闭潮,国有大型煤炭企业通过提质增效保证盈利的任务迫切;三是区域性经济的增长迟缓将带来经济各层面的连锁反应。财政增收压力加大,民生支出刚性保障任务重;与煤炭密切相关的机械制造、化工、电力等工业行业也将面临发展瓶颈,由煤炭行业衍生的物流运输、服务贸易等第三产业处境堪忧。

对区域产业政策的影响方面,"十三五"期间,供给侧结构性改革任务重,山西煤炭去产能、去库存、降成本、防范债务风险的政策重点将尤为突出。在去产能、防风险过程中,保就业、保民生将成政策调控的首要目标。一是我省必须完成国家分配的煤炭行业削减过剩产能的任务,关闭破产一批老旧矿、资源枯竭矿和违规改扩建矿井;二是将形成区域性的合作机制,稳定国内的煤炭产量;三是继续深入推进煤炭行业的"清费立税"改革,确保企业减负;四是积极防范有可能出现的区域性金融风险,继续收紧煤企贷款。当然,我们必须看到,在煤炭主导的重工业逐渐降低比重之后,全省的第三产业、接续性新兴产业将迎来政策红利期。预计"十三五"期间,省内将加大对新兴产业和现代服务业的政策支持,加快接续性产业的成长速度。

对煤炭企业的影响方面，毫无疑问，"十三五"期间，全省煤炭企业将度过艰难的"复苏期"，但这种"复苏"至多只能完成"扭亏止损"的目标，远未能达到之前的盈利势头。因此，在新的煤炭价格平衡点中找到盈利点，扭转亏损局面将是煤炭企业追求的经营目标。

一是"僵尸企业"自动退出。在保就业和银行高额贷款的压力下，省内存在一批僵而不死的"僵尸企业"，在国家出台具体的退出政策和补偿措施之后，省内国有企业将有望在"十三五"期间甩掉包袱，提升自己的整体竞争力。

二是压缩工时，调减产量将成为主流。当前，省内部分煤炭企业已经处于停产或部分停产状态，也有部分煤炭企业通过缩减工时来降低产量、减轻企业负担。预计"十三五"期间，这种以减产减负为目标的做法将成为省内煤企应对价格低迷的主要手段。

三是资金链断链、银根缩紧之后的倒闭破产风险。"十三五"期间，省内煤炭集团将出现债券到期的高峰。根据2015年年底的债券期限结构统计，省属煤炭企业近2000亿元规模的债券将在未来5年内到期，其中，一年内到期的债券规模达747亿元，还有781亿元的债券将在未来1—3年内到期，若无法及时获取新增信用，银行持有的贷款和债券都将面临较大的信用风险。为此，在缩减产能的严格政策压力下，煤炭企业一旦出现资金链断链、承兑困难，将不得不面临倒闭和破产风险。

## 四、对策建议

"十三五"期间，面对有史以来最严峻的煤炭价格形势，我省煤炭企业既要保持定力，通过提质增效保效益、促生存、求发展，更要把握能源革命的大趋势，大胆创新，闯出一条转型之路。作为市场经济的"守夜人"，政府则需厘清自己的角色，既要尊重市场在资源配置中的决定作用，进一步深化市场体制机制改革，也要在民生保障方面"托底"，在维护市场秩序方面"亮剑"，为推动全省煤炭企业走出困境，为提振经济发展扫清体制机制障碍。

(一) 提质增效与去产能同时发力，争取生存发展空间

今后一段时期，在煤炭市场持续低迷的现实下，我省煤炭企业亏损面将不断增大。企业要确立一切以效益为中心的管理原则，利用去产能契机，通过提

质增效,实现"独立生存、自我发展"。

提质增效的关键是要抓住"创新"这个关键路径,在科技创新和管理创新方面拓展企业自身的生存空间和竞争实力。在科技创新方面,一是要打造"数据矿山",完善管理信息平台,提升数据传递的效率及准确性;二是要创建无人值守的生产模式,通过智能检测、自动控制技术和远程监控信息平台,开发实施矿井智能无人值守的自动化控制系统;三是要推动自动化、智能化实现减人提效,通过"有人巡视、无人值守"实现岗位减人,改变维修方式减人。在管理创新方面,要以质量控制为中心,通过产品品质的严格把关和品牌的严格保护,稳定并拓展现有市场份额。要将煤炭质量控制与全体员工绩效挂钩,形成全方位、全过程、全员煤炭生产质量管理机制。企业要根据现有情况,制定史上最严格的降灰指标和质量标准,在生产部门考核标准中添加万吨含杂率指标[①],要确保除铁、除杂设备100%正常高效运行,要对回采面的生产情况检查实施建立激励机制。根据实际需要,在企业各部门设置"质量效益奖""提质增效奖",奖罚对等,对煤炭提质增效管理成果进行奖励,提高煤质管理的积极性。[②]

在我省的大型煤炭集团内部,要尽快建立国有老矿退出机制。"十三五"期间,在新一轮去产能工作中,要重点淘汰资源即将枯竭、自然灾害严重,特别是"安全投入不到位、安全设施不齐全、队伍不达标、管理上不去"等重大安全隐患多的不安全的落后产能,减轻煤企负担。

2. 通过精细化管理严格成本控制

在煤炭价格向新的"低价平衡点"移动之后,企业的成本控制管理水平将直接决定企业的盈利水平和生存状况。因此,要在日常生产、安全保障、物资供应、物流运输和员工考核等所有制度环节全面推行以成本控制为目标的精细化管理制度。煤炭企业的精细化管理是一项复杂的系统工程,需要我省各大煤炭企业以此为抓手,责任落实到每一个具体负责人,任务落实到每一个工作环节。

一降生产成本。各大企业煤炭的直接生产环节成本在生产总成本中占40%左右[③],要着重加强采煤、掘进、开拓等直接生产环节和提升、运输、排水、通

---

①王煊.煤炭企业应对市场形势的提质增效管理[J].财经界,2015(8).
②严永胜.神华宁煤集团煤炭提质增效管理研究[J].煤炭经济研究,2013(3).
③赵海龙.煤炭企业成本构成及其控制问题研究[D].华中科技大学博士论文,2010年.

风、供电等辅助生产环节的控制管理水平,使企业生产成本降到一个新的水平之后,实现生产成本企稳状态,以适应新的煤炭价格形势。二降人力成本。管理费用,特别是人员工资是快速、直接、有效控制企业成本的方式。对我省的国有煤炭企业,要严格控制高层管理人员工资水平,到"十三五"末,高层管理人员的工资要削减到现有的80%水平,以进一步降低企业人力资源成本。在此基础上,保障基层员工,特别是一线员工的工资福利水平不降低,并通过"双定"工作,优化劳动组织,缩减冗余及保障人员比例,达到"一线满员、二线精干、三线市场化"的目标。三降安全保障及物资供应成本。严把材料设备和材料投入关,要对支护材料、大型材料的投入从严控制,特别是要加强对现场材料的养护管理,加强事中控制。对于新材料和新设备的投入要严格计算投入产出账目,保证成本不升高、使用不闲置、报废有残余。四降物流及日常管理成本。对煤炭企业下辖的物流运输分支公司或运销公司要严格执行单独预决算,"不补不养、管人管效",为母公司提升整体经营效益、人员安置留空间。

控制企业生产成本、实施精细化管理的目标是要实现对企业经营全过程的监控。对此,财务部门要加大财务信息采集面,建立起财务信息的收集、整理、反馈和利用程序,整合会计信息和销售、网络、工程等数据信息[1],形成以财务数据为支撑的月度、季度和年度成本控制报告,时刻监控成本动态变化,保证企业成本控制取得实效。

3. 多渠道扩大企业有效盈利面

盈利水平是关乎企业当前生存及今后发展的核心点。面对当前煤炭价格艰难提振的客观形势,煤炭企业要从多个渠道入手找到有效盈利点,扩大形成有效应力面。要严格按照企业投入—产出财务指标分析,确定企业可能存在的有效盈利点和亏损产品,根据盈亏分析及时缩减亏损面、扩大有效盈利面,形成煤炭价格特殊形势下的比较优势。

一是根据市场需求状况,及时调控产品品种的生产规模。通过创新管理方式,进一步缩减产品生产计划周期,根据市场动向及时调整各个煤炭产品品种的生产时间、生产规模和前期投入水平。到"十三五"末期,杜绝生产越多、亏损越大的"无效生产"现象,降低企业负担。

---

[1]刘东.精细化管理在煤炭企业成本控制中的应用[J].山东煤炭科技,2012(4):第280-282页.

二是提高企业运输、销售等产业链分支公司部门的盈利水平。要保证运销公司与用户的稳定持续合作，在生产部门内部加大对单位热值的奖励力度，在物流部门建立"无缝衔接"管理，降低无效运输率，实现煤炭企业与电力企业"双赢"局面。

三是对煤炭集团的分支企业，包括从事金融、房地产、煤化工、节能环保等各类一、二、三产行业的下属公司，总部要重点关注其中盈利状况较好的高成长性行业。在人员配置、市场营销、后勤保障、客户关系维护等方面，给予重点支持，加快集团内部新兴行业企业的成长壮大。中小煤炭企业要及早把握新兴行业的发展趋势，重新配置企业资源，规模以上煤炭企业要及早制定公司长远的转型规划，调整组织架构，推动企业资源向新兴行业集聚，为企业扩大既有盈利铺平道路。

4. 做好下岗分流人员培训保障

随着全省煤炭企业亏损面的不断扩大，我省预计会出现部分煤炭企业人员分流下岗潮，这是经济结构调整和深化改革必将经历的"阵痛"，对此可能带来的社会稳定风险、国有资产流失风险和政治道德风险要及早防范。

一是严格按照法律法规要求推进企业的兼并重组和破产程序。做好各项前期准备工作，建立筹备处、党委会和清算组，召开职工代表大会，通过《企业重组方案》《职工安置方案》或《破产实施方案》，要严格执行资产重组及破产审计工作，与政府主管部门、人社、财政、公安等部门等做好工作衔接，严格按照"一事一议、一企一策"的原则，审慎推进煤炭国有企业的资产重组及破产安置工作。

二是做好职工分流安置工作。企业在执行兼并重组或破产过程中，要以"不违反国家政策、不损害职工利益"为基本原则，通过优胜劣汰和岗位重新定岗定编，优化员工与岗位的配置关系，提高企业人力资源质量。要以减员提效为契机，建立精干高效的运行机制，增强企业竞争力。对破产关闭企业安置职工的项目，政策要给予优先审批，并在资金、技术方面给予支持；由各级财政拨付专项资金，在当地最低生活费标准基础上，适当提高破产关闭企业下岗职工生活费补助标准。要搭建新的平台，对企业重组或破产政策开展宣传，更新职工"等、靠、要"的传统观念，消除职工顾虑，组织进行技术性就业再培训。

三是要强化煤炭企业党政领导主体责任。特殊形势下，要大力加强国有煤炭企业的党建工作，明确一把手的主体责任，加强对党委班子成员的监督，在企业最重要的历史关头，要严格防范政治道德风险。

贾云海

# 经济转型篇

JINGJI ZHUANXING PIAN

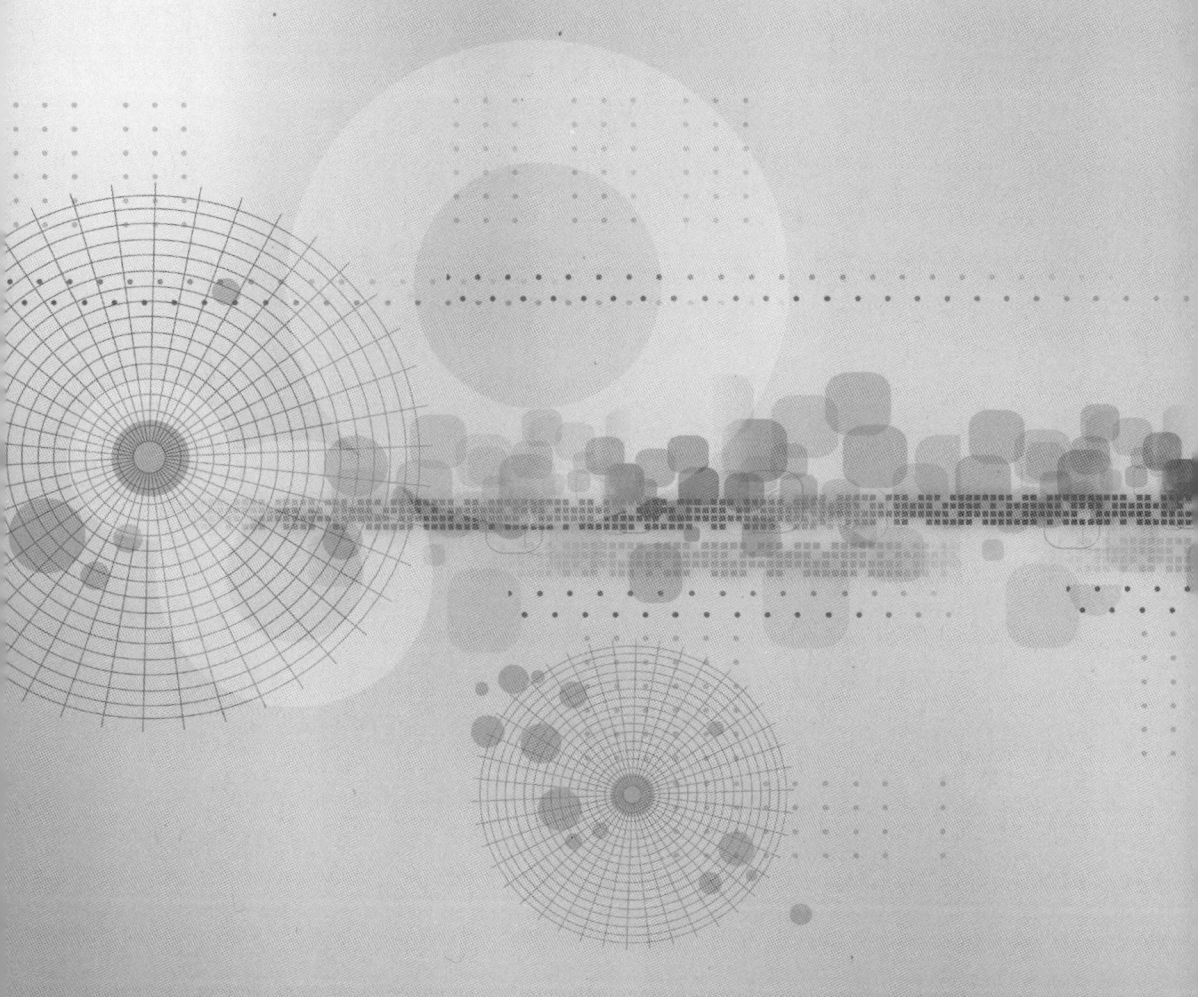

# 专题三
# 破局——去杠杆作为煤炭企业涅槃重生重要抓手的实证研究

● 煤炭企业去杠杆是企业涅槃重生的重要抓手，是煤炭行业供给侧结构性改革的重要内容

● 增强企业竞争力，提高企业主营业务盈利能力，是煤炭企业转型升级发展的基础和前提

● 拓展融资渠道，完善融资平台，提高直接融资比例，降低杠杆率，是煤炭企业去杠杆的重要路径

---

近年来，我国杠杆率水平持续上升，债务余额与 GDP 之比从 2007 年的 158% 上升至 2014 年的 282%，其中非金融企业部门已呈现畸高态势，债务风险问题突出。尤其在 2008 年全球金融危机之后，非金融企业部门的债务率上升至 125%。非金融企业部门的债务率不仅高于国内其他经济部门，也高于发达国家 82.8% 的平均水平。2015 年年底，我国全社会杠杆率为 249%，其中非金融企业的杠杆率达到 131%。以煤炭业为例，2015 年全国大型煤炭企业亏损面超过 90%，行业利润总额仅 441 亿元，是 2011 年的十分之一，而负债总额则同比增长 10.4%，达 3.68 万亿元，90 家大型煤炭企业负债总额高达 3.2 万亿元。

具体到山西省，作为支柱产业的煤炭行业，在经过几轮兼并重组和整合之后，全行业实现了规模和产业集中度的提升。山西煤炭行业及煤炭企业作为供给侧结构性改革的重点，行业高杠杆、企业高负债，去产能、去库存、去杠杆形势严峻已成为不争的事实。当前，山西省煤炭企业高杠杆、高负债、流动性

不足等问题成为事关山西煤炭企业稳定发展的重大问题。如何更好、更稳地去杠杆也将成为未来山西煤炭企业涅槃重生的重要抓手。

# 一、煤炭行业高杠杆现状、风险及产生原因

联盛重整，海鑫破产，晋煤、阳煤发债暂缓，潞安与神火股份纠纷，同煤告急……这些事件曾经一度使得山西煤炭企业资金链全面告急。虽然2016年后半年开始，随着煤炭价格持续上涨，山西煤炭企业艰难的经营状况得到了很大程度的缓解，但煤炭企业高杠杆、高负债的现实问题并未能得到根本解决，破解煤炭行业高杠杆迫在眉睫。

## （一）煤炭行业杠杆现状及面临的风险

当前，山西省煤炭行业面临着供给侧结构性改革的诸多问题，其中高杠杆的问题主要表现在企业盈利能力差、负债高、现金流不充足、易引发各种风险等方面。

### 1. 企业普遍亏损，盈利能力差

煤炭行业是山西省的支柱产业，随着"黄金十年"一去不复返，行业发展进入了低迷期。自2012年下半年以来，历经4年煤炭经济下行，市场需求下降，煤价持续下跌，全社会煤炭库存居高不下，应收账款增加，煤炭企业盈利水平大幅下降。2015年，山西省生产原煤9.75亿吨，结束了连续14年的上涨态势，首次实现了产量下降；商品煤销量8.16亿吨，比上一年度下降了20%左右，煤炭行业库存达到5076万吨，比年初增长了44.6%，比2011年年底增长了3倍。2016年5月，煤炭价格结束了连续55个月的下降态势，首次迎来煤价上涨。到8月份，煤价更是连续跳升，国内煤炭市场出现回暖迹象，在国有企业收入降幅与利润降幅环比收窄的情况下，规模以上煤炭行业结束了连续19个月净亏损，煤炭行业2016年首次实现由亏转盈，实现净盈利3.3亿元。2016年第三季度煤炭行情的好转，并未能化解供给过剩矛盾，也不能改变市场对煤炭需求减缓的实际情况。七大煤炭集团虽然在山西省占据举足轻重的战略地位，但企业主营业务盈利能力却持续变差。自2010年以来，受煤炭产品价格下跌的影响，煤炭企业的销售毛利率呈下滑态势，山西省属七大煤炭集团的净利率持续为负，盈利能力仍处于较弱水平。截至2016年第三季度，煤炭市场行情的回暖

也没能改变山西省煤炭企业的负债总额继续增长的现状,且以省属七大煤企为代表,煤企的净利润继续保持负增长,盈利状况惨淡,但净利润急速下滑态势已经得到了显著缓解。

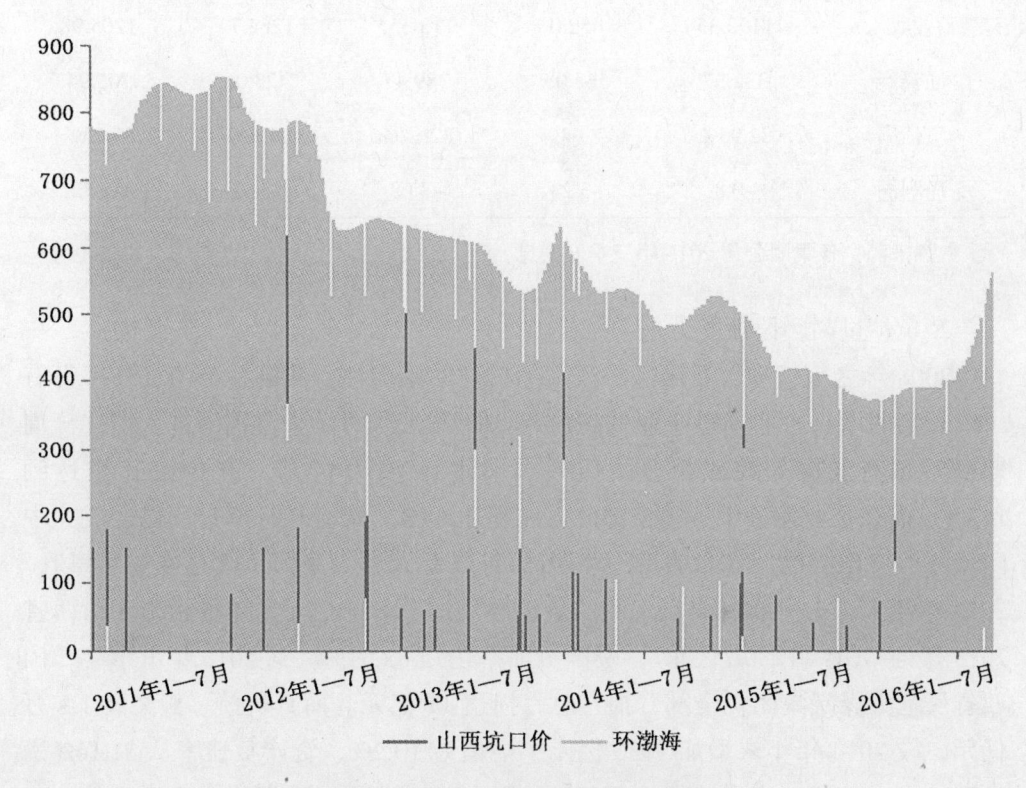

图 3-1　2011 年以来国内煤炭价格走势

表 3-1　2015 年五大煤企经营情况概览

单位:亿元

| 2015 年年报 | 潞安集团 | 焦煤集团 | 晋煤集团 | 同煤集团 | 阳煤集团 |
| --- | --- | --- | --- | --- | --- |
| 营业总收入 | 1800 | 1950.59 | 1732.73 | 2008.38 | 1779 |
| 净资产 | 327.58 | 554.21 | 366.96 | 388.36 | 291.27 |
| 负债率 | 83.04% | 78.77% | 82.68% | 84.95% | 85.84% |
| 净利润 | -8.8 | -4.56 | -9.78 | -10.85 | -6.88 |

数据来源:各集团公司 2015 年年报。

表 3-2  2016 年前三季度五大煤企经营情况概览

单位：亿元

| 2016 年前三季度财务情况 | 潞安集团 | 焦煤集团 | 晋煤集团 | 同煤集团 | 阳煤集团 |
| --- | --- | --- | --- | --- | --- |
| 营业收入 | 1193.35 | 1352.08 | 1135.55 | 1264.72 | 1205.98 |
| 净资产 | 332.97 | 562.03 | 389.47 | 423.06 | 305.94 |
| 负债率 | 82.93% | 78.64% | 82.17% | 84.69% | 85.33% |
| 净利润 | -0.8 | -3.23 | -3.03 | -5.95 | -2.52 |

数据来源：各集团公司 2016 年三季度信息。

2. 负债过高，偿债能力差

2008 年之后，随着我国经济政策加杠杆的倾向性，我国各部门杠杆率都有了大幅度的增长，非金融企业的高债务杠杆率尤为明显。自我国进入高杠杆周期后，国有及国有控股企业的债务水平达到 79 万亿元，占 GDP 比重达到 117%。而在企业债务中，国企部分占比高达 65%。国企杠杆率过高已经成为中国债务的突出问题。2012 年以来，山西省属七大煤炭集团负债总额逐年攀升。2015 年年末，七大省属煤炭集团的负债总额达 11885 亿元，体量相当于山西省 2015 年的 GDP（12802 亿元），资产负债率达到 82.51%。到 2016 年上半年，山西省属七大煤炭集团仍全部亏损，总亏损达 11 亿元。而其负债总额突破 1.1 万亿元，较 2014 年年末增加 1030 亿元，增幅为 10.2%，资产负债率从 81.16% 攀升到 82.30%，这一负债水平已远超 70% 的警戒线水平。除阳煤和山煤之外，各集团负债均较年初有增加，整体负债率居高不下。同时，受到利润减少以及融资规模增加的影响，七大省属煤炭集团 EBIT 对利息的保障倍数持续下降，偿债能力逐年减弱。以同煤集团为例，其以 2107.06 亿元的高负债位于山西省属七大煤炭企业之首。根据大同煤业年报，2015 年公司净利润亏损 18.01 亿元，同比下降 1308.79%。

3. 现金流不足，流动性差

煤炭企业最大的经营风险是流动性风险。一旦资金链出现问题，现金流断裂将会导致企业破产，导致行业整体授信规模缩减，进而影响到整个行业。如果行业生产经营出现大的波动，就可能引发各类风险，对山西省财政、金融、就业、民生等造成严重影响。目前，现金流方面，七大煤炭企业的经营性净现金流不足以覆盖投资性净现金流,其主要依靠筹资性净现金流来支撑后续的发展,对外部融资存在较强的依赖性。此外,职工工资发放压力巨大。由于煤炭企业职工众多,每月的工资支出成为当前煤企现金流面临的一个巨大考验。企业工资拖欠情况严重。有企业延期发放工资甚至达到 3 亿多元,涉及 2 万多人。很多煤炭企业都开始采取措施,降薪、延发工资等,以缓解现金流紧张的困局。

表 3-3 2006—2015 年山西六大煤炭集团资产负债率情况

| | 2006年年底 | 2007年年底 | 2008年年底 | 2009年年底 | 2010年年底 | 2011年年底 | 2012年年底 | 2013年年底 | 2014年年底 | 2015年年底 |
|---|---|---|---|---|---|---|---|---|---|---|
| 阳泉煤业集团 | 70.33% | 70.53% | 70.68% | 70.3% | 69.42% | 72% | 76.25% | 78.48% | 82.12% | 85.84% |
| 山西焦煤集团 | 62.95% | 64.56% | 69.18% | 64.21% | 65.33% | 69.42% | 74.19% | 76.87% | 79.38% | 78.77% |
| 潞安矿业集团 | 63.69% | 63.35% | 65.18% | 69.82% | 73.04% | 72% | 75.37% | 79.7% | 82.06% | 83.04% |
| 大同煤矿集团 | 74.17% | 77.38% | 66.19% | 69.05% | 66.79% | 69.12% | 72.94% | 79.58% | 82.66% | 84.99% |
| 山西煤炭进出口集团 | 80.21% | 76.42% | 75.28% | 82.06% | 85.41% | 77.73% | 81.83% | 82.53% | 83.01% | 84.97% |
| 山西煤炭运销集团 | 67.36% | 67.64% | 64.04% | 71.08% | 72.97% | 71.92% | 73.02% | 77.91% | 82.29% | 84.74% |

表 3-4 2008—2015 年山西六大煤炭集团综合财务成本情况

| 公司名称 | 2008年年底 | 2009年年底 | 2010年年底 | 2011年年底 | 2012年年底 | 2013年年底 | 2014年年底 | 2015年年底 |
|---|---|---|---|---|---|---|---|---|
| 阳泉煤业集团 | 8.3% | 6.1% | 4.1% | 5.9% | 5.8% | 6.0% | 5.4% | 5.7% |
| 山西焦煤集团 | 5.9% | 4.0% | 5.0% | 5.6% | 5.9% | 6.1% | 6.5% | 6.5% |
| 潞安矿业集团 | 5.0% | 3.9% | 4.4% | 5.4% | 5.4% | 4.8% | 4.3% | 4.6% |
| 大同煤矿集团 | 4.1% | 4.3% | 4.5% | 4.4% | 3.1% | 3.8% | 3.1% | 3.0% |
| 山西煤炭进出口集团 | 5.0% | 3.2% | 2.7% | 3.2% | 5.7% | 3.9% | 4.9% | 4.9% |
| 山西煤炭运销集团 | 5.4% | 3.3% | 4.6% | 6.4% | 4.3% | 3.1% | 3.1% | 3.7% |

注:综合财务成本计算为当年财务费用/平均有息负债(短期借款+长期借款+应付债券)。
数据来源:Wind 资讯。

### 4. 高杠杆易引发各种风险

山西省属煤炭企业涉及的产业链长、关联面广，如果生产经营出现大的波动，就可能引发各类风险，对山西财政、金融、就业、民生等造成严重影响。当前，山西煤炭企业及行业面临的困难和风险表现在去产能任务艰巨、企业办社会负担沉重、高杠杆极易引发各种风险等方面。

山西省的煤炭行业属于支柱产业，目前的高杠杆容易引发各种社会风险，造成难以估量的损失。

一是高杠杆易引发系统性金融风险。山西七大国有煤炭集团负债总额超过万亿元，体量相当于山西省2015年的GDP，总体资产负债率达80%，超过了70%的警戒线水平。而山西煤炭的债务大部分在各大银行。山西煤企的高杠杆必然带来高风险，控制不好就会引发连锁性的系统性金融风险，给整个产业及金融行业带来巨大的影响。

二是高负债易引发流动性风险。企业的现金流一旦出现问题，影响是致命的。企业的现金流就像企业的血液，如果现金流出现问题，则企业就会出现资金链断裂导致的崩盘和破产。2016年上半年，山西金融机构在《加大金融支持力度的实施细则》的指导下，为优质煤炭企业累计办理转贷续贷近6.58万笔、金额1293亿元，为煤企减少利息支出6.5亿元，减免收费3.8亿元。这在相当程度上缓解了企业的还贷偿贷压力，但并未对煤炭企业紧张的现金流产生实质性的改善。在增贷方面，山西金融机构对有市场、有效益的优质企业特别是省属煤炭集团，做到不抽贷、压贷、断贷，并继续支持其合理信贷需求。截至2016年9月，全省银行业金融机构向已成立债委会的109户煤炭企业提供表内外融资余额2154亿元，较年初增加54亿元。银行也是企业，也有其风险控制方面的规则和要求，所以，从银行方面来说，在当前的经济形势及企业状况下，能够做到上述对煤炭企业不抽贷已是对行业的非常大的支持，能够做到增贷，则更是实属不易。

三是易引发企业债务违约风险。随着东北特钢的连续债务违约，地方国企也开始面临着债务违约的风险，且集中在煤炭、钢铁等行业。2016年4月以来，山西省的煤炭企业连续发生多起债券暂停、取消发行情况，是煤企有可能发生债务违约风险的一个表征。企业债券发行不出去，说明市场对其失去了信心。彭博汇总数据显示，七大煤企2016年二季度发债总计136亿元，环比锐减逾六成；完成发行的债券则面临融资成本飙升，较同评级债券溢价甚至高达300多基点。2016年4月，受国内数起债券违约事件影响，投资人信心不足，银行间市场煤炭行业融资利率报价一度达7%。这表明：一方面，煤企想要通过发行债券获得融资越来越难，市场对煤炭企业发行的债券不热衷，购买力差；另一方面，发行债券的成本越来越高，融资成本高也成为企业的一大负担。此外，企业"短债长投"用于项目建设或固定资产投资现象严重。企业滚动发行短期债券，用于长期投资项目建设或固定资产，但项目及资产达产达效需要一个周期。面对当前经济下行压力大、煤炭企业负债高、经营困难的现状，在项目尚未建成和盈利的状态下，"短债长投"极易导致煤炭企业此类债务发生违约风险。

山西省煤炭行业目前面临的问题和困难，一方面是由于市场不景气、经济下行压力巨大的大环境造成的，但另一方面，也是由于行业及企业本身存在的问题导致的。

### （二）原因分析

造成山西省煤企高杠杆的原因主要有思想观念落后、企业管理僵化、对融资渠道没有进行合理有效整合利用等。

1. 观念落后，转型迟滞

煤炭行业的"黄金十年"，是行业转型发展的大好机遇期，但是政府及企业没有把握住市场行情看好的转型机会。有道是"行情好时无暇转型、行情差时无力转型"，煤炭行业转型步伐迟滞，终陷入了经济低迷的泥沼，举步维艰。

观念落后，转型步伐迟缓。身处煤炭大省的山西煤企，对金融市场接触较少，在这方面动作非常缓慢，没有能够充分利用融资平台，助力资金解困、转型升级。而这也体现在煤炭企业管理及决策层思想迟滞，对金融市场缺乏了解、不够重视，在市场行情好的时候，没能积极主动调整不合理的融资结构，也未能未雨绸缪，为企业打造融资平台，以至于在企业陷入困境之后，没有良好的筹资渠道，只能单一地倚靠银行等机构的资金支持。此外，2012年国家正式批复了山西省煤炭期货市场发展，有助于促进煤炭及相关产业升级换挡，帮助煤炭相关企业有效规避价格波动风险，能够促进煤炭价格的市场化，为上下游企业提供风险管理手段，进而促进资源优化配置，保障煤炭经济平稳健康发展。但是，煤炭期货市场在煤炭大省强省的山西却没能得到长足的发展，尚未能为山西省煤炭行业稳定健康发展做出积极有益的贡献。

缺乏人才，创新步伐迟滞。煤炭企业主营业务发展缓慢，转型升级缺乏人才及技术支持。尤其是金融方面的人才奇缺，成为助力山西煤炭企业资金解困的一块短板。山西省煤炭企业，尤其是大型煤炭集团的管理层理念陈旧，不重视金融创新，企业严重缺乏金融方面的专业人才，导致其在充分利用金融创新工具融资方面极为弱势，使得企业在化解资金紧张困境过程中比较被动。

员工就业观念转变困难。去产能后的职工安置分流、再就业工作任务艰巨。煤炭行业"黄金十年"与今天煤炭行业的发展低谷形成了鲜明对比，曾经被视为高薪、稳定的工作如今变得艰难、难以为继。像大多数劳动密集型产业一样，在现行市场经济竞争条件下，失业再就业或者称下岗再就业将会成为一种常态，煤炭行业也面临着这样的风险。但省内煤炭企业多存在全民企业、集体企业等性质问题，职工观念里"铁饭碗"思想根深蒂固，再加上一直以来的讲奉献、以企业为家的企业文化浸染，造成了很多员工在再就业观念上存在障碍。面对技能单一、知识水平较低的大量基层分流员工，企业实际安置和分流过程中仍存在很大的困难。基层分流职工的思想观念较为消极，"等、靠、要"思想较为普遍。因此，企业、政府及社会都面临着非常大的压力。

2. 管理僵化，效率低下

山西国企改革虽然一直在路上，但国企经营机制仍然有许多亟待改变的劣势。鸡蛋只有从里向外打破才叫重生。因此，对于企业来讲，内生动力的驱动非常重要。煤炭企业尤其是省属国有煤炭企业，以国有大型企业为主，同样存在着体量大、效率低、国有资本收益不高的问题。在经历了上一轮兼并重组整合之后，逐渐成为体量很大的企业。这在企业管理方面，极易出现管理僵化、效率低下、成本过高的问题。

企业成本高，主营业务盈利能力差。企业以目标管理为代表的绩效管理使得企业员工只注重工作绩效，单纯追求利润目标，靠账面数字管理企业，而不关心对企业的实际影响。如不合理的考核机制造成国企都有进行盲目扩大投资的冲动。在煤炭市场行情景气加之四万亿元投资之后，国内流动性充裕，企业进行大规模的债券融资，通过银行借贷、中期票据、PPN、私募债券、企业债等各种债券融资方式进行融资。这造成了煤炭企业经营杠杆快速高企，但同时也埋下了财务费用和管理成本趋高的伏笔。另一方面，由于企业用工成本上涨，尤其大型国企人员负担重，"五险一金"的缴纳也成为压在企业肩上的沉重负担。

企业规模大，管理僵化，效率低下。由于部门和环节过多，造成行政机构某些节点和环节运转不灵、信息失真，又因推诿扯皮和过多的请示汇报，导致效率低下。如某些决定是正确且对企业有益有利的，只是触及某个部门、单位的利益，就不积极甚至不执行。行政管理人员素质不高，学习及创新能力不足，对新思维、新理念、新方法的学习了解少，裹足不前，畏惧创新，严重影响着管理创新和管理效率的提升。

企业资金使用效率低下。如果企业资金利用效率高，其融入的资金（负债）能顺利地还本付息，这对企业来讲并不构成风险。但若其借债后不仅不能按期还本付息，还要靠借新还旧，债务余额不仅越积越多，而且有效资产还会越来越少。这又从另外一个方面加重了企业的债务负担，提高了债务率。这是企业负债率过高的一个非常重要、但又没有得到足够重视的因素。我国企业的资金使用效率，随经济周期波动时有变化，但从总体上看偏低。如我国规模以上工业企业总资产周转率，年均仅1次左右。其中，工业企业的流动资金周转率也呈近似变化趋势。自2009年规模以上工业企业的流动资金周转速度发生较大幅度下降后（由2.67下降至2.43），2011年曾上升到2.62次，此后又逐渐回落至2.5—2.6次范围内。特别是国有控股企业，一直处于更低水平。

企业过剩产能及库存占压固定资金及流动资金。企业生产的煤炭积压，在没有被销售之前，都在挤占着企业的资金。而去产能、去库存，就是要降低其对资金的占用，提高资金使用率。过剩产能及库存压占的资金中相当部分又是从银行借入的。所以产能过剩实际上就是资金和负债的无效占压，产能过剩的加剧就意味着资金占压的加剧和债务"僵尸"。

企业办社会负担沉重。由于历史原因，国有煤炭企业在自身发展过程中，先后承办了许多与其主业无关的社会职能，诸如学校、医院等。每年需要支付巨大的办社会费用。国有煤企办社会职能主要形式，大体可分为三类：一类是政府事务类，如社区管理、市政、离退休人员社会化管理等；第二类是公益类，如消防、医疗卫生、教育、广电网络等；第三类是后勤服务类，如职工家属区的供水、供电、供气、物业管理的"三供一业"等。这些社会职能虽然曾经发挥过一些积极作用，但随着我国市场经济的逐步建立和完善，以及社会功能的不断完备，这些社会职能日益成为企业的负担和包袱，不利于煤炭企业健康发展和参与市场竞争。2016年，山西省也出台了分离企业办社会实施细则，这些举措有望加速山西省国有煤矿分离办社会职能，减轻企业负担，但要实现企业办社会职能的彻底分离，仍需要一定的时间和过程。

3. 融资渠道单一，金融创新不足

煤炭行业属于资本密集型产业，对资金的巨大需求使得煤炭集团公司不得不大量举债，债务成本严重吞噬了企业的经营利润，加剧了财务风险。间接融资一直是我省煤炭企业主要的融资模式，直接融资占比偏低，企业股本缺乏市场化补充机制。行业景气时，资金对于煤炭企业和煤炭行业而言，并不是什么问题。加之后来国家的四万亿元投资，使得煤炭企业获得贷款非常容易。煤炭企业间接融资的好处是债权融资容易，但坏处是债权融资太容易。这使得在相当长一段时期内，煤炭企业并未将资金问题、融资方式及途径当作一件非常重要的事情来考虑。过度依赖银行贷款、本多利高的融资方式加大了省内煤炭企业的债务负担和杠杆率。

煤炭企业融资渠道单一。山西省作为内陆省份，金融行业发展滞后，企业发展过程中的金融创新理念缺乏，金融创新融资途径和模式单一。受到产权权属和集团层面股东等因素影响，省属煤炭上市公司股权融资渠道阻塞，一直无法进行股本融资，上市平台在股权融资、股份支付方面的优势无法利用起来。尤其是在煤炭黄金十年，山西省煤炭企业的龙头国企没有抓住行业飞速发展的大好时机，积极主动解决好集团公司与上市公司之间的同业竞争问题，使得这部分拥有上市公司直接融资平台的煤炭企业没有打通利用上市公司为集团企业发展进行股权融资的通道。当经济下行、煤价下跌、需求下降、亏损严重、偿贷压力骤增时，煤炭企业瞬间跌入了资金链紧张、现金流紧张的怪圈难以脱身。而在这种情况下，即使企业再想转型，受困于资金紧张，也是有心无力。此外，煤炭企业资产证券化水平低，如同煤集团资产证券化率只有20%，焦煤集团26%，远低于神华集团的64%。资产沉淀，不能盘活资金，也造成了资金紧张困局。

## 二、当前山西应对煤炭行业"高杠杆"的实践及评述

面临上述诸多困难和风险，山西全省上下齐心协力，积极帮助煤炭企业走出困境。一方面，政府积极主动组织银企活动，牵线搭桥，积极帮助企业与金融机构之间开展沟通合作；另一方面，企业也积极试水金融创新，主动寻求去杠杆、减负债的途径。

## （一）政府方面

面对煤企高企的债务风险，地方政府考虑到维护金融环境稳定，倾向于采取循序渐进的、"保"的方式来化解企业债务危机。政府力挺，背书煤企融资，到目前为止，七大煤炭集团至今没有发生一笔不良贷款，也没有一笔债券违约。

### 1. 出台政策，扶助企业渡过难关

在全国供给侧结构性改革过程中，为了完成"三去一降一补"五大任务，中央及地方政府相继出台一系列政策措施，帮助企业解困脱困，优化企业经营环境。

2016年8月，国务院出台了《降低实体经济企业成本工作方案》，提出通过降低税费负担、融资成本、制度性交易成本、能源成本、物流成本以及合理控制人工成本，使实体经济企业综合成本合理下降，盈利能力较为明显增加，为实体经济企业减负，以切实解决实体经济企业成本高的现状。2016年10月，国务院发布了《关于积极稳妥降低企业杠杆率的意见》，提出要通过推进兼并重组、完善现代企业制度强化自我约束、盘活存量资产、优化债务结构、有序开展市场化银行债权转股权、依法破产、发展股权融资，积极稳妥降低企业杠杆率，助推供给侧结构性改革，助推国有企业改革深化，助推经济转型升级和优化布局，为经济长期持续健康发展夯实基础。

2016年开始，山西省委、省政府及相关职能部门密集出台各种政策和实施细则，助力山西煤炭企业脱困。2016年5月，山西省金融办出台了《加大金融支持力度的实施细则》，从加大资金支持力度、加大直接融资力度、支持煤炭企业债务重组、化解不良资产等方面，提出了七个方面的具体措施。在煤炭企业转型升级过程中，这些具体措施的出台会为出现的资金困难等问题带来一些积极的解决办法和促进作用。2016年6月，山西省煤炭厅出台了《关于分离办社会职能的实施细则》，规定了十六项内容，对省属国有煤炭企业分离办社会职能的相关工作进行了具体安排部署，并提出了时间表，助力企业分离办社会，使企业能轻装上阵，增强竞争力。

### 2. 政府搭台，组织银企沟通对接

山西省政府积极组织各项活动，帮助省内煤炭企业去杠杆、减负债，以尽早走出困局。同时，还提出要进一步优化信用环境，为银企共赢发展营造良好的氛围。

2016年7月，为了破解煤企融资难问题，政府为煤企站台，带领山西九大煤企在北京金融街集体路演，并承诺建立工作机制，确保国有煤企不发生债务违约。这成为我省煤炭企业债券融资形势好转的拐点。截至目前，省属煤企已完成债券发行7单，融资金额120亿元。据初步估算，由于发债环境改善、利率下行，迄今发行成功的7单债券共为煤企节约融资成本5390万元。

2016年8月，山西省金融办、煤炭厅、国资委主办"百名行长经理进煤企"活动。"百名行长经理进煤企"活动是北京路演之后，山西省力促煤炭企业融资的又一重要举措。涉及煤企有山煤、焦煤、同煤、阳煤、潞安、晋能、晋煤七大煤业集团，以及美锦、潞宝集团。邀请了国内60余家银行、证券、保险、基金、资产管理等金融机构总部、驻晋分支机构共330余位负责人参加。政府组织的该活动意在通过向各大银行金融企业展示山西省煤企发展真实状况，使投资人与煤企深入沟通，重新赢取市场的投资信心。

组织企业成立"债权人委员会"。为最大限度地盘活沉淀在低效领域的信贷资源，组织企业成立"债权人委员会"。目前，山西省已完成组建230家，涉及授信余额1.26万亿元，贷款余额0.6万亿元。其中，煤炭企业债委会共109个，按照"一企一策"原则，研究制定可操作的稳贷、增贷、重组等方案。明确要求债权银行成为一致行动人，最大限度帮助企业渡过难关。

山西省金融办为了配合省委完成下半年经济工作目标，将拿出一揽子措施，提出力保全年融资目标实现4200亿元，其中新增贷款1600亿—1700亿元，债券和股票融资2500亿—2600亿元，煤企融资成为突破重点。

山西省的上述工作都走在了全国前列，显示了山西省政府帮助煤企融资的决心，这些工作也都在一定程度上缓解了煤炭企业的困局。

3. 建立工作机制，确保不发生债务违约

山西省政府提出，要像重视煤炭安全一样重视金融安全，要像爱护自然生态一样重视金融生态修复，确保七大国有煤企不发生债务违约。山西省国资委牵头，建立防止企业债务违约工作机制。工作机制是包括债券发行备案、兑付监测、风险预警在内的三级机制。该工作机制可以实时关注发债企业资金运营情况，对可能出现的偿债风险进行动态监测，及时预警，提前化解。此三项机制已进入实施阶段。

由山西省金融办牵头，筹备组建国内首家省级信用增进投资公司，为煤企征信。因市场行情下行，煤炭企业发债难度有所加大，投资人对山西重点煤炭企业发行债券观望情绪较浓。在此背景下，继煤炭企业路演之后，山西加快推动 CDS（信用违约互换）落地，以市场化增信工具增强投资人信心，巩固扩大路演成果。实际上，CDS 业务在我国才刚刚正式获批，"山西版"CDS——晋商信用增进投资股份有限公司就随即挂牌成立，成为全国第一家省级信用增进投资公司。所谓信用违约互换，就是"对债权人所拥有的债权的一种保险"，是进行场外交易的最主要的信用风险缓释工具之一，也是目前全球交易最为广泛的场外信用衍生品。当前，山西正处在深入推进供给侧结构性改革的关键时期，晋商信用增进投资股份有限公司的成立，将用国际通行的市场化手段，为山西省的优质企业增信，将有效提高我省防控金融风险的能力。

4. 继续推进兼并重组，提高煤企竞争力

2016 年 5 月 4 日，山西省政府 116 次常务会议原则通过晋能集团与山西国际能源集团合并重组。通宝能源的控股股东为山西国际电力集团有限公司，而晋能集团拥有山西国际电力集团有限公司 100% 股权。晋能集团成立于 2013 年 5 月，由原山西煤炭运销集团与山西国际电力集团合并重组而成，主要业务涉及煤炭、电力、清洁能源、贸易物流、装备制造、房地产等产业。山西国际能源则是山西省属重点企业之一，注册资本金 52 亿元，总资产 410 亿元，拥有三十多家全资、控参股企业。其前身为 1989 年创立的山西地方电力公司。高额负债是促成此次重组的原因之一。晋能集团希望通过重组山西国际能源以缓解财务压力。与此同时，同煤集团也已经开始在为改革做准备。2016 年 5 月，大同煤业以 2.21 亿元的价格向同煤集团出售了旗下亏损的资产。

### （二）企业方面

大中型企业债券融资大幅增长，融资主渠道呈现由贷款转向发行债券的特征。山西优质煤炭企业当下最需要的是投资界的信心，希望优质煤企的存量贷款能得到正常接续，发行的债券能够得到积极的认购。

1. 积极开展债权融资

自 2016 年年初，由于市场行情低迷，投资方对煤炭企业的投资信心不足。山西省内煤炭企业发行债券进行融资的渠道曾经一度不振。阳煤集团在 2016 年前半年，发行企业债的过程中就曾两度暂停发行。在省政府助力之下，山西省煤炭企业积极开展债券融资，以解决企业资金紧张困局。在资产负债率高企的情况下，一些企业也开始尝试债务融资工具的创新，通过改变融资结构来降低杠杆率和融资成本。2016年7月19日,晋煤集团成功发行20亿元270天超短期融资券。此次债券发行在挂牌后10分钟即销售一空,且融资成本很低,4.5%的成交价创4月以来煤炭行业债券利率新低,而煤炭行业的债券成交价曾经一度达到7%。2016年8月18日,阳煤集团20亿元短期融资券也顺利发行成功。

2. 开展采矿权收益资产证券化

同煤集团试点探索采矿权收益资产证券化,这在全国属首创。采矿权是煤企手中的重要核心资源,但一直以来在缴纳巨额的资源价款后,该项权利并不能直接变现,而是需要通过开采煤炭销售,实现资源销售收入来变现。但采矿权本身具备未来产生收益、现金流的特点,因此,采矿权资产证券化在现阶段对于山西省煤炭企业来说,无疑是一个极为有效的融资途径,是解决煤炭企业资金困局的可行路径。通过采矿权资产证券化,实现采矿权的变现,是盘活煤炭企业资产的方式,一旦探索成功,将极大化解煤企融资成本高的问题。以同煤集团为例,集团已缴纳资源价款、取得采矿权的资源为146亿吨,按5年煤价保守估值,资产可溢价900亿元左右,证券化后可获得长期融资500亿元左右,资产负债率可下降15个百分点至70%以下。目前,同煤集团的采矿权资产证券化工作正在积极稳妥地推进。

3. 积极打通股权融资通道

煤炭企业通过此次困局,认识到上市公司这一融资平台的重要作用和意义,开始积极努力打通股权融资通道。晋煤集团通过重组 *ST 煤气进行资产证券化,同时通过配套股权融资,引入信达、山西证券等省内外战略投资者。晋煤集团通过剥离不良资产,同时注入优质资产,搭建了融资平台。2016年6月,晋煤集团重组太原煤气化成为公司控股股东,同时将旗下31亿元优质煤层气资产置入 *ST 煤气公司。晋煤集团优质煤层气资源实现了资源资产化,并可以通过上市公司这一融资平台在股市进行直接融资,可以实现融资解决高负债问题。此项交易前,上市公司主要从事原煤及洗精煤的生产和销售。本次交易完成后,蓝焰煤层气将成为上市公司的全资子公司,公司主营业务将转变为煤矿瓦斯治理及煤层气勘探、开发与利用业务,从根本上提升了公司的盈利能力和持续发展能力。近年来,晋煤集团大量煤化工投资导致盈利恶化,资产负债率相对较高,偿债压力较大,急需解决资金问题。2015年前三季度,晋煤集团亏损2.2亿元,资产总额2120.53亿元,负债总额1723.35亿元。而由于连续两年持续亏损,*ST 煤气2016年如果继续亏损,则面临退市的风险。在煤炭行业去产能以及供给侧结构性改革背景下，*ST煤气转让股份给山西国资委背景的晋煤集团，为公司后期的管理整治及经营能力打开空间。而对于晋煤集团来说，集团旗下资产也可以通过*ST煤气这一上市公司平台实现股权融资。

### （二）金融机构方面

煤炭产业是山西省的支柱产业，也是金融机构重点支持领域。山西省金融机构在助力煤炭企业解困过程中，发挥了异常关键的作用。银行业及其他金融业对煤炭企业的大力支持，对于稳定山西经济意义重大。

#### 1. 实施贷款重组

将原来的短期流动资金贷款重组为转型升级中长期专项贷款，拉长符合条件的煤炭企业的还贷周转期限，弥补省属大型煤炭企业流动性不足的要求。山西银行业将全面推广转型升级中长期专项贷款。最晚到2016年9月底，七大省属煤企的银行贷款将全部重组为转型升级中长期专项贷款，涉及资金4000多亿元。目前，中国建设银行山西省分行已率先与山西焦煤集团进行了转型升级中长期专项贷款试点工作。焦煤集团本部129.5亿元银行债务，63.5亿元转型升级为中长期专项贷款，66亿元理财到期后将及时接续或转型升级为中长期专项贷款。华夏银行也为同煤集团发行了50亿元的永续中票。

#### 2. 实施"差别化信贷政策"

通过举措创新，金融机构积极减轻被扶持煤企财务负担。为了助力全省煤炭供给侧结构性改革，山西银监局确立分类施策、有扶有控的思路，以稳定信贷预期，支持贷款重组，保全银行债权，着眼转型升级。对全省煤炭企业特别是省属煤炭集团中暂时遇到困难，但符合国家产业政策，有市场、有效益的优质成员企业，做到了继续支持其合理信贷需求，没有随意抽贷、压贷、断贷；对响应国家号召，主动去产能、流动资金有困难的煤炭企业，银行也给予相应的续贷政策支持；而对违规新增产能企业，违法违规生产建设，关停淘汰或环保、安全生产不达标且整改无望的企业，坚决不贷款。统筹考虑煤炭集团非煤板块和产业链延伸发展的整体情况，提高企业融资满足率。对省属煤炭集团的合理融资需求，通过发放转型升级中长期专项贷款予以支持。截至2016年上半年，全省银行业金融机构为优质煤炭企业累计办理转贷续贷近6.58万笔、金额1293亿元，为煤企减少利息支出6.5亿元，减免收费3.8亿元。

此外，还实行"客户名单制"管理。对产能过剩行业执行"摘尖"和"压退"分类管理策略，一户一策，着力清退"僵尸企业"，为省内优质煤企提供金融支持腾挪空间。2016年，招商银行通过实行"客户名单制"管理，一户一策，着力退出行业内长期处于劣势、扭亏无望的"僵尸企业"。

3. 发挥其他金融机构的服务作用

根据人民银行、银监会、证监会、保监会《关于支持钢铁煤炭行业化解过剩产能实现脱困发展的意见》，山西省的证券公司、资产管理公司、股权投资基金以及产业投资基金等，要积极参与企业兼并重组，为煤炭企业提供多方位的融资服务。2016年9月开始，中国信达山西分公司开始实施"雪中送炭百日百亿注资煤企"行动，通过收购省内煤炭企业非金融债权资产，实现资金投放。截止到2016年10月底，已经完成41.5亿元资金向同煤、阳煤、晋煤的投放。

## 三、未来山西煤企去杠杆思路

去杠杆是一个长期的过程，需要政府、企业、金融机构多方努力，共同营造一个良好的融资环境，使山西煤炭企业按照市场化和法制化的方式，逐步实现去杠杆，使企业重获经营活力。

### （一）基本思路

山西省煤炭行业供给侧结构性改革过程中的去杠杆，要遵循市场化和法治化的原则，要以恢复山西省煤炭企业盈利能力为根本目的，以恢复市场对山西煤炭行业的投资信心为一切工作的出发点，坚决防止系统性金融风险的发生，防止企业债务违约发生，坚持市场化运作，依法合规地开展各项工作，通过政府支持，分散风险，缩小目标，积极争取国家政策的理解和支持。

### （二）基本原则

坚持市场化原则。当前中国正在全面深化改革,确立市场在资源配置过程中发挥决定性作用的体制机制，去杠杆的过程必须认真落实党的十八届三中、五中全会精神，严格遵循市场化原则。去杠杆目的是要改善企业经营环境，管理金融风险，推进经济结构调整，在去杠杆的过程中，应当同等对待国有企业和民营企业。

坚持法治化原则。中国正在全面深化法治建设，去杠杆的过程，必须认真落实党的十八届四中、五中全会精神。坚持政策的透明度和可信度，提高债务处置的透明度和政策的可信度，以获得市场的信心。

坚持有序开展、稳步推进原则。去杠杆是一个长期的过程，不可能一蹴而就。当前煤炭市场仍存在不确定和不稳定因素，煤炭需求持续回落、产能过剩、企业经营困难的态势并没有发生实质性改变。因此，去杠杆要坚持有序开展、稳步推进原则，确保企业经营不发生较大冲击。

坚持支持企业发展与实现优胜劣汰相结合原则。处理债务的过程应当同时成为深入推进企业特别是国企改革的过程。因此，在提高产业集中度的过程中，要扶持龙头、优质企业，坚决处理"僵尸企业"，出清落后产能，为煤炭行业结构性改革夯实基础。

### （三）主要途径

2016年5月，山西省发布了《关于加大金融支持力度的实施细则》，明确提出要支持煤炭企业推进资产证券化，推动金融机构加快金融产品创新。2016年10月，国务院出台了《关于积极稳妥降低企业杠杆率的意见》。这为未来山西省煤炭企业去杠杆的途径、方法提供了政策指引。

#### 1. 继续推进兼并重组整合

煤炭行业供给侧结构性改革已进入深水区，战略重组亟待破冰。山西煤炭产量常年居于全国前两位，但并未形成像神华集团这样举足轻重的力量，即便是在全国煤炭企业名单中排名第二的同煤集团也与第一名的神华集团差距较大，其产量只占神华集团的40%。我省煤炭行业战略重组，形成有影响力的煤炭集团，提升竞争力，增强市场话语权。目前，山西煤炭企业兼并重组整合已步入快车道。在2008年完成的上一轮兼并重组整合之后，新一轮的山西煤炭兼并重组整合应当转换思路，突破集团限制，全面开展按煤种、煤质等划分的兼并重组整合，努力突出煤炭企业的主营业务，提高主营业务的竞争能力，细分市场，做大做强。此次兼并重组整合将在上一轮整合的基础上，对杂乱无序的煤炭资源进行梳理，突出每个煤炭企业的主业，从而实现煤炭资源的战略重组整合。

#### 2. 深挖潜、降成本

去产能、去库存、去杠杆是一个长期过程。因此，企业应当积极主动适应新形势、新态势，从自身发掘潜力，多途径降成本，做到精细化管理，开源与节流并举。煤炭企业自上而下积极主动挖潜增效，通过提升生产效率、提高管理水平、加快技术创新等措施,降低企业内部成本。提高生产效率一方面要坚持淘汰落后产能,积极去库存;另一方面,提高节约意识,充分认识到降成本就是增效益,从生产的各个环节抓起,从节约每一度电、每一个螺丝钉做起,上下一心,共渡难关。在产品生产过程中,积极做到适应市场需求,进行精准生产,提供优质供给,提高产品的市场竞争力,真正做到提高企业的盈利能力。提高管理水平,降低管理成本,提高管理效率。一方面要改变人浮于事的现状,提高每个职工的工作积极性和主动性,提高上传下达的效率和执行力;另一方面要在企业困难时期,严格管理费用开支,主动缩减管理费用,降低管理成本。加强预算管理,降低财务费用,严格控制可控成本,最大限度挖潜,做到预算刚性化、效益最大化。通过对企业人员转岗分流、停薪留职、离岗再就业等方式降低薪资支出,降本增效。

3. 积极开展股权融资

加强股权融资,进行直接融资,降低财务成本。股权融资的优点是:资金供求双方联系紧密,有利于资金快速合理配置和使用效益的提高;筹资的成本较低而投资收益较大。山西省煤炭企业未来要积极利用股权进行直接融资。当前,山西省煤炭企业债券融资这一间接融资比例过高,也是造成企业财务负担高、还款压力大的原因之一。而通过上市公司进行的股权融资比例较低,尚未发挥出上市公司融资的优越性和优势。各大煤炭集团公司要对上市公司融资平台予以足够的重视并加以利用。企业结合自身资源和优势,充分发掘潜力,利用上市公司充分融资。让煤炭企业认识到上市公司不仅是一个股票交易平台,更是一个融资平台,要充分利用其金融属性融资,帮助企业进行资产证券化。通过融资重组等方式进行股权融资、发行股票、可交换债、可转换债、重组提高企业的资产证券化率,降低负债率。对于没有上市公司融资平台的,要积极鼓励大型煤炭集团下属子公司开展"新三板"挂牌融资。此外,还可以积极稳妥发展夹层融资。夹层融资是介于债务和股权融资之间的一种融资方式,以认股权证和可转换公司债券等金融工具为代表。其特点是融资时间长,还款方式灵活,企业可以根据未来资金需求和经营业绩来决定是否在债务和股权之间进行转换。

4. 加快推进资产证券化

资产证券化是指将缺乏流动性的资产,转换为在金融市场上可以自由买卖的证券的行为,使其具有流动性。我国资产证券化试点之路始于 2005 年。随着金融市场的深化发展，各种股权、债权、远期，甚至是违约债务等都可以做成资产证券化产品，可以帮助企业快速去杠杆、去库存，把重资产转成轻资产，轻装上阵。企业的优质资产可以证券化，不良资产也可以实现证券化。因此，在 2016 年 5 月山西省发布的《关于加大金融支持力度的实施细则》中就明确提出了要支持煤炭企业推进资产证券化，推动金融机构加快金融产品创新。2016 年 10 月，国务院出台了《关于积极稳妥降低企业杠杆率的意见》，提出要有序开展企业资产证券化，按照"真实出售、破产隔离"原则，积极开展以企业应收账款、租赁债权等财产权利和基础设施、商业物业等不动产财产或财产权益为基础资产的资产证券化业务。实际上，山西省煤炭企业已经先于国务院文件出台开展资产证券化的尝试，并将以同煤集团为试点，探索推进采矿权收益资产证券化。经测算，同煤集团通过采矿权收益资产证券化实现融资后，可将企业存量资产以证券化形式移出表外，改善企业流动性和资产负债表，企业资产负债率可降低 15 个百分点到 70%以下。若试点成功，另外几大煤炭企业可以依例效仿，可以缓解企业资金紧张的困境。但是，应当注意，在去杠杆、去产能的过程中，应逐渐改变过去行政化的办法，而更多地依靠市场化途径，把资产证券化更好地运用起来，帮助企业解困脱困。对负债率偏高，但未来有稳定收入来源的企业，通过将收益权证券化，帮助企业直接融资，是调整债务结构、降低资产负债率、降低财务费用的新途径。这样可以提前回收部分未来收入，有效缓解前期投资压力，降低企业融资成本。此外，金融机构在支持煤炭企业方面，还可以积极推进煤炭企业应收账款资产证券化，为煤炭企业借助中国人民银行"应收账款融资服务平台"，盘活应收账款存量资金，缓解资金压力。未来山西省煤炭企业的资产证券化有待进一步全面推开。

5. 稳妥处置不良资产

积极处置煤炭企业不良资产及银行享有的不良煤炭企业债权。未来一段时间内，金融机构应当积极用足用好现有不良贷款核销和批量转让政策，加快核销和批量转让进度，加快推进债务处置，力争做到应核尽核。继续支持金融资产管理公司发行金融债等，增强金融资产管理公司处置不良资产能力；鼓励资产管理公司优先处置煤炭行业金融不良资产，以折扣价购买债权银行的不良贷款，提高煤炭企业再融资能力。鼓励金融机构试点开展不良资产证券化业务，为银行处置煤炭行业不良贷款开辟新的渠道。鼓励地方资产管理公司参与煤炭行业不良资产处置。

### 6. 积极引进战略投资者

当前山西省煤炭行业高杠杆、高负债的问题突出，资金需求量巨大，因而，要积极引进战略投资者，鼓励省内企业"走出去"，省外企业"走进来"，通过"资本换市场、资源换市场、项目换市场"模式，向战略投资者出让，向上下游投资者出让，吸引外来投资者采取合资合作、参股重组、购买控股等多种方式，加大股权合作力度，实现股权多元化，在做强、做大煤炭企业的同时，有效解决股份制煤矿、民营煤矿去产能的问题，提高我省煤炭市场份额，稳定煤炭市场。

### 7. 稳步试点煤炭企业债转股

所谓债转股，是指国家组建金融资产管理公司，收购银行的不良资产，把原来银行与企业间的债权债务关系，转变为金融资产管理公司与企业间的控股（或持股）与被控股的关系，债权转为股权后，原来的还本付息就转变为按股份分红。国家金融资产管理公司实际上成为企业阶段性持股的股东，依法行使股东权利，参与公司重大事务决策，但不参与企业的正常生产经营活动，在企业经济状况好转以后，通过上市、转让或企业回购形式回收这笔资金。2016年10月10日，国务院出台的《关于积极稳妥降低企业杠杆率的意见》中所附的《关于市场化银行债权转股权的指导意见》（以下简称《指导意见》），首次以政府文件方式明确了债转股的实施方式。《指导意见》要求，原则上银行不得直接将债权转为股权，须借助金融资产管理公司（AMC）、保险资产管理机构、国有资本投资运营公司等实施机构实现债转股。

在债转股方面，银行和政府之间存在着博弈。债转股操作中最关键的是定价问题。煤炭企业规模大，财务信息又不尽透明，以什么价格债转股，将是难点。价格太低，政府不乐意；价格太高，银行又不合算；债都转了股，政府又失去了对企业的控制权，地方政府又不愿意。对于山西省来说，目前省内煤炭行业普遍资金压力大，在预期未来市场行情好起来以后，山西的优质煤炭企业是会有收益的，因而金融机构对于山西煤炭企业债转股感兴趣。而此时，政府做债转股则是亏的，债转股之后，政府的话语权就被削弱了。山西省在2016年5月份出台的有关实施细则中已经提出，要在2016年开展美锦集团的债转股试点工作，但目前尚未有实质性的推进和进展，开展债转股仍有待政策的明朗化。

8. 适时开展煤炭期货市场交易

相对于其他能源品种而言，煤炭开展期货交易的时间较晚，全球开展煤炭期货交易的交易所有三家，分别为美国 CME 推出的以中部阿巴拉契亚煤为标的的期货、ICE 推出的以南非里查兹贝港、鹿特丹港煤炭和澳大利亚纽卡斯港煤炭为标的的三个煤炭指数期货以及澳大利亚 ASX 推出的以纽卡斯港煤炭为标的的煤炭期货。随着中国煤炭市场化程度的不断提升，煤炭期货市场发展已经驶入快车道。建立煤炭期货可以有效地调节市场供应，让生产企业提前知道市场的供需是否平衡。企业可以减少市场过剩品种的产量，增加市场紧缺产品的生产力度。避免产品的过度积压或者短缺。期货的价值发现功能，也可以让煤炭生产和消费企业发现资源的真实价格，通过资本市场操作，减缓市场煤炭价格波动，让企业规避风险，降低生产成本，盘活山西的金融市场。国内现在已经批准了大连商品交易所焦煤期货合约，中国证监会还在 2013 年批准了郑州商品交易所动力煤期货申请。2012 年，山西省建成了中国（太原）煤炭交易中心，实现了煤炭的现货交易。目前，该煤炭交易中心已经成为我国煤炭供需交易商注册最多、煤炭现货交易量最大的全国性煤炭交易中心。山西省也明确提出"先现货，后期货"的发展思路，但尚未获得交易煤炭期货的批准。因此，未来如何在现有煤炭现货交易基础上积极探索和发展煤炭期货交易，应当成为山西省积极努力谋求发展和突破的方向。

## 四、对策建议

尽管煤价开始回升，煤炭市场回暖，煤炭行业 2016 年三季度业绩得到大幅度改善，但从当前山西省煤炭企业的经营情况可以看出，企业的资产负债率仍较高，行业去杠杆的效果并不明显。未来国家去产能、去杠杆的总体方向不会改变，且将会是一个长期的过程。未来，政府、企业以及金融机构应当从以下几方面继续采取措施，助力煤炭企业去杠杆、减负债，力促煤炭企业解困脱困、转型发展。

### （一）解放思想，更新观念

政府部门要提升服务水平。加大服务力度，推进简政放权、放管结合，优化服务改革，在政务服务、政策支持、办事效率方面要努力提升服务水平。政府应采取兜底的方式，清理"僵尸企业"，杜绝"僵而不死"，拖累煤炭行业改革。无论从去产能还是从去杠杆的角度，清理"僵尸企业"都是必经之途，要出台配套的失业保障措施，让破产重组顺利推进，助力煤炭行业结构性调整。

煤炭企业要更新观念。一是摆脱计划经济思维的束缚，坚决转变"等、靠、要"思想；二是建立和完善国有企业法人治理结构，摒弃"官本位"思想，淡化企业的行政色彩；三是更新观念，从煤炭思维、资源依赖的思想中解放出来，不因循守旧，大胆创新。

### （二）深化国企改革，增强企业活力

山西煤炭行业国有企业众多，稳妥推进煤炭行业国企改革势在必行。一是要深化推进国有企业内部改革创新，练好内功，不断优化成本和债务结构，持续增强自我创新创效能力和水平。二是进一步发展混合所有制经济，积极引入其他国有资本或各类非国有资本，实现股权多元化。在供给侧结构改革过程中，逐步实现从管资产到管资本的转变。企业要从管资产为主转为管资本为主，要做强主业、剥离辅业。三是重点推进国有煤炭企业的结构性重组，推动煤炭国有企业分离办社会的职能，减轻国有企业的社会负担，使之能一心一意做主业，专心谋发展。积极推动省属国有煤炭企业医疗保险、工伤保险和生育保险实行属地社会管理。将企业医疗机构纳入当地医药卫生体制改革规划。幼儿教育机构要移交当地政府管理。省属国有煤炭企业承担的矿区、职工家属生活区供水、供电、供暖（供气）和物业管理等社会职能，要逐步分离移交当地政府，实行社会化管理。积极推进由专业化企业进行社会化管理，最终实现分离企业、企业职工、地方政府及接收单位多赢的局面。

### （三）推进战略重组，提高行业竞争力

在煤炭行业实行战略重组。以化解存量债务、不良资产为重点，实施资产重组；以促进资本优化配置为重点，实施资本重组；以健全要素市场为重点，实施资源重组。积极引导社会资本进入煤炭行业，为煤炭行业的转型发展注入新活力。充分依托省内煤炭集团的上市公司平台，稳步快行地打造以上市公司为载体的资产运营平台和以控股集团为载体的资本运作平台，进而实现市场出清、企业脱困、产业升级。通过重组评估，降低企业资产负债率，降低融资成本，提升融资能力；通过重组整合，可以提升山西煤炭行业的证券化率；企业

通过整合可以解决历史遗留的资产权属问题，提升集团的上市公司融资能力，进一步提升上市公司的主营业务盈利能力。加快煤炭国企不良债务处置。必要的时候，可以由债权人和债务人协商，对一些不良债务进行打折；亦可引入资产管理公司等中介机构，以折扣价购买债权银行的不良贷款。

### （四）强化金融监管，力促金融创新

加强金融监管，有效支撑实体经济渡难关、促发展，特别是要政、企、银联合发力，确保七大煤炭企业集团不发生债务违约风险。加大金融支持力度，积极引导金融机构坚持区别对待、有扶有控的原则，对技术设备先进、产品有竞争力、有市场、有效益的优质煤炭企业继续给予信贷支持。积极争取各金融机构总部的支持，切实发挥地方金融机构作用，依法稳妥推进债务处置，力争做到应核尽核。对主动退出产能的煤炭企业优先给予支持，鼓励金融机构通过债转股、并购贷款、定制股权产品等方式，帮助煤炭企业重组债务，优化资产负债结构，降低杠杆率。支持优质煤炭企业上市融资、再融资和利用发行企业债券、公司债券等债务融资工具，通过并购债、永续债、债贷联动以及债贷基组合等新型融资产品筹集资金。

加快发展多层次融资体系。金融要服务实体经济，要继续稳定银行业对省内煤炭企业发展的资金支持力度，做到续贷、不抽贷。鼓励金融机构通过债转股、并购贷款、定制股权产品等方式，帮助煤炭企业重组债务，优化资产负债结构，降低杠杆率。逐步调整煤炭企业的融资结构，从间接融资主导向提高直接融资比重转变，规范发展其他形式的股权交易市场。支持优质煤炭企业上市融资、再融资和利用发行企业债券、公司债券等债务融资工具，通过并购债、永续债、债贷联动以及债贷基组合等新型融资产品筹集资金。

发展资产证券化业务。企业负债多、杠杆高状况难以改变的原因之一，是企业资产的流动性差。有条件的企业，应通过出售、出租资产或资产的证券化盘活一部分存量资产，这既可以提高资产流动性，也可以用盘活后的现金收入偿还部分债务。相关措施包括应收账款的资产证券化、自持物业的房地产信托基金、固定资产的租赁等。

姚　婷　左　刚

# 专题四
# 立足山西煤炭资源
# 深度发展煤化经济

- 山西煤炭资源特点决定煤化工的方向
- 创新发展，提升炼焦煤转化和应用质量
- 有效利用焦炉闲置产能，开发高硫炼焦煤的应用途径

---

在山西煤炭资源储量中，炼焦煤占55%，动力煤占27%，无烟煤占18%；山西炼焦煤查明资源储量918亿吨，占全国的33%，排第一位，其中最优质的肥煤、焦煤储量523亿吨，占全国的54%。因此，山西炼焦煤无论是从其占山西煤炭总资源量的比例，还是在全国同类煤中所占的比例，都具有"唯我独大"的资源禀赋，此特点决定了焦化产业在山西的重要地位。

以煤为原料发展的化工包括焦化、液化和气化三种路线。现代煤化工是以煤气化技术为主而发展的煤制油、煤制烯烃、煤制芳烃、煤制天然气等技术。煤气化有适应各种煤的多种技术，原理上任何煤均可用于气化。山西煤炭资源的特点是炼焦煤为主，动力煤次之。以作为全国动力煤主要供给的山西高挥发分黏煤或可作为喷吹煤的低挥发分瘦煤、贫瘦煤作为气化原料，生产成本都会远比内蒙古、新疆的褐煤或长焰煤高很多；焦煤及强黏结性煤的特点是煤的黏结性强，对炼焦而言，强黏结性是生产高品质焦炭的必要条件，但是若使强黏结性的煤用于气化，则强黏结性成为影响其使用的最致命弱点。在煤升温过程中，煤软化熔融，强黏结性煤形成的胶质体影响了燃烧或气化时气体与煤颗粒的接触及顺利通过，导致在使用时还需考虑预先氧化破黏，同样增加了利用成本。所以从山西煤炭资源特点上分析，山西的煤化工之路仍是应以发展煤的

焦化转化技术，再以此延伸化工生产链。

具体而言，可从下面5个方面展开。

## 一、降耗提效，增强现有焦化企业的生产活力

表 4-1 是山西某一焦化厂的焦炭盈利分析表。

表 4-1　山西某焦化厂焦炭盈利分析

| 成本 | | | 收入 | | |
|---|---|---|---|---|---|
| 焦比 | | 1.3 | 焦炭成品率 | % | 0.91 |
| 吨煤成本 | 元/吨 | 624 | 焦炭出厂价 | 元/吨焦 | 880 |
| 吨焦用煤成本 | 元/吨焦 | 811.2 | 焦炭收入 | 元/吨焦 | 832.3 |
| 其他成本 | 元/吨焦 | 214.6 | 其他产品收入 | 元/吨焦 | 265.45 |
| 生产总成本 | 元/吨焦 | 1025.8 | 吨焦毛收入 | 元/吨焦 | 1091.75 |
| 吨焦盈利（元/吨焦） | | | | | 65.95 |

焦炭的价格受钢铁市场的变化而变化，同时与之变化的是炼焦煤的价格，焦炭生产的效益一直受制于上游炼焦煤与下游钢铁市场。山西的焦化企业多为独立焦化厂，这种影响更为突出。所以焦化企业的发展不能完全寄希望于钢铁市场的上扬。从表 4-1 可以看出，在焦炭的生产成本中，最主要的还是用煤的成本，其占到全部生产成本的 79%，所以焦化厂要提高效益，就必须从降低煤焦用煤成本入手，同时还需加强生产与技术管理，降低生产能耗。

### （一）挖掘捣固技术潜力，降低炼焦原料成本

目前焦化厂所用的焦炉多为捣固焦炉，捣固炼焦将煤料捣成煤饼后，一般堆积密度可由顶装工艺散装煤的 0.74 吨/立方米—0.76 吨/立方米提高到 0.95 吨/立方米—1.15 吨/立方米，因煤料颗粒间距缩小，接触致密，堆积密度大，有利于多配入高挥发性煤和弱黏结性煤，并改善和提高焦炭质量。

自进入 21 世纪后捣固技术有了长足的发展，山西在焦化行业淘汰落后产能后，兴建的均为捣固焦炉，而且捣固焦炉的高度从 4.3 米迅速发展到 5.5 米。由于捣固技术的使用，焦炭的强度指标有了明显的改善，据 2014 年的统计数据，焦炭平均的抗碎强度 M40 为 85.52%，M10 为 6.68%，达到一级焦的标准。

我国捣固炼焦水平已经走在世界前列，取得了阶段性硕果，但因大力发展捣固焦，特别是大型捣固焦时间不到 10 年，因此生产与设计还有许多问题需要解决，就生产来说，一个最突出的问题就是配入优质强黏结性煤比例过高，未能充分发挥捣固焦优势。

表 4-2 是 2014 年焦化协会对山西部分焦化企业及全国部分焦化企业炼焦用煤比例的统计，从表中可以看出，现在炼焦用煤比例，焦煤+肥煤的用量仍高达 45%以上，配合煤的黏结指数也达 70。从此用煤上看，这仍然是顶装煤的配煤指标。

表 4-2　山西及全国焦化企业配煤用量及配煤黏结指数统计

| 统计企业类型 | 焦煤 | 肥煤 | 瘦煤 | 气煤 | 气肥煤 | 1/3 焦煤 | 其他煤 | 配合煤黏结性 G 值 |
|---|---|---|---|---|---|---|---|---|
| 山西焦化企业统计 | 27.99% | 19.05% | 18.61% | 11.25% | 0.14% | 11.69% | 11.27% | 69.25 |
| 全国焦化企业统计 | 35.96% | 14.58% | 10.86% | 7.99% | 2.45% | 23.62% | 4.53% | 76.02 |

在捣固技术下，若还是只在增加气肥煤、气煤、瘦煤用量上做文章，鉴于这些煤与焦煤、肥煤价格上差距不是十分明显，所以这些替代量也产生不了显著的效益。

为了发挥捣固技术的优势，需要企业就捣固技术下焦煤最小配入量展开研究，在保证焦炭强度符合冶金要求的前提下，尽量降低焦煤配入量，增大价格低廉的长焰煤、不黏煤的配入量。由于长焰煤与焦煤价格相差明显，若以长焰煤替代焦煤，由此产生的效益会很突出。比如以 10%的气煤（价格 495 元）代替 10%的焦煤（价格 679 元），吨焦因此增加收益 2.3 元，而以 10%的长焰煤（价格 300 元）代替 10%的焦煤（价格 679 元），吨焦因此增加的收益可达 27 元。

## （二）提高焦化厂能量利用效率，降低焦炭生产总能耗

在焦化生产中，原料煤的成本基本与焦炭的销售收入持平，所以焦化厂的效益主要来自于两个方面：一个方面是提高化产品的收率从而提高产品销售收益；另一方面是降低焦炭生产的综合能耗，从而降低生产费用。但化产品的收率主要决定于配合煤的挥发分，其增加幅度非常有限，所以要提高焦化厂的收益还主要体现在对生产过程中余热利用上，通过提高余热利用水平，降低炼焦生产过程中的燃料消耗，从而提高经济效益。

通过对焦炉热平衡的分析可知，从焦炉炭化室推出的950℃—1050℃红焦带出的显热（称为高温余热）占焦炉支出热的37.52%；650℃—700℃焦炉煤气带出的热量（中温余热）占焦炉支出热的33.76%；260℃焦炉烟道废气带出的热量（低温余热）占焦炉支出热的18.85%，由烟囱排入大气。

1. 干熄焦技术与热化学熄焦

目前已有技术能够利用的是红焦带出的高温余热。一种是干熄焦技术，还有一种是正在开发的热化学熄焦技术。

干熄焦技术是利用冷的循环惰性气体对红焦进行降温干熄焦时，在密闭的干熄炉中，高温焦炭与通入的惰性气体进行逆流换热，经过换热后的惰性气体温度升高，并在余热锅炉中将热量传递给水获得高温蒸汽，而惰性气体经冷却除尘后，通过风机循环使用，冷却高温焦炭。

干熄焦技术的主要优点是节约能源、提高焦炭质量和改善环境，并给后序工序带来较大的延伸效益。以年产100万吨焦化厂为例：采用干熄焦技术后，年可回收的热量为4万—4.5万吨标准煤。干熄焦和湿法熄焦的焦炭质量相比，M40可提高3%—8%，M10可改善0.3%—0.8%，CSR改善3%—4%。这意味着要得到同样质量的焦炭，可减少强黏结性的煤10%左右；由于干熄焦的焦炭质量较高，可使高炉焦比降低2%左右，高炉的生产能力提高1%。

自2003年我国第一条自行设计、设备国产化的干熄焦装置在马鞍山钢铁股份有限公司建成投产以来，钢铁企业加快了干熄焦装置的建设，到2015年，国内干熄焦装置总数达到136套，由于干熄焦在降低企业能耗、提高焦炭质量方面优势明显，因此大多数钢铁企业采用干熄焦装置，大中型钢铁企业目前焦炭的干熄率已经达到85%以上。相对湿熄焦来说，干熄焦装

置投资较大，并且大多数焦化企业资金和技术实力比钢铁企业要小，因此在独立焦化企业尚未广泛采用干熄焦技术。

虽然干熄焦技术相对于湿熄焦投资较大，但长期经济效益明显，特别是在产品质量、环境保护、资源利用等方面优势巨大。干熄焦技术可有效地消除在湿熄焦过程中造成的空气和水的污染，有利于环境保护，符合国家对环保的政策要求。

热化学熄焦技术是在干熄焦技术的基础上，将用于干熄焦的惰性气体氮气换成甲烷和二氧化碳，利用红焦携带的热量，甲烷与二氧化碳发生重整反应生成一氧化碳和氢气。用于熄焦的二氧化碳来源于焦炉的烟道气，甲烷来源于焦炉煤气。将烟道气中的二氧化碳先分离，再与焦炉煤气混合，经过干熄焦后，混合气体转化为以氢气和一氧化碳为主的合成气。这个工艺适合与焦炉煤气制甲醇的工艺相结合，由此增加了合成气的量，调整了原焦炉煤气中 H/C 比。采用热化学熄焦技术可以降低能耗、有效利用资源，具有显著经济和社会效益。

热化学熄焦技术目前正由太原理工大学与赛鼎工程公司（原化学工业第二设计院）联合开发。

2. 荒煤气余热利用

回收荒煤气带出的显热，对焦化厂节能降耗、提高经济效益具有非常重要的作用。荒煤气离开炭化室的温度约为 650℃—750℃，其携带的热量约占焦炉输入热量的 36%，具有极高的余热回收利用潜力。目前，对于荒煤气余热回收技术，国内外已进行了一系列的研究，形成了多种技术。日本于 1982 年研制了利用导热油—联苯醚夹套技术回收焦炉荒煤气余热的煤调湿（CMC-P）技术；国内有焦化企业使用过上升管汽化冷却技术，热管式换热技术等。这些技术有一定应用，但由于仍存在各自的一些问题，在焦化企业没有广泛应用。

据统计，山西焦化企业采用干熄焦技术的只有少数几个企业，多数企业还是采用湿法熄焦。所以，山西焦化企业还有很大的发展潜力，要改变目前完全由钢铁市场与炼焦煤供应而觅一线生机的局面，就必须下决心向技术、向管理要效益，借机全面提升企业的生产与管理水平。

## 二、焦炉煤气的利用

焦化厂冶金焦的收益与原料煤基本持平后，焦化厂的真正效益主要取决于化产品的产量与价格。除焦油外，煤气是焦化厂的另一个主要产品，但由于煤气本身不易贮存、不易长距离输送的特点，煤气必须立时转化才能体现出其价值。

总的来讲，焦炉煤气可以通过以下 7 个方面进行利用：

(1) 用作民用、工业的气体燃料。

(2) 发电（蒸汽发电、燃气轮机发电和内燃机发电）。

(3) 变压吸附制氢（利用 PSA 技术从焦炉煤气分离氢气应用于石油加氢和煤焦油加氢工艺）。

(4) 直接还原铁（以 HYL-ZR 自重整希尔工艺为代表）。

(5) 用于高炉炼铁喷吹。

(6) 作为化工生产合成气开发与利用（合成氨、甲醇、二甲醚等）。

(7) 焦炉煤气制天然气。

在以上 7 个方面，结合现阶段山西省的情况，发展焦炉煤气制天然气可行性比较强。

我国的能源结构是"缺油、少气、富煤"，根据我国石油天然气总公司预测，2015 年常规天然气生产量为 1780 亿立方米，天然气需求量为 2400 亿立方米，供需缺口为 620 亿立方米。2010—2020 年期间，我国天然气需求量受城市气化率的提高以及天然气替代工业燃料领域消费的驱动将大幅度增长，消费结构将进一步优化。天然气的价格这几年一直稳中有升，今后几年，随着市场需求的进一步增加，价格仍将有所提高。利用该契机，积极发展焦炉煤气制天然气(SNG)，用于替代天然气或城市煤气，不仅可以降低进口天然气市场给我国带来的潜在风险，满足日益增长的市场需求，而且对我国的能源安全、节能减排等方面也具有战略意义。

在此大背景下，焦炉煤气制天然气相对于其他利用技术，利用空间更为灵活，不受煤气利用企业地点、时间的制约。

随着山西省"气化山西"目标的逐步推进，焦炉煤气也退出了民用燃料的领域。然而焦炉煤气不同于焦油，它不方便贮存及远距离输送，因而不能集中进行规模化加工利用,所以焦炉煤气更适宜就地转化。

现正在开发和已经使用中的焦炉煤气制天然气技术是将炼焦产生的焦炉煤气除去回炉燃烧后的煤气先进行甲烷化转化,将煤气中的一氧化碳、二氧化碳与氢气催化转化为甲烷,使煤气中的甲烷由原先的25%左右富集到35%左右,最后再通过变压吸附、膜分离或深冷技术将甲烷与其他气体分离。在此过程中尚有部分未转化的氢需要利用。

还有一种方法是将焦炉煤气在向焦炉炭化室回炉前,将焦炉煤气分离,分离出其中的甲烷作为产品外售,而将分离后的尾气作为焦炉回炉用的燃料。焦炉煤气中甲烷的液化温度为-161.5℃,氢气的液化温度-252.77℃,一氧化碳的液化温度为-191.4,二氧化碳的液化温度为-56.55℃,氮气的液化温度为-195.8℃,可以采用逐级深冷液化技术,在分离中将容易液化的二氧化碳先分离,再降温使甲烷液化,不液化的氢气与一氧化碳再作为回炉煤气加热焦炉。如此以每吨焦炭相应煤气量400立方米计,甲烷回收率以90%计,每吨焦炭相应或获得纯甲烷气92立方米,若以山西焦炭年产量8000万吨,其中60%的焦炉以此方式生产甲烷,可获得甲烷44亿立方米,约为2015年山西天然气公司管输煤气量(150亿立方米)的30%。

在山西省全面进推推"气化山西"的进程中,天然气的需求量还会进一步提高,各焦化企业可就近将液化天然气并入当地的天然气销售网中,用于民用燃气、商业用燃气及汽车用天然气,还可以销售给甲醇生产企业用于甲醇生产的原料气,使焦炉煤气得到全部的利用。

在此方案中,不需对焦炉煤气中的成分进行催化转化,相对于目前应用中的技术工艺更简单,相应的生产成本会更低,分离了甲烷的其他气体全部用于焦炉燃烧,也不会再产生氢气的再利用问题。焦炉煤气甲烷化制天然气技术中,每吨焦炭相应可获得纯甲烷气70立方米,所以焦炉煤气全分离方案,不仅生产工艺简化,同时天然气产量也增多,因此焦化企业会获得更为明显的经济效益。

## 三、应用和开发焦油加工新技术,延伸以煤焦油为原料的化工生产链

高温煤焦油主要由苯、甲苯、二甲苯、萘、蒽等芳烃组成的混合物,其成

分达上万种，组成极为复杂。得到分离并已认定的单种化合物约为 500 种左右，约占煤焦油量的 55%，是很多稠环化合物和含氧、氮、硫的杂环化合物的主要来源，煤焦油中很多化合物可以作为塑料、染料、合成纤维、合成橡胶、医药、农药、耐高温材料甚至国防工业的贵重原料，也有一部分是石油加工业无法生产和替代的多环芳烃化合物。

（一）国外先进的煤焦油加工状况

国外高温煤焦油加工有三种模式生产：一是全方位多品种，提纯和配制各种规格和等级的产品；二是在煤焦油加工产品的基础上，向着精细化工、染料、医药方面延伸的深加工产品；三是重点加工沥青类产品。

第一种模式的代表是德国吕特格公司。目前，吕特格公司的焦油加工能力为 150 万吨/年，可从焦油中分离、配制的产品有 220 多种，萘有 4 个级别，树脂有 5 个级别，蒽有 7 个级别，沥青黏结剂及浸渍料有 20 个级别，生产中可根据市场需要随时调换产品品种，煤焦油的化工利用率接近 60%，位居世界之首。

第二种模式的代表是日本的住金化学，仅对煤焦油中纯化合物进行提纯或延伸，试制和生产的产品有 180 种，如酚类衍生物有 21 种，喹啉及衍生物有 32 种，萘衍生物有 60 种。

第三种模式的代表有日本三菱株式会社、美国的 Rilly 公司、澳大利亚 Koppers 公司，其生产特点是对煤焦油蒸馏的其他馏分均不进行加工，以混合油的形式出售，仅对煤焦油沥青进行深加工。

近年来，国外典型的煤焦油加工企业均向更高的集中化、现代化和合理化方向发展。煤焦油加工装置大机组生产能力已提高到 70 万吨/年，如日本的新日铁化学公司的户烟厂，德国卡斯特鲁普厂和杜伊斯堡厂的加工能力都达到 70 万吨/年。随着精细化工的发展，煤焦油的新分离工艺、产品深加工及应用在许多公司中取得较大的进展。

（二）国内生产状况

目前我国高温煤焦油的消费市场可分为四部分：一是用于深加工制取工业萘、洗油、蒽油和煤沥青等产品；二是将粗煤焦油作为替代重油的燃料，用于玻璃、陶瓷等热能行业以及作为生产炭黑的原料；三是加氢制取燃料油，以满足燃料油能源短缺的现状；四是出口。

国内现有大中型煤焦油加工企业 50 余家，其中单套年加工规模在 10 万吨以上的有 30 余家，年加工能力为 600 多万吨；最大的单台处理能力为 50 万吨/年；小型煤焦油加工企业每年加工能力 100 多万吨；总的焦油加工能力达到 1100 万吨/年。生产主要是将蒸馏分成轻油、酚油、萘油及沥青后，再经深加工后制取苯、酚、萘、蒽等化工原料，大型企业的产品品种达 50 种以上，但是相对于煤焦油中的 500 多种化合物及国外先进企业的 220 多种化合物来讲，还是非常少的。

### （三）山西煤焦油加工能力及未来可行的发展模式

山西省现有煤焦油加工企业 15 家，总的生产能力为 372 万吨/年。其中 20 万吨/年以下的 8 家，30 万吨/年以上的 7 家，而且个别煤焦油加工企业的生产能力达到 45 万吨/年。以山西焦炭产能 1.4 亿吨/年、焦油回收率 3.24%计，年产焦油的最大量为 450 万吨；2015 年山西省焦炭产量 8035 万吨，焦油产量在 260 万吨左右。从焦油加工能力及炼焦生产的焦油产量来看，山西都具备了发展以煤焦油为基础的煤基精细化学品的条件。

国外煤焦油加工的发展趋势是规模集中化、产品精细化，相对于国外的先进水平，我们应看到的是这种趋势的本质与核心所在。在山西，在我国目前的经济水平下，不可能把已有的装置全部淘汰，重新建立大规模的加工装置。可行的方案是：

第一，现有企业在现有规模上，提高管理水平，引入新的技术元素，变普通蒸馏为加氢+蒸馏、氧化+蒸馏，尽可能提高分离度。同时在生产中使用节能技术，降低分离能耗。此过程称之为一级加工。

第二，新建以一级加工后不能作为了最终精细产品的混合物为原料的二级焦油加工企业，将省内各焦油一级加工企业的同类中间品收集集中进行二级加工。这样做，可使原焦油中含量低、不易分离、但应用价值很大的成分进行分离。可分区域建立以不同产品目标为主的多个二级加工企业，避免产品同质化。

国外煤焦化工已基本淘汰粗加工模式，大量焦化厂关闭的同时加大技术开发力度，通过进口煤焦油初级产品生产精细化工产品并出口，以获得巨额利润。以日本住金化学公司为代表，仅对煤焦油中的纯化物进行提纯或延伸，试制和生产的产品有180多种。如酚类衍生物有21种，喹啉及衍生物有32种，萘衍生物有60种。

第三，新建以二级加工后的残油为原料的生产高品质燃料油的三级加工企业。在此可援引煤直接液化粗油的加氢提质技术对煤焦油提取精细化学品以后的剩余部分进行加氢提质，技术上可靠，成本优势显然要低于直接液化。煤焦油的成分主要是多环芳烃，针对这一特点，产品定位于附加值更高的航空燃料以及低硫的高品质汽、柴油上。

几年前，由于原油价格上升，轻质石油产品需求量大，煤焦油加氢生产轻质燃料油成了煤炭清洁利用、提高煤炭企业经济效益的有效途径之一。为此出现了焦油全加氢和分离部分成分后的部分加氢路线。但在近年石油价格回落后，以焦油为原料生产轻质燃料油的效益不再显著。在以上建议的第三级加工上，以尽可能提取完精细化产品后的残油为原料，从原料上比用焦油要更低，将产品定位于高品质燃料油上也避免与低价的石油产品争抢市场，可实现企业的持续发展。

第四，加大焦油精细加工的研究力度，加强生产企业与科研院所的联合研发，促进目前实验室成熟技术的快速产业化。山西是焦炭生产的大省，焦油产量大，应更重视焦油精加工技术的研发，以企业生产需求促进科研单位的研发程度，以科研单位的研发成果促进生产企业的产品升级，方可将以煤焦油为基础的煤化工产业链延伸下去。

## 四、在闲置焦炉产能上利用高硫炼焦煤进行中低温热解

目前山西省炼焦运行产能约1.4亿吨，2015年山西焦炭产量为8035万吨，约占全部产能的57%，说明山西炼焦尚有40%的产能未能发挥作用。

山西除了优质的炼焦煤外，还有一些有机硫较高的劣质炼焦煤，这些煤由于有机硫高，在炼焦过程中，有机硫分解度低，致使焦炭中全硫增高而不宜用于炼焦中。对这些资源可以利用生产冶金焦之外的富余产能装置，进行中低温煤热解。

这种方式下的生产根据产品的关注点不同可分为两种：一种以生产低温煤为主；一种以生产工业用燃料为主。

## （一）生产中低温煤焦油

生产中低温煤焦油的原料一般为褐煤或低阶烟煤（长焰煤、不黏煤等），由于使用原料为变质程度低的煤，煤中含氧量比较高，热解焦油中含氧化合物较多。高温炼焦时一次焦油经过二次裂解后，焦油中沥青成分增加，轻质成分降低。利用炼焦中不宜使用的高硫炼焦煤与低阶煤配合进行低温热解，以获取低温煤焦油为主要目的。

太原理工大学以山东枣庄高硫的气肥煤为原料进行低温催化解聚的试验研究，在催化剂作用下，可使无灰基煤的吨煤油收率从16%提升到20%。开展以高硫黏结性生产低温焦油，不仅使焦油的产量增加，同时也改变了焦油的品质，由此也可能引起焦油加工分离精细产品的新发展。

## （二）生产中低温半焦

利用焦炉闲置产能生产民用焦炭在山西省已经有了应用，除了通过高温炼焦工艺将劣质煤炼制成固硫的焦炭外，还可以通过中低温炼焦生产工业用的低硫燃料。此技术中将高硫的炼焦煤与低阶煤配合，利用炼焦煤的黏结性将无黏结性的低阶煤用于低温炼焦生产，同时在配煤时加入催化剂，通过催化剂的作用，促进煤中硫在热解中的分解，使生产焦炭的硫分降低。

# 五、适度发展以半焦、焦炭为原料的气化技术

焦炭的需求市场依钢铁生产的起伏而变化，尽管现代经济的发展离不开钢铁的生产，但随着炼铁技术的不断进步，炼焦的焦炭需求量却不会再有突飞猛进的增长，在相当一段时期可能会维持在一个稳定的水平上。对山西而言，可能会有一部分产能富余出来，利用这部分产能生产非冶金用焦将是一个必然面临的选择。

生产非冶金用焦炭，从原料用煤及生产制度上都可以做重大调整以降低生产成本，成为燃料用焦或气化用焦。在此前提下，山西可以发展以焦炭为原料，以气化技术为龙头的IGCC发电与化工多联产技术，进行发电和碳一化工生产，将煤炭焦化的产品链延伸到电力领域。

## 六、结束语

现代煤化工的特点是"能源与资源的高效转化与综合利用、清洁生产和资源的循环利用"。煤炭焦化是当前中国煤化工的主体,更是山西煤化工的特色。山西的煤炭资源特点也决定了煤炭焦化是其煤化工发展必须依赖的基础。要将目前山西焦化发展以生产焦炭为主的简单生产向现代煤化工方向发展,则必须转变观念,以科技为依托,加强企业与科研单位间的联合研发,加快研发速度,促进新技术尽快产业化。

梁丽彤

# 管理创新篇

GUANLI CHUANGXIN PIAN

# 专题五
# 三支人才队伍建设的创新与实践

- 建设三支人才队伍的必要性
- 建设三支人才队伍的实施过程
- 建设三支人才队伍的实施效果

---

人才资源是第一资源,人才问题是关系企业发展的核心问题。在新常态下,要在市场竞争中取得主动,实现转型发展、持续发展,迫切需要我们做好人才工作,把巨大的人力资源转化成巨大的人才资源。

2009年以来,由于诸多因素,杜儿坪矿在人才队伍建设上,凸显出5个问题:一是由于全省煤炭资源整合,大批年富力强的管理干部、技术骨干被输送到整合矿井,井下主体专业具有中级职称以上技术人员由2008年的69人锐减到2009年的45人,全矿4个综采队、6个掘进队800余人中,主体专业中级职称人员仅剩2人,出现人才荒。二是由于大批高技能操作人才及成建制队伍援建调出,综采电工、采煤机司机、掘进机司机等主要工种高技能人才青黄不接,高级工和技师仅有30人,占比13.8%,成为制约企业发展的瓶颈。三是集团公司就业政策变招工为招生以来,每年来矿的大中专毕业生、技校生非主体专业占多数,在458名大中专毕业生、技校生中,非主体专业就有256人,占比55.9%,主要技术工种与非主要技术工种人才倒挂现象严重。四是没有注重体制机制建设,存在两个不相适应:①现有人才管理体制和激励约束机制与职工要求不相适应,一些管理干部没有坚持带兵育人与安全生产并重,对职工重使用、轻培养,没有建立起集聚人才成长的长效机制,致使高层次创新型人才匮乏,人才创新创业能力不强；②部分职工自身素质、目标远景、专业技能与矿井发展建设不相适应，一些青年职工好高骛远，不钻研技术，严重影响了矿井安全生产和人才接替。五是煤炭市场持续疲软，进一步加剧了有真才实学的技术人才和实践经验丰富的老工人提前离岗退休，队组普遍面临着技术人才短缺和操作人才断档的局面。

针对上述问题，矿党政经过深刻反思，调研论证，决心坚定不移地实施人才强矿战略，确立了人才资源优先开发、人才结构优先调整、人才投资优先保证、人才制度优先创新的指导思想，确定了低学历向高学历转化、非主体专业向主体专业转化、非对口专业向对口专业转化、低技能向高技能转化（四个转化）的工作思路，不断研究制定重大人才政策，先后制定了"211"人才工程、"十二五"人才规划和创建学习型企业实施方案，出台了自学成才、岗位成才管理办法以及科技进步、人才进步、管理进步三个条例，按照管理干部、专业技术人员、操作人员分类管理要求，以员工再造、素质提升弥补能力不足的短板，以政策创新带动体制机制创新，以解决问题的多少来检验和评价政策制定的成效，致力于建设三支适应煤矿生产发展的职工队伍（即专业操作人才的高技能、专业技术人员的高起点、专业管理干部的高水准），形成了全员、全方位、全过程的人才学习培养、评价考核、激励约束三大机制和系统工程，从而使各类优秀人才脱颖而出，竞相迸发，三支人才队伍并驾齐驱、相互促进，为矿井可持续发展提供了有力的人力保障和智力支持。

## 一、素质提升、员工再造，建立"2116"学习培养机制

近年来，杜儿坪矿把学习培训作为职工最大福利和第一需求，秉承一个好企业首先是一个好学校，一个好干部首先是一个好老师，一个好职工首先是一个好学生和有学习力才有竞争力的学习理念，坚持工作学习化、学习工作化，把启动智力、激发活力、增强能力作为一项长期的战略任务来抓，形成了"2116"（即双百工程、一条主线、一个核心、六个一载体）学习培养机制，使职工素质提升走上了制度化、规范化、常态化的轨道。

### （一）以"双百"工程为龙头，大力优化员工知识结构

2009年以来，坚持校企联合，每年投入百万巨资培养百名业务技术骨干。

先后与中国矿大、山西煤炭职业技术学院、山西煤炭职业中等专科学院联合办学，将学校办到矿区，按照专业特点和岗位需求，分别对低学历、非主体专业的管理干部、专业技术人员、工班长、特殊工种作业人员进行正规化半脱产培训，先后有156人取得国家承认的大学本科学历，178人取得国家承认的大学专科学历，1121人取得国家承认的中专学历。

（二）以"干部上讲台、培训到现场"为主线，实现干部素质与职工素质的双提升

干部上讲台、培训到现场是杜儿坪矿素质提升的一项根本制度。它要求上至矿长、下至队长，每月至少在矿或本单位上一次讲台，每名管理干部（专业技术人员）根据专业对口、班次搭配，包保5—7名职工。既让管理者走上讲台给员工当老师，也让管理者走到井下手把手教技术，实现了理论培训与实践教学有机结合。

干部上讲台，要求各级干部联系实际，紧扣安全、紧盯现场，明确由谁讲、何时讲、讲什么、怎么讲。矿坚持每日一讲，每天在交接班会前，由一名科级以上干部，就"四熟悉、三必须"（熟悉系统、现场、规程、图纸，必须……）进行讲解，以提高解决现场问题能力。在职工教育学校，开设了基层、基础、基本"三基"大讲堂，每周举办一次专题讲座，由评选出来的专家、名师为职工解惑答疑、咨询服务，被职工称为杜儿坪矿的"百家讲坛"。在周一、周三、周五的班前会上，要求跟班队干现场缺什么、讲什么，职工要什么、讲什么，突出"三必讲、三必用"（现场问题必讲、规程标准必讲、典型案例必讲，要点板书必用、互动提问必用、分步讲解必用）。

培训到现场，要求各级干部坚持以用为本，突出技能、突出实践，按照矿编写的《现场培训手册》《教练式培训操作要领》，遵循领导示范、职工规范、养成习惯的培训规律，采用教练式培训方法（我说给你听，你说给我听；我做给你看，你做给我看），每月将所包职工培训一遍，每次下井填写现场培训卡，让职工在工作中提升技能。

（三）以培养高精尖人才为核心，大力提升技术技能和解决疑难杂症的能力

一是坚持矿厂联合，常年开办采煤机司机、掘进机司机、综采电工、矿井维修电工等主要技术工种半脱产培训班，聘请厂家、大专院校知名专家来矿授

课，系统讲解设备的基本原理、故障排除、操作要领，每期学习期满，都要到厂家进行为期两至三个月的实习，从设备拆除到安装全过程、一条龙进行组装、实践操作。先后有300余名学员被送到上海创立、煤科院山西分院、三一重工、西山煤电机电总厂等地实习提升。

二是建立技能大师工作室，名师带高徒。技能大师工作室以培养高技能人才、技术攻关为宗旨，汇集了全国技术能手伏军、全国综掘机司机技术比武状元董林、首届百名优秀青工李茂林等一批国家级顶尖技术人才，这些人才都是近年来杜儿坪矿培养出的技术骨干，矿每年通过笔试、面试公开选拔30—50名愿意学、有潜力、有悟性，具有中专文化程度以上的优秀青工进行一带一、一带多、交叉带等方式进行培养，通过传帮带和理论与实践一体化教学，共培养出150名业务技术骨干，成为各队组的技术大拿和顶梁柱，大师工作室被职工誉为杜儿坪矿的黄埔军校。

三是坚持开展职业技能培训与技术比武，每年组织一次职业技能鉴定、职工技术比武，并将职业技能等级与职工工资奖金挂钩，有效激发了职工学技术、比技能的热情。

### （四）以"六个一"为载体，大力夯实终身学习、久久为功的基石

所谓"六个一"，就是对职工坚持开展每日一题、每周一课、每月一考，为每名职工建立一卡（现场培训抽考卡）、一账（职工培训账户）、一档（职工培训档案），使职工在日积月累中提升素质，达到滴水穿石、聚沙成塔的效果。

每日一题：矿组织编写了"每日一题"培训教材，为每名职工配备了学习记录本，每天班前会上，由跟班队长和技术员对职工进行应知应会知识培训，培训时间不少于15分钟。

每周一课：每周三由技术员对本队职工利用班前会进行不少于30分钟的培训，复习、巩固、提高、拓展本周的每日一题培训内容。

每月一考：每月末，由技术员组织对职工学习情况进行考试，成绩张榜公布，并与职工工资、奖金挂钩。

现场培训抽考卡：将每月学习的重点、难点内容按工种填在抽考卡上，由职工随身携带、日常学习，管理人员在现场抽考、现场讲解，提高培训的针对性和实效性。

职工培训账户：由职工个人学习培训抵押和学习培训奖励两部分组成，即

生产一线、生产辅助职工每人每月分别抵押400元、300元，个人达到矿技能培训要求，行为无违章，矿每人每月分别奖励300元、200元。凡矿组织的培训，学习期满考试合格的，全额兑现奖励；不按规定参加学习培训，取消当月培训账户奖励，考试不及格扣培训抵押100元。

职工培训档案：给每个职工建立了个人学习培训档案，及时记录参加各种培训情况，强化过程控制，提高培训质量，职工调动时，培训档案与人事档案一并调转。

## 二、分类管理、量化考核，分别建立三支人才队伍综合评价考核机制

用法治思维和法治方式，科学确定考核内容，合理设置考核指标，把能够有效评价管理干部、专业技术人员、操作人员的主要经济技术指标、各种工作元素纳入考核范围，实行分类管理、百分量化考核，分别建立了以业务能力、工作绩效为中心、数字化管理为手段的"113"管理干部综合评价考核机制，"5+2"专业技术人员综合评价考核机制，"3355"星级职工综合评价考核机制，最大限度降低人为因素，让规章制度刚性运行，改变了以往"干和不干一个样、干多干少一个样、干好干坏一个样"的现象，激发了广大干部职工干事创业的热情。

### （一）"113"管理干部综合评价考核机制

在管理干部队伍建设上，强调以责任为中心，向责任要能力，向责任要绩效，依据"一个标准"，即分类量化考核标准，建立"一个机制"，即360°考核机制，做到"三个结合"，形成了科学完善、操作性强的"113"综合评价考核机制。

一个标准，即"分类量化考核标准"。

"分类"体现在两个方面：一是在考核对象上，将全矿管理干部按照井下、地面、机关三条线进行分类；二是在考核内容上按照学习力、执行力、落实力、创新力、自律力五个方面制定了统一考核标准。

"量化"就是按照硬指标量化、软指标细化，量化、细化到可以操作、可以打分的要求，实行百分制考核。在考核形式上，实行月度考核与年度考核相结

合，以月度考核为主。月度考核内容为目标任务（30%）与过程管理（70%），目标任务主要考核安全、产量、进尺、经营、质量标准化等刚性指标；过程管理，主要考核各级干部在完成目标任务过程中所暴露出来的管理漏洞、工作失误、工作作风等问题。年度考核内容为月度考核（80%）与民意测评（20%）。

"一个机制"，就是360°考核机制，对每个干部履职情况进行全方位、全过程、多角度监督考核。全方位就是每个干部的日常表现分别由上级、同级、下级进行监督考核，针对履职过程中存在的问题，每人每月填报3条以上考核信息，同时在信息量较多的矿调度、安监处等12个部门建立信息站，加大了信息来源及客观性；全过程就是对每个干部的重点工作从接受到完成全程监督考核，即对完成时限、完成数量、完成质量进行跟踪考核；多角度就是对每个干部的日常表现从目标任务完成情况、管理过程、民意测评三个方面进行综合考核。同时，对所有考核信息都要逐条甄别筛选、去伪存真，最大限度体现考核的公正性，规避个人主观意志。

"三个结合"，就是把考核结果与月度通报、点评、激励相结合；与干部督查督办相结合，针对办事效率低、推诿扯皮、水流不到头等问题进行督查督办；与干部培训教育、提高履职能力相结合，以补短板、转作风为内容，开展针对性培训。

## （二）"5+2"专业技术人员综合评价考核机制

对专业技术人员实行"5+2"评价机制，把有效检验专业技术人员规程措施编写、科技成果、专业论文、QC成果、合理化建议五项专业成果和专业理论、上讲台授课与现场培训两个基本素质纳入考核范围，采用完全刚性量化考核办法，最大限度地实现了对专业技术人员客观公正的评价。

规程措施编写主要考核专业技术人员的业务能力，矿每半年对专业技术人员作业规程进行一次评比。

科技成果主要考核专业技术人员技术革新、技术创新能力。矿每半年对专业技术人员的科技成果进行一次初评，年终进行一次总评。

专业论文主要考核技术人员在本专业是否具有新的研究成果或创新见解。矿每半年对专业论文进行一次初评，年终进行一次总评。

QC成果，主要考核专业技术人员组织参与全面质量管理成效。矿每年对QC小组活动成果进行一次评价和交流，举办成果发布会。

合理化建议主要考核专业技术人员关心企业发展、参与民主管理的主人翁精神，矿每季度组织一次征集、评比活动，对有实用价值的直接推广应用。

专业知识主要考核专业技术人员掌握政策法规、三大规程、四新技术（新技术、新工艺、新设备、新材料）情况，矿每年组织一次专业知识考试。

上讲台、到现场主要考核专业技术人员知行合一、理论与实践相结合的能力。矿要求每月至少上一次讲台，对所包职工进行一次全覆盖培训。

"5+2"实行百分制量化考核，五项专业成果与两项基本素质权重之比为6:4。在百分制考核中，坚持成果为王，就是五项专业成果占比最大，占总分的60%；两项基本素质，占总分的40%。

五项成果考核中，科技成果占25%，规程措施编写占15%，QC成果占10%，合理化建议、专业论文各占5%。两项素质考核中，专业知识占30%，上讲台到现场占10%。

在具体操作中，实行"分类考核、科学计分、划线定优、一票否决、动态管理"五位一体的考核办法，努力克服各种有违公平、合理的现象，促进了规则公平。

分类考核：即对全矿180余名专业技术人员根据专业特点，进行分类管理、分线排名，使考核结果具有可比性，改变了以往不分专业、不分岗位，针对性差的全矿大排名弊端。

科学计分：即在每项专业成果考核中，均按照获奖等级、获奖多少、专业技术人员在获奖项目中作用大小，科学计算分值（见表5-1）。

表5-1 科技成果个人得分计算

| 奖项 | 得分 | 项目提出人（40%） | 主持人（30%） | 骨干（20%） | 参与人（10%） |
| --- | --- | --- | --- | --- | --- |
| 特等奖 | 25 | 10 | 7.5 | 5 | 2.5 |
| 一等奖 | 20 | 8 | 6 | 4 | 2 |
| 二等奖 | 15 | 6 | 4.5 | 3 | 1.5 |
| 三等奖 | 10 | 4 | 3 | 2 | 1 |
| 纪念奖 | 5 | 2 | 1.5 | 1 | 0.5 |

取得多项成果者，累计得分，以最高分为基准分（满分），其他人按比例折算得分。

划线定优：根据考核得分，比照高考从高到低，划线定优，各专业排名前35%的为优秀专业技术人才，改变了以往"部门争指标、个人找领导、领导凭印象"，无据可依、人人不服的弊端。

一票否决：对在五项成果考核中，均没有得分者，实行一票否决，尽管总分排名在先，也要取消评优资格，解决了一些专业技术人员在聘不在岗、在岗无实绩的问题。

动态管理：在评定周期上，实行一年一评定的滚动式管理制度，鼓励专业技术人员不断学习、不断创新、不断提高技术管理水平，打破一评定终身的弊端。

### （三）"3355"星级职工评定考核机制

所谓星级职工，就是在井下技术含量较高的工种中，对职工技能进行"评星定级"，按照综合评定结果，分别认定为六个级别：首席技师、五星级、四星级、三星级、二星级、一星级。经过反复探索实践，形成了科学管用、易于操作的"3355"星级职工评定体系。

1. "三位一体"的评定办法

以操作技能为主，充分体现能力与公信力，确定了理论考试、实际操作、专家答辩"三位一体"的综合评定办法，三者比例分别为30%、50%、20%，根据综合成绩，从高到低按比例划线定星，分别确定为五至一星级职工，首席技师从五星级职工中产生，每年评出星级职工900余人，占到职工总数的50%以上，使多数职工跳起来就能摘到桃子。

2. "三个结合"的认定标准

星级职工评定兼顾职工基本素质和突出贡献，坚持"三个结合"：

与职业技能等级相结合。具有中级工以上资格的职工方可参加四星级以上的评定，否则只能参加一至三星级的评定。

与集团公司、矿技术比武相结合。技术比武取得本年度集团公司和矿前三名的，分别加 5—3 分、3—1 分。

与年度评比、特殊贡献相结合。被评为集团公司劳模的加 8 分，集团大师的加 10 分，被评为矿特劳、劳模的分别加 5 分、3 分。

3. 五环相扣的监督机制

在理论考试、专家答辩、实际操作中，全程实行"随机抽题、媒体跟踪、纪委监督、领导巡视、张榜公示"五环相扣的监督机制，保证了考题不外泄、参评职工机会均等，每个环节公平、公正。

4."五项挂钩"的考核机制

在星级职工奖励兑现时，坚持与个人当月出勤、安全生产、工作态度、教育培训、授课带徒五项考核挂钩，激励星级职工率先垂范、爱岗敬业、追求卓越。

## 三、跟踪考核、奖先罚后，分别建立三支人才队伍激励约束机制

充分运用考核结果，建立有利于人才成长的学习环境、矿区环境、工作环境、制度环境，为一切有志成才的人提供更多发展机遇和更大发展空间，让肯干事的人受尊敬，让能干事的人有舞台，让干成事的人有位置，让不作为、会跑会要的没市场、受惩戒，形成风清气正的用人导向。

### （一）与素质挂钩，创造开发人才的学习环境

鼓励职工自学成才、岗位成才，积极参加各类成人高考。对取得对口专业大专以上学历的职工，按照生产一线、生产辅助、机关地面分别奖励4000元、3000元、2000元。

鼓励职工参加高技能人才培养。矿常年开办关键工种高技能人才培训班，学习期满（包括技能大师工作室学员），考核合格者，根据考核成绩和学习天数，每人每天奖励50—100元。

鼓励干部职工积极参加矿、集团公司组织的技术比武。凡取得集团公司前三名的，一律进入矿功勋名单，并按照集团公司奖励标准加倍奖励，授予相应的荣誉称号；在年度劳模表彰会上，分别按特劳、劳模、先进三个等次予以奖励；在干部调整、组织发展时，优先职务晋升和党员发展。

以"三个准入"为标准，以考促学，实行全员过关考试制度。矿按专业、分工种建立了微机模拟测试系统，季度人人过关考试。管理干部（专业技术人员）、操作人员准入成绩分别为90分、85分，具备入井上岗资格；提档晋升成绩分别为95分、90分，具备晋升、评优资格。否则无论干部职工，未过关准入的，一律停职培训；未达到提档晋升成绩的，一律不能晋升评优。

## (二) 与面子挂钩，创造尊重人才的矿区环境

每月分线对全矿科队级干部进行排名排队，在月度工作会上通报点评，使每个干部每月都能看到自己的短板，不断增强责任感和紧迫感。每年对排名前十名的干部授予优秀责任型干部称号，进行表彰奖励。

每月对优秀专业技术人员下井情况、技术管理、违章指挥等履职情况在月度工作会上点评通报；每年对评比出的优秀专业技术人员进行通报表彰、颁发证书；在每年的劳模表彰大会、每两年的科技大会上，还要优中选优，遴选十佳专业技术人才、百名技术能手，大张旗鼓进行宣传表彰。

每月对星级职工评定情况、下井出勤、遵章守纪、带徒授课等进行通报点评，每年遴选10名首席技师、10名十佳技术能手进行表彰奖励并制作牌版、专题片在橱窗、闭路电视、OA办公网广泛宣传。

## （三）与帽子挂钩，创造重用人才的工作环境

公开选拔、百分量化、优中选优，建立逐级晋升、末位淘汰机制，不管身份贵贱、年龄大小、资历长短，只论知识能力、责任奉献和创新精神，从源头入口，保证专业技术人员、管理干部高质量。

1. 优秀大中专毕业生的选拔

大中专毕业生、技校生是管理干部、技术人员的后备力量，矿每季度组织大中专毕业生、技校生进行一次理论考试，并建立日常跟踪考核记录，把能够有效检验基本素质和工作能力的下井出勤、专业知识、遵章作业、工作态度等刚性指标纳入考核范围，以 4:4:1:1 的比例进行百分制量化考核，排名前30%的评定为季度优秀大中专毕业生、优秀技校生。一年内获得两次以上者，颁发年度优秀大中专毕业生、优秀技校生荣誉证书，纳入"后备人才库"，并作为评优、使用、推荐的后备人选。

2. 专业技术人员的选拔

采取"721"选拔办法，坚持从优秀大中专毕业生中选拔，注重日常考核，兼顾笔试面试与个人基本素质，三者权重之比为 7:2:1。日常考核最能反映一个人的一贯表现和价值贡献，把能够有效反映日常工作情况的取得优秀大中专毕业生次数、技术比武名次（次数）、星级职工等级（次数）、专业职称及职业技能等级等5项指标，列为主要考核内容，按比例计算得分。综合三方面成绩，

按照专业对口的要求，从高到低择优选聘。

3. 工班长、队段长的选拔

实行见习工班长制度。每个班组选配 1 名见习工班长，协助工班长开展日常工作。见习工班长坚持从优秀大中专毕业生、优秀技校生以及四星级以上职工中选拔，比照专业技术人员选拔办法，综合考核成绩，结合队段意见，由矿择优聘用。工班长缺员时，从优秀见习工班长中选拔。区队负责对见习工班长的日常考核，矿每半年进行一次跟踪考核。副队级干部的选拔，从优秀工班长中产生。

4. 正队级以上干部的选拔

按照专业对口要求，依据年度考核结果，兼顾笔试、面试，三者权重之比为 7:2:1，通过百分量化择优选拔。

对分线排名后 3% 的干部，针对不同情况，分别进行组织约谈、诫勉、免职处理，充分体现考核结果的严肃性。

对分线排名后 5% 的专业技术人员，实行低聘或解聘，末位淘汰率不低于 2%。

（四）与票子挂钩，创造激励人才的制度环境

1. 管理干部

实行责任法人抵押、安全风险抵押，每月对井下、地面、机关分别排名前五名的干部进行翻倍奖励，排名后三名的干部扣除个人抵押金。

2. 专业技术人员

一是对取得五项专业成果的，分别给予不同的奖励：

表 5-2　对取得五项专业成果的奖励标准

单位：元

| 奖项 | 科技成果 | 规程措施 | 专业论文 | QC 成果 | 季度合理化建议 |
| --- | --- | --- | --- | --- | --- |
| 特等奖 | 30000 | — | 2000 | — | — |
| 一等奖 | 15000 | 1000 | 1000 | 1000 | 300 |
| 二等奖 | 8000 | 800 | 500 | 800 | 200 |
| 三等奖 | 3000 | 600 | 300 | 500 | 100 |

二是在年度综合评定中,被评为优秀专业技术人员的,每人每月奖励500元;被评为首席工程师、拔尖人才的,每人每月奖励800元。

每月兑现奖励时,由生产技术科、安监处等相关部门跟踪考核,技术管理不到位、出现一次纰漏扣除奖励的20%;出现违章指挥1次扣除奖励的50%,2次扣除全部奖励;工作不主动,完不成任务不予兑现奖励,使其时刻牢记职责、不敢懈怠。

3. 操作人员

高技能人才的奖励。对取得综采电工、采掘电工等关键岗位高级工、技师(高级技师)职业技能等级证书的,除给予一次性8000—10000元奖励外,经矿考核聘任的,收入不亚于管理干部。高级工、技师、高级技师分别按工班长、队段长、区科长的工资奖金测算,每月兑现奖励,避免了千军万马过"独木桥"(管理干部岗位)现象,真正建立起高技能操作人才成长、成才通道。

星级职工的奖励。实行台阶式奖励政策:评为首席技师奖励1000元/月,五星级500元/月,四至一星级分别对应为400—100元。

职工评星定级后,仅是对技术技能的认可,兑现奖励时还要与当月出勤、遵章作业、工作态度、教育培训、授课带徒考核挂钩,出勤未达到国家规定下井天数、教育培训考试不合格的,扣除当月全部奖励;发生"一般三违"扣除奖励的50%;未完成矿安排的授课、导师带徒任务,分别扣除奖励的20%。克服了单纯的评上星级就可以坐享其成、与工作实绩脱钩的弊端。

优秀大中专毕业生、技校生的奖励。每季度对生产一线职工兑现奖励800元,生产辅助职工兑现奖励600元。

## 四、三支人才队伍建设的实施效果

三支人才队伍建设的创新与实践,使"人人是人才、有为才有位"的理念进一步深入人心,一大批有理想、有信念、能吃苦、肯钻研、有作为的干部职工赢得了出彩的机会,激发出蓬勃的内生动力和创新活力,全矿出现了知识向能力转化、能力向成果转化、成果向效益转化的可喜局面,企业核心竞争力进一步增强。

人才总量不断扩大。2010—2015年,全矿具有大学专科以上学历人员由1230人增加到2369人,年均增长18%;具有中级及以上职称人员由226人增加到 365 人，年均增长 12%；具有中级工以上的技术工人由 2208 人增加到 3617 人，年均增长 13%，其中，高级工、技师分别达到了 661 人、251 人，年均增长分别为 19%、5%。实现了"四个转化"，形成了一支结构合理、规模宏大的人才队伍。

各类优秀人才竞相迸发。评选出各类优秀人才 1700 余人次，技术状元、技术标兵、技术能手 180 人次，优秀工班长 150 人次，在 2013 年、2014 年分别被提拔为正队级及以上职务的 32 名、38 名干部中，优秀青年人才分别占提拔总数的 52%、65%。同时，被集团公司各部门公开选拔 23 人，占集团公司所招聘人员的三分之一。2013 年在山西焦煤集团公司组织的技术比武中，杜儿坪矿夺得五个第一，名列集团公司百对矿井之首，涌现出李茂林等一批国家级高技能领军人物。

科技成果逐年攀升。广大技术人员钻研业务、技术攻关的热情空前高涨。2010—2011 年，全矿科技成果仅 161 项，获得焦煤集团公司级荣誉的 10 项。2012—2013 年，全矿科技成果上升到 195 项，比上一届科技大会提高了 21%；获得焦煤集团公司级荣誉的 27 项，比上一届科技大会提高了 170%。2014—2015 年，全矿科技成果达到 239 项，比上一届科技大会提高了 23%；获得焦煤集团公司级荣誉的 32 项，比上一届科技大会提高了 19%；《煤巷快速掘进管理模式优化研究》等 2 项成果获得中煤协会科学技术进步二等奖，填补了集团公司级以上科技进步奖的空白。

安全生产持续好转。质量标准化名列集团公司前茅，消灭了重伤以上人身事故和一、二级非伤亡事故，杜绝了零打碎敲事故，连续安全生产 2300 余天。在煤炭市场持续低迷的情况下，依然完成了生产、经营任务。

山西焦煤集团有限责任公司杜儿坪煤矿<br>山西省煤炭工业协会

# 专题六
# "自治式"班组管理法的探索与实践

- "自治式"班组管理法实施背景
- "自治式"班组管理法内涵及做法
- "自治式"班组管理法实施效果

## 一、矿井概况

晋煤集团成庄矿是一座年产能800万吨的现代化精品矿井,是国家"七五"重点建设项目之一,矿井地处山西省晋城市泽州县境内,井田面积74.3平方千米,煤层总厚14.23米,其中3#煤为主要开采煤层,平均厚度6.44米,所产煤炭产品品种齐全、性能优良,具有热稳定性好、发热量高、机械强度大、低灰、低硫、低挥发分等特性,是化工、冶金、建材、发电、民用的优质原料和燃料,素有"香煤"和"兰花炭"的美誉。此外,成庄矿还有丰富的煤层气资源,经过深入开发,目前已实现了瓦斯发电和民用。

作为高瓦斯矿井,建有合理的通风系统、抽放系统和监测监控系统,能够满足安全生产需要。自建矿以来,成庄矿始终坚持"安全第一、预防为主"的安全生产方针,认真贯彻落实安全生产法律法规,不断创新管理方法,坚持开展管理创新和技术创新,大力推行全面预算管理和精细化管理,强化员工队伍建设,提升矿井经营管理绩效,使矿井创新力、管控力、执行力全面提高;坚持以科学发展观为指引,抢抓发展机遇,大力提升发展水平。

成庄矿拥有一支年轻的、高素质的员工队伍，全矿有3个综采队、5个综掘队、1个掘进队以及运输、运行、安装、监测、排矸等其他井下辅助区队和洗选厂等地面生产单位。经过多年努力与持续完善，成庄矿构建了职能清晰、设置合理、精干高效的组织机构。

多年来，在上级领导和集团公司的关怀和支持下，在全矿干部职工的共同努力下，成庄矿获得了全国五一劳动奖状、全国煤炭工业质量奖、全国煤炭工业先进集体、全国煤炭"双十佳"矿井、全国煤炭行业高产高效矿井、全国煤炭系统文明煤矿、全国模范职工之家、全国煤炭环境保护优秀单位、全国煤矿康居建设小康矿、全煤系统文明和谐社区等多项荣誉称号。

## 二、实施背景

煤矿处在大发展、大跨越的背景下，坚持抓基层、打基础。加强班组建设是建设本质型安全矿井、提高基层战斗力的需要，是提升企业管理水平的必然选择，是面向未来、着眼长远的战略举措。

市场形势的巨大变化，为煤矿班组建设带来了许多新的挑战，使班组建设的工作方式需要改进，班组管理既要适应企业的发展形势，更应该能够促进各项安全生产工作的有效开展。班组管理作为企业管理的一个重要层面，其主要目标应在于班组员工对各项工作有较高的参与意识和自主解决问题的能力。为了强化班组建设，有效提升班组自主管理能力，成庄矿在监测中心试点推行了"自治式"绩效班组管理法，通过制定班组绩效考核管理办法，充分激活班组活力。实施过程中，各班组以提升工作绩效为核心，通过定制度、定目标，自行组织实施工作、自行解决现场问题，达到班组自我管理的目标。

### （一）班组内部的基础管理需要制度化

班组没有制度和标准是企业管理的软肋。长期以来，班组执行的制度和标准基本都是企业和区队的，很少有自己的制度或办法。由于企业和区队的制度和标准涉及的内容较广，涵盖的范围很大，具体到班组以后指向不明，实用性较差，而班组内部没有文字性的制度约束，班组长在管理过程中无法有效发布指令，同时由于没有内部的考核标准，对员工的考核无据可依，可能会出现对员工的考核不公平，引起员工的不满情绪。

## （二）工作性质的特殊性要求班组管理的水平必须尽快提高

晋煤集团成庄矿监测中心是一个工作性质和人员结构较特殊的基层区队，其主要工作职责是负责井下监测监控系统、抽放监测系统、调度通信系统、人员定位系统、工业视频系统、产量监控系统等十多个现代化系统的维护工作，这些系统遍布井下各巷道及工作面，设备分布范围较广，作业地点较分散，同一时段内多个地点需同时进行作业，人员进行系统维护及调校作业时不能影响生产队组的作业，检修班须在有限的时间内完成工作且必须保证工作质量。这不仅需要人员的个人作业能力要强，同时还需要班组的自主管理能力要高，才能保证工程质量，确保系统安全稳定运行。

## （三）班组人员驻扎分散致使管理难度增大

监测中心是成庄矿一个二线队组，该单位所管辖班组人员驻扎分散，在主矿井区、白沙井区、段河井区都有长期驻扎的班组，而该单位的管理人员大部分的工作时间都在主矿井区，这种地域的分散性给管理造成了一定的难度，使得管理人员不能很好地对白沙和段河井区的班组运行情况进行监督管理。

## （四）传统的班组管理模式限制了班组主观能动性的发挥

以往我们采取传统的班组管理模式，班组管理以干部管理为主，注重的是"服从命令听指挥"，任何工作都是由单位干部统一指挥安排，各班组自我管理意识较差，班组无主动解决问题的意识，等、靠、要的思想严重，使得班组及区队的整体工作绩效无法达到一个较好的提升。

## （五）统一的学习培训无法适应每个班组内部的实际工作需要

通常的培训都是由单位统一组织，针对单位全体员工进行培训，首先是地域分散，人员集中困难；其次是各班组职责分工不同，集中培训对每个班组的具体工作针对性不强，培训效果不突出，不能有效指导班组的现场工作。

# 三、基本内涵

成庄矿自建矿以来就把班组管理作为安全管理的一个重要方面来抓，在各区队大力推行班组自主管理，而班组自主管理的较高层次是：各班组能够自我监督、自我约束、自我控制、自我完善，在班组自主管理过程中员工有较强的参与意识，班组能达到较高的管理水平，区队有较好的工作绩效，企业核心竞争力得到增强。

如果将企业比作银河系的话，那么企业的管理就是太阳，区队的管理则是地球，而班组的管理便是行星，一方面遵循特定轨迹绕太阳和地球进行公转，一方面自行运转，既遵循了上级组织的轨迹运行，又按照一定的轨迹自行运转，班组管理既需要遵循大的运行规则，也需有适合自身的运行规则。我们在推行班组自主管理的过程中，班组是在企业和区队的规范约束下进行管理的，班组既能遵循上级的管理规范，又有一定的自我发挥空间，各个管理层面达成一种平衡。班组管理重点围绕着提高员工综合素质、主动发现和解决现场问题能力、有效降低责任事故等影响班组的几个关键环节着力，通过对班组绩效指标进行明确量化，全面激发班组的主观能动性。班组通过制定管理办法、自主培训、职责分工等手段来提升班组绩效，变"要我干"为"我要干""我要干好"，通过"自治式"的管理达到提高班组工作绩效的目的。

## 四、主要做法

"自治式"的班组管理更注重"人本管理"的原则，主要是通过将一部分的权力下放给班组，让班组对员工的考核与奖励、人员的任用与分工、工作任务的部署与安排上有一定的自主权，班组可根据组内实际情况做出自己的安排，同时班组可制定一些自己的管理制度，不需要什么都等上级的安排和命令。这种管理模式灵活实用，将管理的重心放在了生产的最前沿。

### （一）区队制定班组管理绩效考核办法

为了对班组的管理不失控，区队制定出总的管理考核办法：《班组绩效考核办法》、《班组达标竞赛考评细则》。区队的考核办法是方向，为班组做一个大的规范，并给班组的管理留有一定的自主空间。各班组须在区队总规范的基础上定出班组管理制度，内容包括班组培训、创新创效、三违考核、责任事故等方面。

## （二）班组制定内部管理办法

成庄矿监测中心共有 6 个班组，4 个井下作业班组，负责井下系统的安装、回收及日常维护工作；一个地面设备检修班组，负责对各类传感器进行检修调校；一个地面女工班组，负责系统软件的操作及设备运行情况的监测。根据不同的作业岗位及人员结构特点，各班组制定出组内的管理办法，包括考勤、三违与事故考核、激励办法、培训方案等方面。各班组的制度在细节规定上不尽相同，但有特色，较适合班组自身的管理。

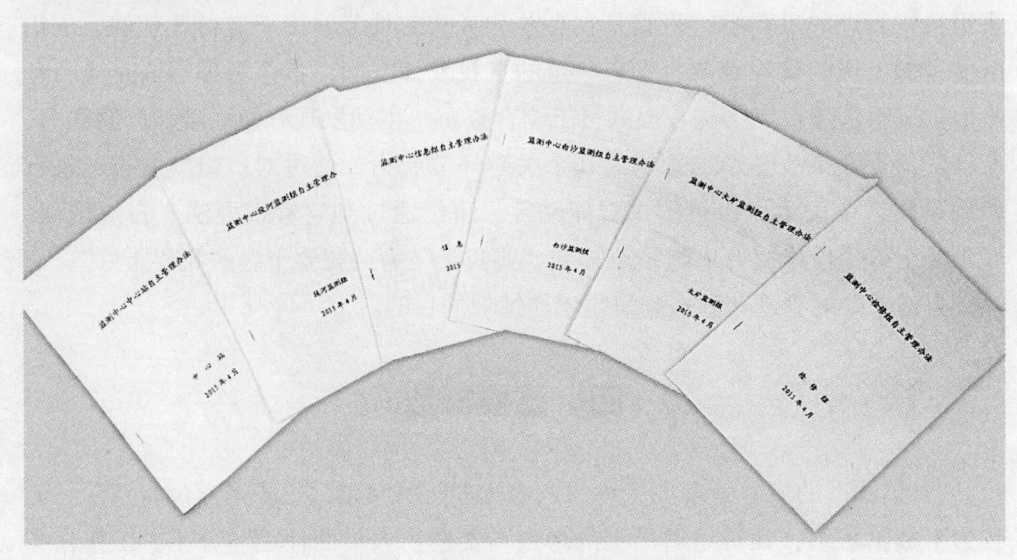

图 6-1 监测中心各班组内部制度

## （三）确定工分核算标准

把所有工作任务进行量化分析，根据工作任务的难易程度，给每项工作任务定出明确的分数，大到头面的安装、回收工作，小到走多少米的路程、做几个线头都有精确的分数。核算分数标准共 251 项，员工只要一看工作任务单，就能算出自己能挣多少分。任务分值明确化的管理，完全打破了吃大锅饭的局面，员工多干多得，少干少得，不干不得。通过将工作任务具体量化可以让员工"干活干得明白，挣分挣得清楚"，打分人员打分时有据可依，可避免打分不公平的现象。同时，每月底召开班务会，对新增工作任务进行讨论定分，对分值定得不合理的地方进行修改调整，保证任务分值公平、公正。

## （四）结合组内实际工作情况实行班组自主培训

根据区队的培训管理办法，班组做出具体的培训计划。培训讲课人既可是班组长，也可是组内任何一名员工，培训的内容包括企业相关会议文件精神的

表6-1　监测中心5月份各班组自主培训情况汇总

填表人：李巍

| 班组 | 第一周 培训内容 | 第二周 培训内容 | 第三周 培训内容 | 第四周 培训内容 | 考试成绩及考核情况 | 各组运行检查情况 |
|---|---|---|---|---|---|---|
| 张抗组 | 5月6日 4311安装培训 | 5月13日 43212补打横川安装 | 5月20日 451巷加油硐室安装 | 5月27日学习防爆六十条第16条、第17条 | 四盘区考试分数<br>张抗100<br>张超100<br>武强100<br>薛建斌100<br>庞乐乐88<br>苗鹏鹏90<br>崔波83<br>牛弈72<br>王晋生80 | 80—90分加40分<br><br>90分以上加50分<br><br>80分以下扣50分 |
|  | 5月7日 4102巷2#清理水仓安装 | 5月15日 43111巷3巷避难硐室安装 | 5月21日 4226钻机瓦斯电不闭锁 | 5月28日《监测中心重大事项决策制度》 |  |  |
|  | 5月8日 4221巷口倒负荷 | 5月16日 43212补打横川安装C0 | 5月22日 多功能与断电器连接 | 5月29日学习煤矿瓦斯防治工作"十二条红线"条款解释 |  |  |
|  | 5月12日庄上风井主扇接备用触点 | 5月19日 4106巷1#绞车回收 | 5月23日 43212巷补打横川回收及甩火情况 | 5月31日 43132巷移风机配电点 |  |  |
| 张建红组（实践操作考试） | 5月1日 53125巷风机电话，无电故障处理方法 | 5月7日主扇负压报警点如何设置 | 5月14日 通风科推广项 | 5月27日 5313巷3巷一氧已和进线接在一起的改动培训 | 陈军军80<br>白杨70<br>张建红88<br>孙波98<br>张鹏63<br>郜程浩99<br>段雷雨68<br>闫韶山81<br>索占壮81 | 第一名加50分<br>第二名加40分<br>第三名加30分<br><br>倒数第一名扣50分<br>第二名扣40分<br>第三名扣30分 |
|  | 5月2日新三违，顶板类违章三条 | 5月8日 53122/5巷新系统图 | 5月15日 53011巷倒系统图 | 5月28日 5313巷将P5000移到53133巷新配电点 |  |  |
|  | 5月4日 53082巷倒系统图 | 5月10日井下更换探头后，如何试闭锁 | 5月18日 5308巷倒系统图 | 5月29日人员故障培训 |  |  |
|  | 5月6日 5308倒负荷更改图 | 5月12日井下开停安装注意事项 | 5月23日永久避难硐室所有氧气已回收，两个二氧，回收53102 53104 5106东。5104东一体风速已回收 | 5月30日标准化考试及培训 |  |  |

135

续表

| 班组 | 第一周培训内容 | 第二周培训内容 | 第三周培训内容 | 第四周培训内容 | 考试成绩及考核情况 | 各组运行检查情况 |
|---|---|---|---|---|---|---|
| 魏志华组（实践操作考试） | 4月份培训试题 | 二盘区环网 | 二盘去3G基站级联关系 | 3G基站故障处理 | 魏志华97<br>李涛涛88<br>李文涛85<br>崔永兵72<br>陈焦楠90<br>杨明生73<br>汪爽88 | 按照组内规定考核如下：考试成绩90分以上加50分，80分以上加30分，70—80分之间不加不扣，70分以下考核50分 |
|  | 运架暗斜井风机在线监测 | 井下光缆分布 | 四盘区环网 | 洗煤厂涵洞摄像头光缆改同轴电缆线路走向 |  |  |
|  | 扩播系统语袁梗块更改地址 | 火药库周杰报警不设防 | 4311开关架漏煤眼视频安装 | 4311摄像头故障处理 |  |  |
|  | 4318中继器故障处理及故障原因 | 4313扩播中继安装 | 南翼水源井安装准备一队风机在线监测 | 硬盘录像机故障判断及处理 |  |  |
|  | 学习三违细则10条 | 学习长平公司瓦斯误报事故 | 学习三违管理办法10条 | 防暴标准10条 |  |  |
| 田晓波组 | 3105二部电话故障处理 | 北翼泄水巷回风大巷风速不通讯处理过程 | XV北翼胶带巷倒系统 | 5月份井下变化情况 | 李长明96<br>王凯96<br>张国忠94<br>朝栋80<br>郭钰86<br>李瑞军73.5<br>侯明79<br>郎云飞48<br>常明伟63<br>李楠63 | 80分以上奖励50分<br>80分以下考核50分 |
|  | 准备二队闭锁关系 | 北翼胶带巷探头布置 | 井口检卡屏时间设定 | 二水平通讯系统图 |  |  |
|  | 准备六队开口安装 | 3310撒架探头安装 | 井下各地点闭锁关系 | 北翼胶带巷更改开口后线路走向和注意事项 |  |  |
|  | 2#干线光缆倒电缆步骤 | 北翼胶带巷风机前电话更改线路 | 二水平胶带机巷一氧安装 | 填写记录注意事项 |  |  |
| 王红悔组 | 产量监控系统报警的处理 | 其他矿井值人员未对上传瓦斯数据进行屏落蔽事故通报学习 | 设备室空调不制冷的一般处理 | 定义风速传感器注意事项 | 马晋悔96<br>崔丽娟86<br>许计霞91<br>张妮娜90<br>王芳晋93<br>苗燕94<br>马翠霞92<br>景银宝97<br>赵丽霞90 | 前三名加30分<br>后三名扣30分 |
|  | 洗煤厂监测计算机无报警声音的处理方法 | 杨家庄总回瓦斯误报警事故误报通报学习 | 主机保存数据的详细步骤 | 寺河西区"5·7"瓦斯误报警事故学习 |  |  |
|  | 长平公司瓦斯误报警事故学习 | 服务机多次连接失败的处理 | 23231闭锁关系 | 赵庄瓦斯误报警事故学习 |  |  |
|  | 赵庄重大瓦斯超限事故学习 | 5211巷瓦斯值0.01报警事故处理通报学习 | 5309面试闭锁不断电事故通报学习 | 关于安装回收单的签字与审批流程 |  |  |

学习、行业标准、企业标准、区队作业规范、现场变化、操作技巧、安全隐患等内容。培训在每天的班前或班后会进行，如果是企业或区队的一些新规章，就在班前会上由班组长进行培训，并通过提问来加强培训效果；如果是一些现场变化则由当班作业人员进行培训。培训每周至少 4 次，月底班组自行组织考试，员工的考试成绩与工分挂钩。月底分管干部对班组培训记录、员工笔记进行检查，并根据班组培训记录内容对员工随机进行提问，以确保班组培训效果。表 6-1 为监测中心 5 月份各班组自主培训情况汇总。

### （五）实施五阶晋级考核，提高职工素质

为调动员工主动钻研业务的积极性，全面提高员工的业务技能素质，将新工人在区队的晋级考试和班组绩效挂钩。具体讲就是将一名合格的监测工技能考评划分为 5 个阶段，新职工初始系数为 0.75，每通过一个阶段系数增加 0.05，完全通过 5 个阶段系数达 1.0。每个阶段的考试分为理论和实践操作两部分，理论考试系数为 0.02，实践操作考试系数为 0.03。员工同一阶段的考试必须理论和实践操作都通过后方可进入下一阶段的考试，且新员工当月考试晋级与师傅及班组当月的分数联动挂钩，三位一体的联动机制，可有效促进员工的技术成长，使班组的技术力量得到加强。

### （六）班组内部进行职责分工，员工人人头上有责任

各班组将组内工作分工到人，让每个班组员工清楚自己的工作职责，主动和队组进行业务联系，及时了解井下各生产头面的现场变化情况，对自己责任范围内的设备监督管理到位。如一个班组的业务范围有 5 个生产队组，那么技术骨干每人负责一个队组的所有业务，负责和队组进行业务联系，根据队组的生产进度及时布置班组相关工作，其他人员根据不同的特点分配不同的业务，如写字好的员工就负责做班组培训及会议笔记，计算机操作好的就负责画系统图，文字功底好的就负责总结整理班组创新，动手能力强的就负责修旧利废。这样既分解了组长的工作压力，也给了员工展示个人价值的机会，可极大地激发员工的工作积极性，有效提高班组的工作效率。以白沙组为例，每日设一名员工当值，负责收集整理班组当日工作完成情况、工作遗留问题、了解业务队组的巷道进度。图 6-2 为监测中心白沙组生产业务落实情况表，通过图表可以一目了然地知道当日班组工作的信息及近期必须完成的工作任务。

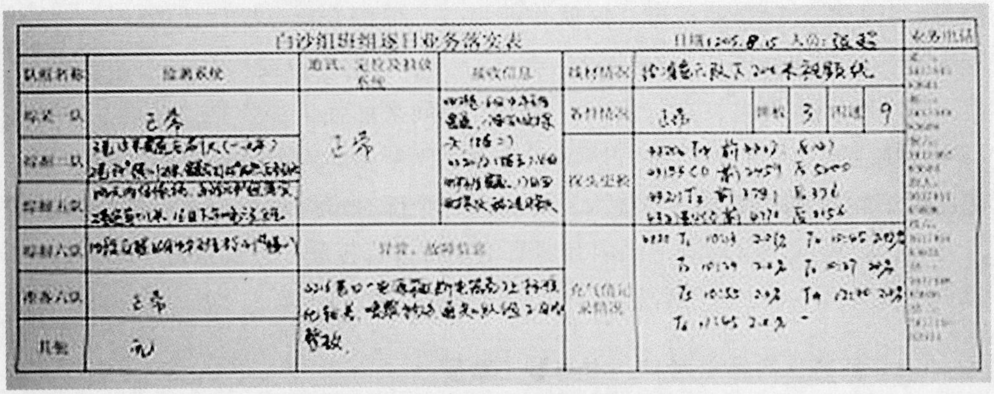

图6-2 白沙组生产业务情况落实表

### (七) 现场作业实行带班制

由于作业地点分散性较大,一个班组当天井下作业人员可能需分成几个小组,每个小组人数不等,所以井下作业时无法由班组长统一带队指挥工作。为此,组内每天会根据不同的工作任务指定一个业务技术骨干为带班人进行带队作业,带班人员将履行班组长的职责,进行工作任务分工和现场作业指挥,对当班的工程质量、现场风险评估及人员的安全负责,上井后负责向班组长汇报工作完成情况,并根据现场作业的工作量给一同作业的人员进行工分分配。

### (八) 召开队务会对各班组绩效进行点评

月末召开队务会,各组长对本班组本月组内各项工作开展情况及下月工作计划进行总结汇报,分管干部根据对班组的检查结果及各班组运行情况进行分析点评,指出班组在运行过程中存在的问题,明确指出改进方向,对班组一些好的做法加以肯定和鼓励,同时由安全负责人根据各班组的工作绩效进行汇总打分并排名,对第一名的班组进行奖励,对最后一名班组进行考核。

### (九) 定期进行班组经验交流

自治式的班组管理模式使班组有了更多主动权,各班组在自主管理工作中有更多的创新及改变,其中不乏有一些好的做法值得推广。为了能使好的工作方法、管理经验得到共享,区队定期组织各班组的分管干部及班组长到其他班组进行一次学习及经验交流,这样,各班组既可借鉴其他班组一些好的做法，也可将本班组好的做法及时分享给其他班组，达到相互学习、共同提高的目的。

表 6-2　监测中心 2015 年 8 月班组综合绩效排名

| 主要指标<br>组别 | 五级晋阶培训 | 责任事故 | 三违情况（内部） | 创新 | 干部评议得分 | 综合排名 |
|---|---|---|---|---|---|---|
| 大矿监测组 | 2 名职工进级 | 内部事故 1 起 | 1 | 0 | 25 | 4 |
| 白沙监测组 | 1 名职工进级 | 无 | 1 | 1 | 27.5 | 1 |
| 段河监测组 | 2 名职工进级 | 外部事故 1 起 | 1 | 2 | 24 | 6 |
| 信息组 | 无 | 无 | 0 | 0 | 26 | 3 |
| 检修组 | 1 名职工进级 | 无 | 1 | 1 | 26.5 | 2 |
| 中心站（女工） | 无 | 无 | 0 | 0 | 24.5 | 5 |

## 五、实施过程中出现的班组管理创新亮点

由于班组在管理上有了一定的自主权，所以在管理过程中，各班组为了提高员工的积极性，让员工对管理制度认可，班组经常组织员工进行讨论，对班组管理过程出现的一些漏洞不断加以修正，以寻求适合本班组的办法，各班组在此过程中都打造出不同的管理特色。以下两种做法具有一定的推广意义。

### （一）组内优秀员工评选法

监测中心白沙组为了提高班组工作绩效，激发员工工作的积极性与主动性，创新推行了"组内优秀员工评选办法"，每季度进行一次优秀员工评选，每次评选一名优秀员工进行奖励。评选依据为个人工作绩效、干部评议、下井分数，其中，个人工作绩效占 50%，干部评议占 30%，下井分数占 20%，发生外部三违、内部三违、不服从分配者取消评选资格,根据最后得分情况选出 4 名候选人，再由班组人员进行投票评选。

优秀员工评选的方式公开、公正、透明，员工只要好好干，人人都有机会当选，这种正激励机制既是对员工工作能力的一种肯定，又能促进员工努力工作的积极性，在班组内部形成一种良性的竞争环境，有助于提高班组的凝聚力和战斗力。

### （二）班组微信工作群

监测中心段河组为使组内工作信息及时沟通，建立了班组微信工作群。具体做法是：以组为单位建立微信群，组内值班人员将每日的工作内容、井下现场变化情况、通知、业务培训等信息发布到班组微信群里，要求组内员工每天必须浏览微信信息，以确保信息传递到位。员工对班组工作动态信息的及时掌握，有力地促进了班组各项工作的开展。

利用微信群传递各类信息方便快捷，且容易被青年员工接受，不但工作信息、培训内容可以及时得到传递，且通过班组微信群干部可及时掌握各班组的工作动态，有利于干部对班组自主管理进行监督，这种做法已在监测中心其他班组加以推广应用。

## 六、实施效果

通过实施自主管理，各班组都根据自身的实际情况积极制定出了适合本班组的管理办法，充分体现了管理上的灵活性。在班组内部形成了一种"自我监督、自我约束、自我控制、自我完善"的良好氛围。班组工作绩效明显提高，区队干部的管理更加轻松。具体体现在以下几个方面。

### （一）"自治式"班组管理使基础管理达到了制度化

既然是管理就必须严密，口头的约定、默认的规则都具有一定的不确定性，不能成为约束员工的规范，只有变成文字章程才具有严肃性和约束性。班组通过制定管理办法将员工认可的规则用制度的形式确定下来，成为一种刚性的约束和规范，使班组管理走上了"有规可依、有规必依、执规有据"的规范化管理轨道。

## (二)"自治式"班组管理激活了班组活力、提高了员工工作积极性

在推行这种"自治式"班组管理过程中,组内的每位员工都会积极主动地去发现问题,发现问题后首先是自己主动想办法去解决它,自己解决不了的再通过组内讨论集体寻求解决办法,从而使班组整体自主发现问题和解决问题的能力显著增强。以前遇到需队组协同作业时,员工是将问题反映给干部,由干部去和相关队组进行协调,然后再将协调结果告知员工,员工才去执行作业,这个过程冗长烦琐,工作效率不高,现在遇到同样的问题员工在现场就可协调解决。由于每个人都能积极将工作信息进行沟通和传递,所以班组内部也会根据员工反映的问题及时完善制度、及时弥补班组管理中的漏洞,集众人智慧去管理班组,班组的活力得到了大大提升。

## (三)"自治式"班组管理使培训与实际工作结合得更加紧密,培训效果显著

在"自治式"班组管理过程中,班组是有培训内容选择权的,组织培训时非常有针对性,是"缺什么补什么,用什么学什么",和现场工作需要结合得非常紧密,与纯理论的培训是有很大的区别的。学是因为要用,学了就会用实践操作去巩固,这种培训员工学起来会非常用心,学习也就会有一个较好的效果。比如职工小牛,要单独给他讲一堂"多功能的工作原理"课,那他绝对会听瞌睡,但组长安排了他第二天去某个头面安装多功能,在培训时他就会用心去学习,脑海中马上会和自己第二天的工作联系起来,并且他会主动去想、去问出了什么样的故障应该怎么样去处理,且班会上组长还会要求他将当天的安装过程向其他未去参加这一工作的人进行讲解,这样先是学、再是用、然后讲,理论和实践有机结合,这种培训方式效果非常显著。

## (四)"自治式"班组管理极大提升了班组工作绩效

通过在实践中的不断调整改进,各个班组在自主管理能力上有了大的提升,和队组之间的业务沟通不再是单纯依靠管理人员,班组会定期和队组了解生产进度并提前制订下一步的工作计划,对现场的各类安全隐患排查也较为全面,并能够及时落实整改,且组内能够积极主动地想办法去解决诸多的现场问题,顺畅的工作思路、得当的管理方法使得班组的工作绩效有了显著提升。

### (五)"自治式"班组管理有效促进了班组创新能力

这种"自治式"班组管理在提高班组工作绩效的同时也促进了班组的创新能力。在解决问题的过程中,通过激励机制使每个员工都积极参与到解决班组难题中,增加了创新的动力源,使得各班组的创新点不断增加。如:井下传感器调校采用沙漏计时器,不但计时精准,且成本低廉、携带方便、安全可靠;为甲烷传感器加装防尘罩最大限度避免了井下淋水与煤尘对传感头的损坏,在保证监测数据准确的同时,大大延长了传感头的使用寿命;风门传感器的改造解决了风门与地鼓、顶板变形导致的信号监测不准的问题。这些小创新既提高了工作效率、解决了现实问题,又体现了员工的自我价值。

### (六)"自治式"班组管理大大提升了员工个人综合素质

在班组自主管理的过程中,员工为了完成自己的工作任务,必须要自己计划安排工作、自己和相关队组联系业务、自己解决现场问题。为了完成自己的职责工作,员工就必须主动去学习掌握所需的业务技术,有时要在一个班内完成多个工作任务,就必须对工作的先后顺序做一个合理的安排,为了不影响业务队组的生产,就必须主动向队组了然巷道进度。在这个过程中,既提高了业务技能,也锻炼了协调组织能力,还要统筹安排工作,无形中使员工各方面能力都得到了锻炼和提高,全面提升了个人的综合素质。

### (七)"自治式"班组管理体现了员工的个人价值,增强了员工的归宿感

在"自治式"班组管理的过程中,每个员工都有自己的职责,员工在工作中可以充分发挥个人的才智,用自己的方式去很好地完成一项工作,而不是一味地听从班组长的指挥安排,员工会有一种被需要感,完成工作后会有一种成就感与自我价值实现感,近而使得员工对班组产生良好的归宿感。

### (八)"自治式"班组管理促强化了区队的安全管控能力

"自治式"班组管理的带班制实际上是将一个大的安全管控环境分割成一个一个小的安全管控空间,每一拨作业人员都是一个小的独立的作业空间,带班人员则是这个作业空间的具体安全负责人,对本作业区内的作业过程进行全面的监督和管理,由于管控范围较小,带班人员对每一个细节都能监督到位,确

保作业过程的安全。这种方式无疑是一种全方位、全过程的安全管控，是一种有效的安全管控手段，可使区队整体的安全管控能力得到了强化。

山西晋城煤业集团成庄矿<br>山西煤炭工业协会

# 专题七
# 大型煤炭企业安全生产预警体系的构建与实施

- 安全生产预警体系的目标
- 安全生产预警体系平台构建及主要内容
- 安全生产预警体系的保障措施

---

潞安集团是山西省属五大国有重点煤炭企业之一，名列世界500强第372位。2015年，面对复杂严峻的煤炭市场形势，潞安集团坚持以"汇聚转型合力，挖掘管理潜力，激发改革活力，培育创新动力"为主线，在煤炭市场持续低迷，产量、销量、营业收入减少，煤价大幅下滑的态势下，煤炭产量8638万吨，截至2015年年底，资产总额1883.17亿元，同比增长9.74%，实现利润1亿元。

潞安集团在推进"三地一新"发展战略的进程中，始终坚持"赢在标准、胜在执行"，始终以"如履薄冰、如临深渊"的心态，坚持源头治理抓安全，以人为本抓安全，系统管理抓安全，超越安全抓安全，构建了"369"大安全管理新体系，以高标准确保高安全，以大安全保证大发展。2013年在集团公司安全生产工作会上，提出了"推动煤矿安全生产预警体系建设"。

## 一、项目实施背景及目标

### （一）实施背景

煤炭行业是我国重要的能源基础产业，也是安全事故多发的高危行业。我国历来非常重视煤矿的安全生产工作，尤其是近年来，先后出台了一系列配套的煤矿安全生产法规，各大煤矿也相应加大了安全设施的投入力度，装备不断提升，安全管理水平有了明显提高，煤矿安全事故发生率不断下降。但安全形势依然不容乐观。安全事故还时有发生，特别是重大事故隐患和重大危险源仍然大量存在，煤矿安全技术标准体系尚待进一步完善。

随着企业管理信息化产业的快速发展，煤炭企业亦逐步尝试利用先进的信息化技术提高管理效率。潞安集团在信息化建设工作中更是取得了不俗的成绩，各矿各专业都利用数字化软件建立了本专业的数字化矿山生产监控系统，为保证安全生产发挥了巨大作用。安全生产和安全管理是煤炭企业成长的重要保障，也是煤炭企业的最大特色，安全生产调度指挥也逐渐成为我国煤炭企业日常业务中的重要环节。公司总调度室作为潞安集团的信息集散中心，在信息化建设中更是走在了行业的前列。然而，以往的调度信息化建设忽视了信息表达的多样化，即只能通过参加调度会或电话通知向外发布信息，信息发布通道单一，不能及时将所掌握的生产安全信息通过现有网络有效地呈现角色管理需求；同时过于注重单个系统功能的实现，与实际管理业务及其他系统间的交互性较弱，存在的主要现象归结如下。

1. 系统缺乏有效集成，共享性差

传统安全生产监控管理软件中，数据与信息孤立于某一业务子系统内部，缺乏有效集成，特别是仅仅把重点关注点放在危险源监测监控及安全管控方面，信息相对孤立，各自为事，有用信息不能及时交互共通，难以实现对复杂信息的整合加工，导致安全管理水平降低。因此，亟须一套更为科学的方法和手段对所有信息进行综合搜集和管理。

2. 系统智能化程度不够，工作效率低

在传统安全生产监控系统中，由于对现代计算机信息管理技术掌握不够娴熟，利用不够充分，导致大量信息被多次重复记录，或需要多次重复录入系统，智能化程度大大降低，不仅造成劳动力的极大浪费，也大大影响了安全管理工作效率。

3. 信息的后期加工和综合化程度低

由于各系统彼此相互独立不能实现数据共享，也就不能进行数据的交叉分析处理，以及缺乏完善的信息分析统计功能和针对安全管理的信息深度处理，致使煤矿安全管理人员不能及时掌握直观、全面的矿井源头信息，影响其快速做出正确反映和决策,从而导致安全保障能力大大降低。

因此,为提升集团安全生产信息化管理水平,结合煤炭企业管理现状,建立一套实用性强、符合自身发展特点的安全生产预警系统,对进一步深化大超前管理,更好地抓变化、抓关键节点,从源头预防和管控各类事故变化,确保矿井安全生产持续稳定有着重要意义。

## (二)研究目标

通过安全生产预警系统的构建,突破原有各系统的信息壁垒,并按照业务逻辑重组实现实时信息数据更新,及时反映矿井安全生产宏观概貌和各生产环节细节监测监控,实现矿井的生产过程实时动态监测;形成统一的生产实时数据统计分析决策支持,建立统一的矿井实时数据决策信息库,形成信息共享机制,为进一步实现生产数据与物联网对接提供数据支持;形成统一的煤矿子系统纳入标准,提高今后各自动化系统的建设、维护、物联网接入的工作效率。安全生产预警体系的建成能有效警示和督促相关部门和责任人及时准确予以处置,真正使安全生产管理做到提前预警,超前预警,全面提升矿井安全生产信息化、数字化、高效化管理水平,特别是对提高矿井安全生产预警、抗灾能力、有效预防和管控各类安全事故变化有着重要意义。

1. 实现各专业重大隐患和重要变化的系统集成

在煤矿安全生产监测监控系统中,有煤矿调度系统、通风监测系统、井下温度监测系统、瓦斯浓度监控系统等。大安全生产预警系统就是将现有的这些系统数据信息巧妙整合,全面集成,实现所有专业信息共享,从而实现宏观数据综合分析,形成大安全信息、变化信息预警数据库。该系统利用计算机网络技术,按照专业分工,把各专业的重点工程、重要工作环节和重大安全隐患统一编程管理,这样不仅可以分析单项数据在某点的变化趋势,还可以对各种相关的监测监控信息进行同时分析,最终实现对重要环节和重大隐患的预警和预控,真正使安全生产管理做到提前预警、超前预控。管理者可以通过安全生产预警系统,从不同角度超前了解隐患,为其准确决策提供及时、全面的信息支撑,从而更好地控制危险源,保证矿井安全生产。

2. 实现预警信息分类、分级、分色图形化显示

安全生产预警系统将原有系统数据信息巧妙整合,形成系统的安全信息、变化信息数据库,并将这些信息通过计算机自动分析后,按照类型、级别标准

化的图形化模式进行集中显示，特别是对预警等级进行分级分色显示，界面直观、操作简便，确保了预警信息的清晰、简化、一目了然。此外，本系统还支持按预警项目、关注级别等进行分类查询，支持按预警等级、预警部门、预警项目类型、关注类别等进行图形化直观显示，为决策者正确决策提供有效、及时、简明的数据支持。

3. 提高管理人员接收预警信息的时效性和全面性

安全生产预警系统对实时提示的预警信息，通过调度电话、调度台及井口大屏、手机移动预警功能（为信息安全，以下功能仅在本矿内网中可使用）、短信群发平台等现代化媒介，按关注级别、预警部门、预警等级，将预警信息及时显示发布，提高了预警信息的发布接收效率。特别是将预警信息及时分级别发布至公司领导、部门、队组的现代化显示发布方式，为公司各级领导及时接收到预警信息，及时对预警信息进行高效、专业化的措施处理提供了极大的方便，有效避免了因预警信息发布不及时、发布不系统造成的工作贻误，切实提高了对安全生产信息的处理效率。

## 二、安全生产预警体系概述

安全生产管理是煤矿生产经营管理的重中之重，它是"两化"融合的重要连接点。一方面，安全生产预警体系通过管控生产自动化系统和安全生产监测系统提供的实时数据，对生产过程中可能发生或已经发生的责任事故和险情进行预警和报警；另一方面，通过安全生产预警体系，可以及时掌握全面的数据信息，以支持煤矿的日常经营管理活动，为部门工作、领导决策提供全面直观的数据支持。

（一）安全生产预警体系的概念

安全生产管理预警系统基于矿井综合自动化、生产调度管理系统和相关专业部门客户端数据，通过对实时数据和管理数据的有效集成，将预警信息进行自动分析、汇总和显示，为安全生产管理和决策提供智能化支持，保障了安全生产管理的自动超前、流程闭合化管控。]

## (二) 安全预警体系的内涵

利用网络信息技术，把煤矿各系统的重大变化、重要环节、重点工程和重大隐患等预警信息通过局域网、手机移动终端进行实时发布，有效警示和督促相关部门和责任人予以处置，真正使安全生产管理做到提前预警、超前预控。这样不仅可以分析单项数据在某点的变化趋势，还可以对各种相关的监测监控信息进行同时分析，最终实现对重要环节和重大隐患的预警和预控，为煤矿管理者正确决策提供及时、全面的信息支撑，使企业管理者从不同角度超前了解隐患、更好地控制危险源，真正做到超前安全管理，保证矿井安全生产。

## (三) 安全生产预警体系特征

### 1. 大数据支持

安全生产管理预警系统由人工预警和自动预警两部分组成，自动预警由地测预警平台、调度变化预警平台、时间类自动预警平台及实时数据预警平台构成。可以同时实现对构造地质、水文地质、技术管理、监测监控、通信通讯、机电设备、供电管理、通风瓦斯、抽采防突、顶板管理、生产组织、辅助运输、安全管理、应急救援、洗选系统、运销系统、后勤地面等17个项目类型（涵盖80个项目分类）的安全预警。它涵盖了矿井产、运、销各大环节，数据信息量庞大，为企业管理者及时有效进行安全生产决策提供了强大的数据支持。

### 2. 预警信息集中展示、重点突出

安全生产预警系统将集成起来的强大数据库和自动采集到的监控数据，经过系统智能化分析或根据条件设置形成预警台账，并根据危险程度进行三级自动预警，并以红、橙、蓝三种明亮的色彩予以警示，准确、直观、一目了然，更便于掌握所有矿井的产、运、销实时概况。

### 3. 决策支持

通过对庞大数据的智能分析，自动形成预警台账和分色分级报警等功能的实现，为企业决策者提供了判断、决策的实时依据；同时，通过提前预警，可以使得各级安全生产管理人员及时发现产、运、销各环节的较大变化，及时采取管控措施，控制跟踪变化，保证安全生产。

## 三、安全生产预警平台构建

### (一) 系统总体架构设计

安全生产预警系统采用 SmartClient 结合 B/S 模式的方式来实现,在数据采集与报送方面使用 ADP 平台来实现,在预警信息展现方面使用 B/S 模式的方式来实现(如图 7-1 所示)。

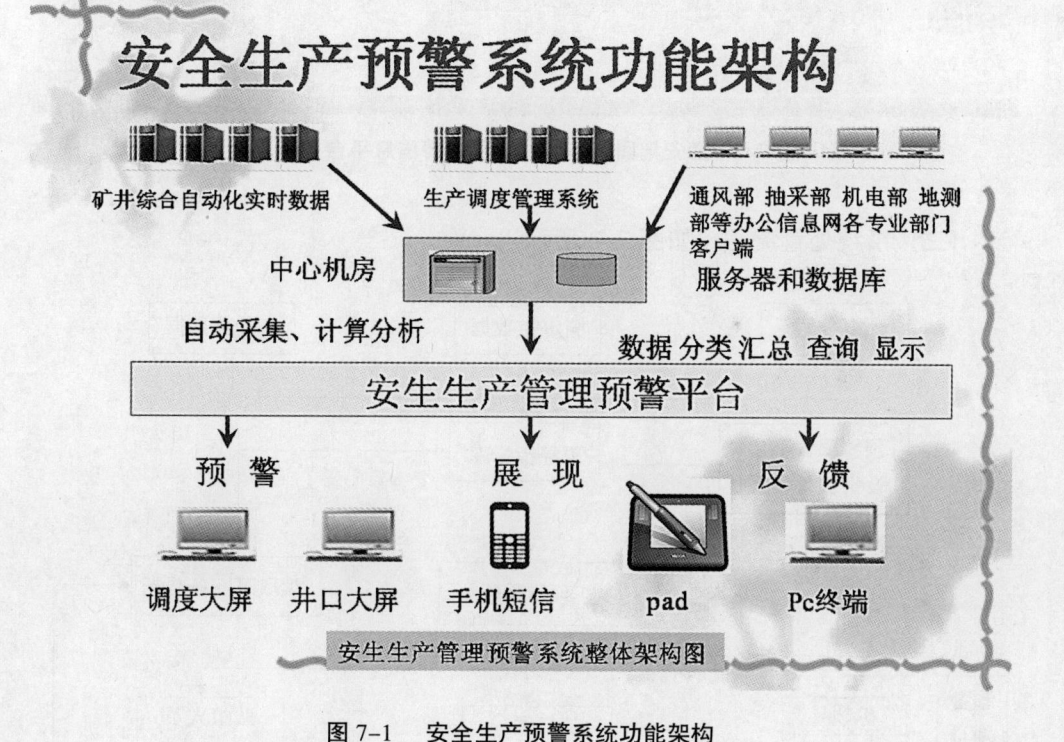

图 7-1 安全生产预警系统功能架构

### (二) 系统登录主界面

安全生产管理预警系统显示界面按 17 个预警项目类型,通过信息数据链接,结合煤矿生产的实物图标,有效集成了预警信息的显示界面,使预警信息显示更加系统、直观(如图 7-2 所示)。

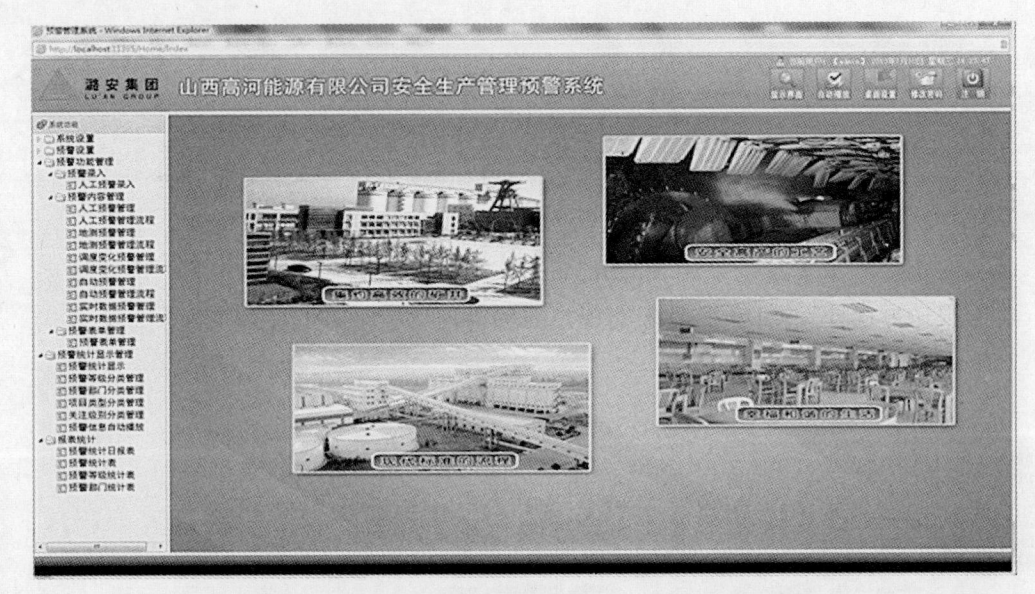

图 7-2　潞安集团高河能源公司预警信息平台主界面

（三）系统处置流程（如图 7-3 所示）

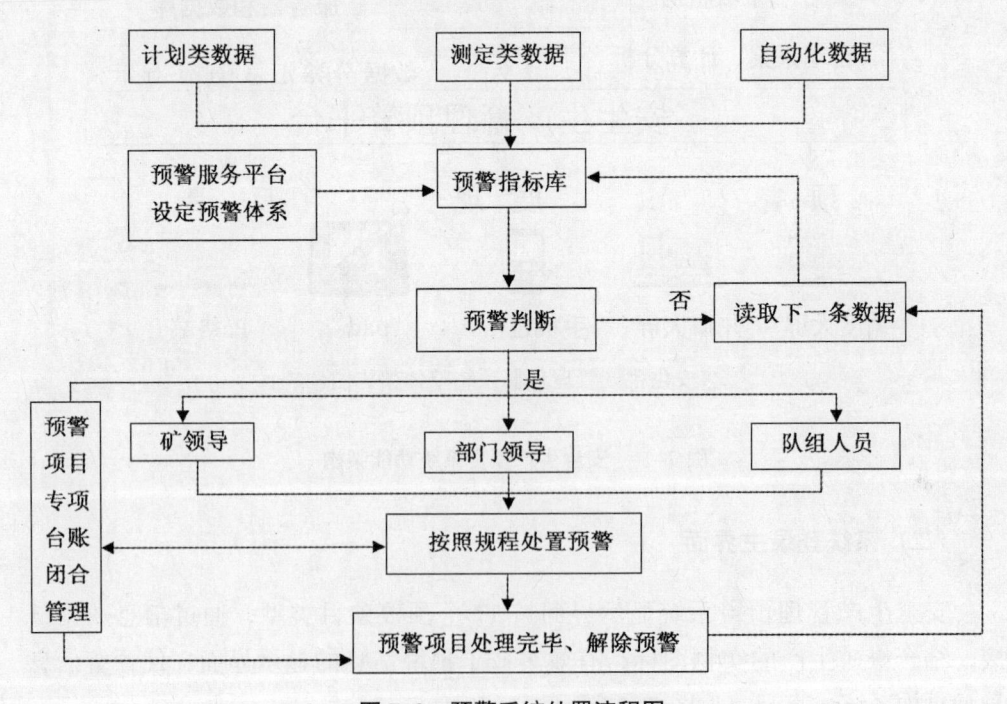

图 7-3　预警系统处置流程图

### (四) 预警信息发布机图形化显示

1. 安全生产管理预警系统显示界面

安全生产管理预警信息通过调度电话、网络电视、调度及井口大屏、短信平台等输出设备进行发布，并根据不同的分类以图形化方式进行显示，界面直观、操作简便，确保了预警信息多途径、按类型级别标准化的发布及清晰精简化的显示（如图 7-4 示）。

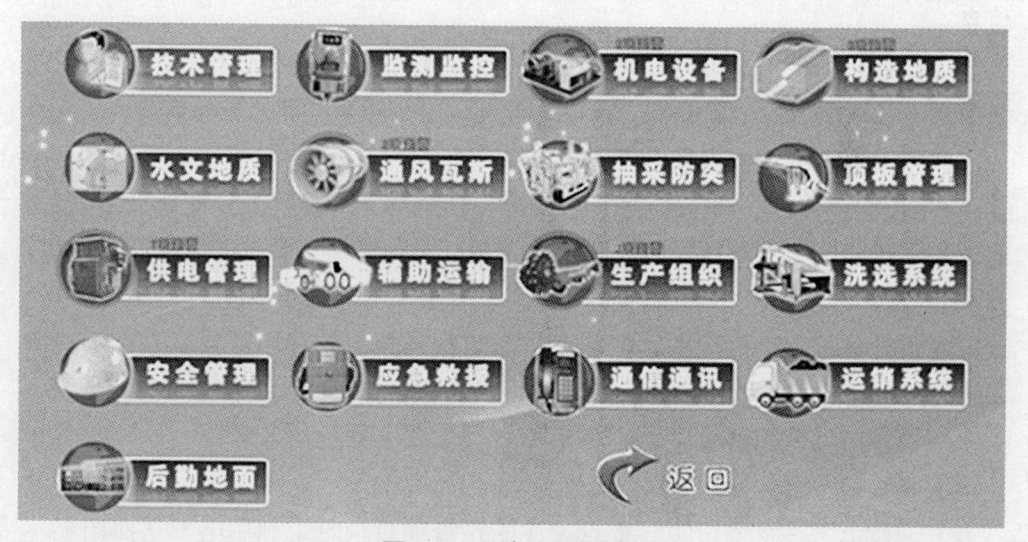

图 7-4 系统显示界面图

2. 预警信息发布

对产生的预警信息，通过调度电话、调度台及井口大屏、调度网络电视、短信群发平台，按关注级别、预警部门、预警等级，将预警信息以短信及电话等形式及时显示发布至公司领导、部门、队组，体现了预警信息的多方式、多地点的现代化显示发布，使公司各级领导能分级别及时接收到预警信息，对预警信息进行高效、专业化的措施处理，避免了因预警信息发布不及时、发布不系统造成的处理贻误，提高了预警信息的发布接收效率。

3. 预警信息播放

在井口大屏、调度大屏、调度会议室网络电视上，通过播放功能，对自动及审核发布后的预警信息进行滚动播放。通过播放查询，默认为预警信息的全部播放，同时也支持按预警项目类型、预警等级、预警部门、关注级别对预警内容信息进行筛取，按类别重点进行分类选播。使公司领导、科队级干部、技术人员、井下作业员工都能通过不同的地点、不同的方式，获取当前安全生产作业中即将遇到或已存在的问题、隐患，对预警的问题、隐患清楚明了，超前积极采取相应措施进行处理，协同配合，确保安全生产。

为了使平台更加实用，总调度室根据实际操作情况，开发了两种信息播放显示功能。

（1）预警信息轮播：在点击轮播按钮后，在计算机上显示当前所有预警信息。

（2）重点预警信息循环播放：点击重点预警信息循环播放按钮后，重点预警信息（瓦斯危害、地质危害、顶板危害、机电故障等）开始循环播放。

4. 预警信息调度会议重点体现

利用公司调度会议平台，进行"安全生产管理预警早晨五分钟播报"，对当前正在预警和已完成的预警项目按项目类型，对预警信息及进展情况进行播报，其中对公司领导关注、一级预警的重点预警项目信息着重提出。预警系统运行、预警项目处理过程中的问题，按制度进行通报考核，并在调度会后，在调度协调时间对问题统一进行协调解决，确保了预警项目信息的调度传播及重点体现。

5. 预警信息平面显示

预警信息平面显示分为两个类别：

电子显示——将公司领导重点关注的预警项目信息，利用电子平面图显示功能，在采掘工程平面图上的预警地点进行植入，红色闪烁自动预警，点击红色闪烁点，查看相应地点的预警信息，在电脑、网络电视、大屏上进行显示。

挂图显示——支持CAD格式的预警信息平面图下载编辑，进行预警信息的编辑设置，打印挂图于调度领导协调室内的安全生产管理预警专题图表栏内，方便直观了解。

6. 3D地质信息显示

建立了公司3D地质透明信息化平台，将公司所有地质信息进行3D化，展现于井上井下3D图中，发生构造地质预警信息，直接调用3D地质信息，将构造位置、特性以3D形式进行展现，使发生预警的地质构造展现得更加具体、贴近实际。

7. 预警信息列表显示

预警信息以列表的方式进行集中显示，可以按预警等级分色显示，可以查询预警详细信息，可以按预警项目、关注级别等进行分类查询。

8. 预警信息图形显示

（1）支持柱状图、饼图、环状图等图形显示方式。

（2）提供按预警等级、预警部门、预警项目类型、关注类别等进行图形化显示。

（3）支持在图形化显示界面查询预警详细信息。

### （五）预警方式

安全生产管理预警系统由人工预警、地测预警、调度变化预警、自动预警（时间类）、实时数据预警五大模块组成。

1. 人工预警

主要是指预警项目信息不能通过数据及时间自动运算的方式自动实现预警，只能通过业务部门人工录入预警项目信息全部内容的方式，实现预警项目信息的人工预警、发布。

2. 地测预警

主要是专用于采掘工作面的构造地质、水文地质距离性预警项目信息的自动预警。对构造和水文地质预警项目信息进行位置、预警条件等三个预警等级预警参量内容的设置，根据公司生产调度管理系统中采掘工作面班进尺的自动提取，到达预警位置后，系统自动弹出预警，实现构造及水文地质项目的自动预警。

3. 调度变化预警

通过对公司生产调度管理系统中变化管理内容的链接，提取出其他人工预警、地测预警、自动预警中不能显示的预警项目信息，根据变化级别，形成调度变化三级自动预警信息，加强对变化管理项目的预警显示管理。

4. 自动预警

通过对预警项目信息日期时间及预警时间的参量设置，实现预警项目信息的时间类预警。主要用于机电设备的到期更换检修、安全隐患的到期处理、应急预案的到期演练等时间性的自动预警。

5. 实时数据预警

通过提取全矿井综合自动化的实时数据，设置预警单值或范围值，实现对瓦斯、变电所供电、主通风机状态、压风机压力、水文观测、锅炉运行等全矿井综合自动化子系统的实时数据预警,发布至公司领导、部门、队组,采取措施立即处理、超前管控,确保公司实时的安全生产。

### (六) 系统主要预警功能展示

1. 变化环节预警

(1) 预知变化预警。将井下、地面分为17个子系统,每个系统专人负责,通过专用账户对预先感知到的变化内容、级别、时间、地点、预警范围、应对措施(备用措施)、技术参数全面精确录入预警系统,实施锁定管理,对预警的进展情况逐日跟踪落实。系统根据预警时间设置,自动通过预警状态变化(超前预警无颜色、预警开始黄色显示、预警到期红色显示、预警超期红色闪烁)对相关单位进行警示。

(2) 突发变化预警。发生突发变化后,通过管理员账户第一时间将变化内容、级别、处置要求予以发布,系统自动通过即时预警对话框定时闪烁的形式进行预警,同时可通过系统,对变化处置、人员到位情况实时跟踪落实,直至预警解除。

2. 管理预警

(1) 生产衔接预警。通过对生产衔接过程中的关键工程和时间节点录入预警系统,系统自动进行节点预警,通过颜色变化,警示督促相关科队提前做好部署,做好生产组织准备工作。

(2) 重点工程预警。将全矿重点工程按网络节点录入预警系统,系统进行节点预警:进入完工倒计时黄色预警,到期红色预警,超期未完成红色闪烁预警。

(3) 事故管控预警。预警系统利用柱状图、折线图、饼状图等多种图形显示,对全矿各专业及队组月度事故控制项目化管理推进情况进行预警(如图7-5示)。

(4) 短板管理预警。通过对全矿各专业系统排查出影响安全生产的短板,定期上传系统,公开预警公示,时刻提醒和督促相关部门积极整改。

(5) 领导安排预警。对矿领导日常安排的重点工作录入预警系统,明确了完成时间和责任单位,从工作安排即日起开始预警(黄颜色显示),并对完成情况逐日持续跟踪,到期红色显示,完成绿色显示,超期未完成红色闪烁。

(6) 预警系统扩展功能。通过与KJ95、奥灰水监控、产量监控系统的有效链接,及时掌控各类实时监控预警信息。

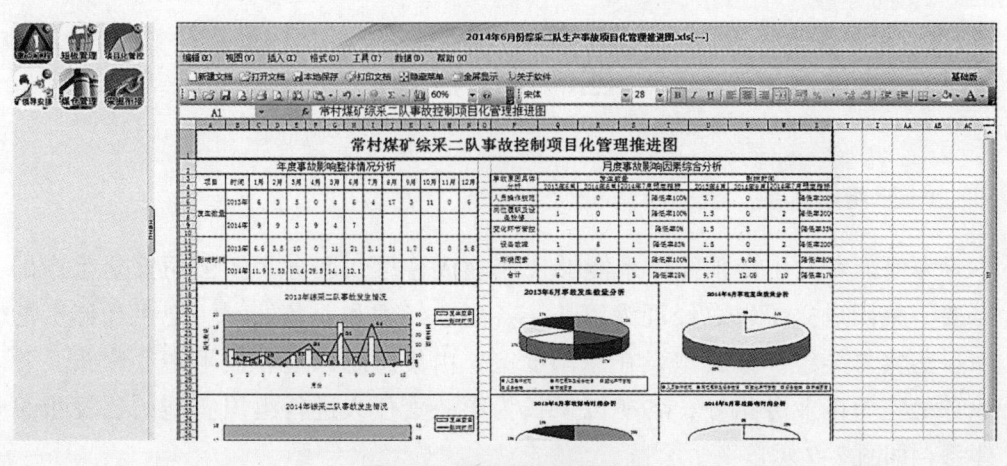

专题七　大型煤炭企业安全生产预警体系的构建与实施

图 7-5　月度事故管控界面

（7）手机移动预警功能（为信息安全，以下功能仅在矿内局域网中可使用）。通过在智能手机上安装预警软件或直接扫描二维码，任何人，在任何时间、任何地点都可以方便查看预警信息，随时掌控矿井安全生产动态（如图 7-6 示）。

安卓手机客户端　　苹果手机客户端　　手机直接浏览

图 7-6　手机移动预警功能

## 四、保障措施

### （一）组织体系

为保证安全生产预警体系能够快速建成，尽快服务集团公司安全生产的需要，集团成立了以总经理为组长，各副总经理和业务处室一把手为组员的项目落实督导组，办公室设在总调度室，由集团总调室和技术中心牵头，各业务处室予以业务指导，各矿以矿长为第一责任人进行组织实施的建设组织体系（如图7-7示）。

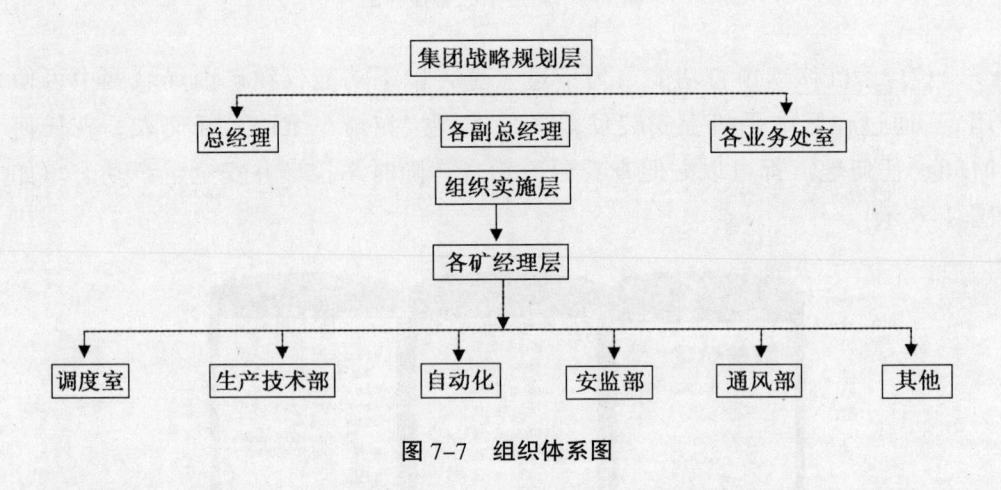

图7-7 组织体系图

集团总调度室负责对集团公司各矿的安全生产预警系统建设情况，进行跟踪落实，对建设情况进行组织验收考核，并将考核结果在集团调度会进行通报。集团其他业务处室，对安全生产预警系统建设进行业务指导和提供技术服务。

各矿成立以矿长、书记为第一责任人的项目建设领导小组，并由矿调度室和自动化牵头，其他业务科室配合的建设领导小组具体实施系统建设和后期的使用管理，确保系统尽快投入使用。

### （二）技术保障措施

变化信息"采集—处理—发布"是安全预警信息研究的重要线索，而变化信息采集是基础，为预警信息发布奠定数据基石。变化信息采集工作的原则是可靠性、完整性、及时性、精确性。

1. 现有系统集成与整合，减少了"信息孤岛"现象

现有的系统实现了大量变化调度相关信息的采集和处理，然而这些系统相对独立，造成信息共享不足，使得某些矿、某些专业部室的较大隐患源、重要变化信息只有他们自己清楚，集团和其他部室不能全面掌握这些安全信息，对整个集团公司安全生产造成潜在的威胁。通过安全生产预警系统，所有矿井和各专业部室实现了对原有独立系统的高效集成整合，这样，全集团各种安全信息就形成一个完整的安全生产变化信息数据库，通过对这些数据交互分析挖掘，能发现隐藏在这些数据背后的不同类型安全信息的内在联系，这样就能从不同角度共同消除不安全因素，降低潜在的安全风险。

2. 统一接口数据规范

在将原有各监控系统整合的过程中，发现各专业已有的监控系统建设厂家不同，其数据接口不尽一致，给需要的集成工作造成了很大的不便。因此，在进行数据对接时，不仅要联系原有系统开发厂家协调解决集成接口不一致的问题，同时还要形成一套接口规范，为规范以后的全面自动化系统数据接入奠定基础。

## 五、项目实施效果

煤矿安全生产预警系统已构建完成，并在潞安集团公司全面投入使用，运行效果良好。

### （一）切实提升了安全管理水平

煤矿产、运、销环节众多，危险源具有分散且变化的特点，原有的矿井监控系统对安全信息形成"信息孤岛"，开放性不够，无法满足煤矿全面安全监管的现代化要求。安全生产预警系统通过信息数据链接，结合煤矿生产的实物图标，有效集成了预警信息的显示界面，并按级别预警，有力地促进了安全管控，切实提高了煤矿安全水平。

### （二）大大提高了调度管理效率

调度作为企业的信息集散中心，作为领导的眼睛，可以通过安全生产预警

系统，及时将掌握的安全生产信息上报给领导，并通报给各业务处室，督促隐患尽快得到整改落实，调度管理效率得到极大提高。

### （三）为领导"三走到、三必到"提供了依据

"三走到、三必到"是潞安集团为了加强变化环节管控和强化矿领导带班管理提出来的又一创新安全工作法。"三走到"即：新扩区、新采区、新工作面要走到，新条件、新工艺、新装备现场要走到，最远的区域要走到。"三必到"即：条件变化必到，存在重大隐患必到，问题多、管理最差的单位现场必到。矿领导下井带班制度的意义，就是加强薄弱环节管控。因此，只有通过安全生产预警信息平台全面了解矿井安全生产变化情况，才能合理安排"三走到、三必到"路线。

同时，由于预警系统包含领导带班安排，"三走到、三必到"等信息，各专业部室可以通过该平台更直观查看到领导及各专业人员下井工作安排，减少了电话询问工作安排等环节，极大地减轻了工作量，提高了工作效率。

### （四）自主研发，降低了生产运营成本

在煤矿经济持续下行的形势下，降本增效，成为煤矿企业发展的主基调。为此，潞安集团率先在常村煤矿构建了安全生产预警体系，常村煤矿经过自主研发，成功投入运行后，推广"复制"到其他各矿，先后帮助华润煤业、昌泰煤业、瑞龙煤业、长榆河煤业、祥升煤业、麦捷煤业建立了安全生产预警系统。经调研，如果请外部软件公司来开发一套系统的成本大约在50万元，仅此一项可为集团公司节约成本350余万元，极大地节约了生产运营成本。

由于预警系统在使用过程中所具有的针对性使安全生产预警系统在日常工作中呈现出不可替代的作用，明显减少了各专业部室及人员在调配资源时不必要的时间或人员的浪费，系统的使用为每个矿节约10个人的用工成本，按每人每年5万元计算，集团现有35个生产（技改）矿井建设了该体系，预计每年可以节约1750万元人力成本。

### （五）成为行业信息化建设的重要推动力量

安全生产预警系统首次打破专业信息壁垒，是一个开放式覆盖各矿产、运、

销一体化的安全信息集成应用系统。给用户提供方便的服务添加与服务删除，为设备开发商提供方便的统一接口。因此，安全生产预警系统的建设进一步推动了矿山信息化联网关键技术协议与规范、统一应用系统与中间件接口等信息化发展，建立一套系统的信息化行业标准。潞安将带动山西，进而整个煤炭行业安全生产预警系统的建设，推进煤炭行业的信息标准化建设取得新突破。

## 六、项目主要创新点

第一，在全行业首次提出"安全生产预警系统"这一概念并构建实施，预警系统的建立，标志着潞安集团公司编织了全方位、立体化的"安全网"，使矿井的安全预警效果得到有效增强，安全事故得到有效预防，安全管理水平得到有效提高。

第二，预警系统的建立，在集团公司"全面打造科技发展新高地"过程中，走在了技术创新领域的前列，起到了带头示范和引领作用。特别是常村矿自主开发的预警系统，这与潞安集团长期注重创新人才培养是分不开的。

第三，预警系统的建立，提高了潞安集团公司职工应用新技术的认识，凝聚了各部门之间在技术力量协同办公过程中的合力，为公司今后在技术创新中进一步加强各部门的合作奠定和夯实了基础。

第四，预警系统的建立，不仅极大地提高了矿井的防灾、抗灾能力，最大限度地做到了防患于未然，而且其最大的意义还在于，在经济效益、社会效益等方面产生了积极的影响，有效保障了国家财产和职工生命的安全。

第五，由于安全生产预警系统在使用过程中所具有的针对性使其在各专业的工作中呈现出不可替代的作用，使之真正成为集团公司各矿安全生产工作中依赖性较强的一套专业平台，真正发挥出其使用价值，并明显减少了煤矿各专业部室及人员在调配资源时不必要的时间或人员的浪费。

山西潞安矿业（集团）有限责任公司<br>
山西省煤炭工业协会

# 专题八
# 企业一站式信息管理平台的创新与应用

- ● 一站式信息管理平台构建的背景及目标
- ● 一站式信息管理平台的设计及方法
- ● 一站式信息管理平台的实施效果

## 一、阳煤集团简介

阳煤集团前身为阳泉矿务局，成立于 1950 年 1 月，是山西省五大煤炭集团之一。经过 60 余年的发展，已成为一个以煤炭和煤化工为主导产业，电、铝、建筑地产、装备制造、贸易物流为辅助产业的煤基多元化企业集团。目前，企业总资产 2027 亿元，职工 16 万人，拥有阳泉煤业、阳煤化工、山西三维、太化股份四家上市公司。主要有块炭、精煤、末煤等无烟煤产品和尿素、甲醇、聚氯乙烯、离子膜烧碱、纯碱、1,4-丁二醇、辛醇、液氯等化工产品，营业规模 2000 亿元左右，是全国最大无烟煤生产基地和中国三强煤化工企业集团。2015 年，阳煤集团位列世界企业 500 强第 409 位、中国企业 500 强第 88 位。

## 二、实施背景

### (一) 建设背景

随着阳煤集团转型跨越发展，经营规模不断扩大，产业门类不断增多，分、子公司不断增多，集团管理面临传统管理理念和文化差异，并且呈现跨地域、跨行业、多级管理层次等特点，集团总部在信息获取的及时性、准确性、有效性等方面存在诸多问题，集团各业务部门的工作也在客观上存在着业务流转环节多时间长、事务性重复性工作多、管理效率不高、信息传递困难、缺乏统一规划等问题。

信息作为第四种企业资源，如何挖掘好、分析好、发挥好，对企业的管控起着十分重要的作用。然而，通过对现状的深入了解和分析，集团公司各业务系统目前都有自己成熟的应用系统，管理部门的人、财、物、产、供、销系统，生产单位的通风、人员定位、产量监控等系统，以及其他单位的调度生产指挥系统等，系统使用仅限于本业务系统，数据报表壁垒独享。缺乏整体的、有效的分析和深层次的挖掘，信息数据不能共享，而且查阅起来烦琐，不方便，上升不到全局性辅助决策的支撑和支持。

因此，站在集团管控的高度，按照集团管理的需要和集团领导的需求，充分利用信息技术、网络技术和数据库管理技术，设计并构建集团公司级的综合信息管理平台，组织协调各类信息数据的集中管理和共享，是促进跨业务、跨部门的互联互通，实现资源高度整合，辅助领导决策的重要途径，也是信息化工作的主要方向。

### (二) 建设目标

通过建立阳煤集团综合信息管理平台，在不影响各业务系统正常运行的前提下，打破各业务系统信息数据的壁垒，通过建立数据规范和标准，完成系统的集成整合，对各系统的关键数据进行提取。根据领导不同的需求，提供不同的展示界面，通过对数据的挖掘和分析，提供定性定量的数据分析报告，实现辅助决策的目的，逐步实现各类用户一次登录系统按需享用资源的综合信息平台，为集团公司集约化、内涵式管理提供强有力的支持。最终实现集团管理、资源共享、辅助决策、提升安全水平和提高工作效率五大目标。

### （三）经济效益

阳煤集团一站式信息平台的实现及应用，是提升辅助决策能力和提高协同办公效率的重要手段，处于企业信息化建设最上层，贯穿了集团公司、二级管理单位、矿（处）级单位及科区四级管理层次，为公司提供更便捷、更丰富的信息获取渠道，极大地改善了公司跨区域、跨部门间的工作条件，提高了协同办公效率，节约了企业运行成本，也有助于改善行业形象，提升社会地位，同时实现降本增效的目的，办公过程更环保，人力资源分配更合理，提高了企业的核心竞争力。

## 三、平台设计

### （一）开发原则

#### 1. 系统易用

采用 Windows WEB 界面与风格、人性化设计，网站结构合理、操作简单、条理清晰，使浏览者更容易、更快捷地从网站上查阅到所需要的信息；信息更新和系统维护采用"一站登录、全程操作"，不同业务"操作类似、简单易用"。

#### 2. 统一框架

对用户进行权限划分，统一界面，统一操作，统一管理。

#### 3. 高度扩展性

系统可满足无限扩展和后续功能升级的需要，同时单位管理员可自由管理权限级别。

#### 4. 采用主流开发技术，数据安全、响应迅速

采用"三层架构"设计，即"数据、业务和应用"分离，系统和数据的安全程度较高；用户输入和查询系统的响应速度大大优于 ASP 程序。

#### 5. 技术先进

基于网络环境开发，采用目前先进的 Visual Studio .NET2010 集成开发环境（IDE），.NET Framework4.0 运行环境。后台为 Sql Server 2005 关系型数据库，具有极高的可靠性和安全性。软件扩展伸缩性好，容易部署和维护、升级。

### (二) 需求分析

针对传统管理理念和文化差异，要统一信息管理平台，建立集团管控下的制度化、流程化和标准化信息平台，实现资源整合、资源共享、辅助决策。

针对集团跨地域的特点，首先要构建稳定畅通跨省、跨区域的网络系统。集团公司的管理信息、决策信息能够在第一时间传递到各个分、子公司，各分、子公司的经营状况、管理状况能够及时反馈到集团总部。

针对集团跨行业的特点，信息平台建设要覆盖所有行业，同时要进行个性化设计，满足不同行业的管理需求。

针对集团多级管理层次的特点，信息平台建设要分层次管控，满足不同层次的管理需求，打通内部信息链和决策链。

针对信息化建设存在的问题，信息平台建设要借鉴"云"计算思想，集团公司统一建立、全局共用，杜绝重复投资和"信息孤岛"，提升系统价值。

## 四、实施方法

如图 8-1 所示，平台在集团公司各层级上以办公自动化为主线，以安全生产子平台、财务子平台、物资供应子平台、人力资源子平台、销售子平台等五个平台为支撑，集成单位个性化系统，覆盖阳煤集团主要业务的各个层面，形成具有阳煤特色的软件体系，实现软件系统框架集团化、流程规范化、信息集中化和系统平台化。

图 8-1 集团信息化平台

一站式信息平台的建设,要支持集团管控和分层管理,支持行业个性化需求,支持业务系统的快速扩张,支持监测监控与管理一体化,支持高效协同办公,最终要实现突破地域限制、覆盖九大产业、贯通三级层次、信息高度共享。

(一)管理架构

信息管理架构的相关定义和描述:

第一层为公司决策层,以公司领导为主、集团公司办公室为辅。集团公司办公室负责对公司级信息进行管理、发布,并提交公司领导决策,其职责还包括制定公文标准、规章制度和管理标准。

第二层为辅助决策层,以机关部室为主,区域、产业管理公司配合开展工作。主要职责包括业务决策和管理两个部分,业务决策部分包括编制公司各类管理制度、发布管理信息、工作安排、组织专业性检查等;业务管理部分包括根据公司决策对下属单位、公司进行管理、督促、考核等工作。

第三层为业务执行层,本层包括公司各级直属单位、主体矿和区域、产业管理下属的各矿各分公司,是集团公司的直接生产单位,直接执行上级发布的各类生产、经营、管理等方面的通知、制度或安排,以达到安全、高效的生产经营业绩为目标。

第四层为科区级部门,本层包括公司各级直属单位、各矿各分公司的内部科区队级部门,允许各公司通过平台将管理结构延伸至四级,赋予科区级部门更多的权限和责任。

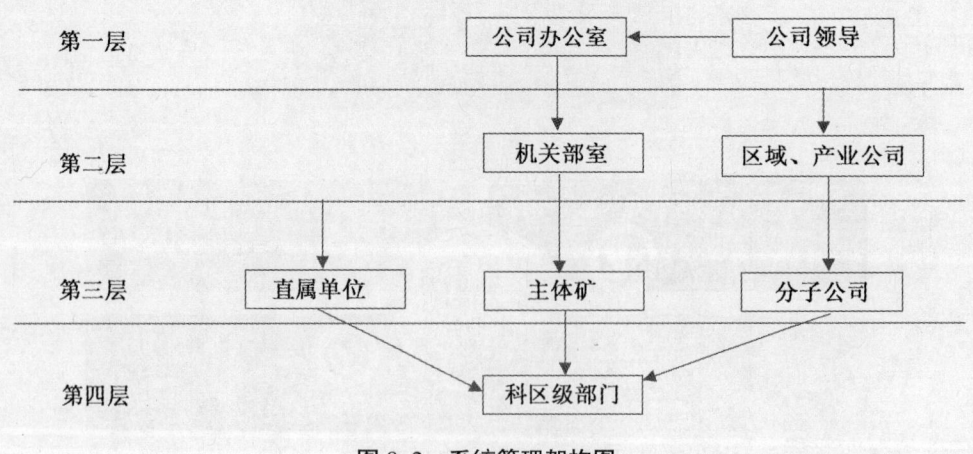

图 8-2  系统管理架构图

分层描述信息管理架构的目的，在于明确管理角色，理清工作职责，合理配置管理职权，合理分解工作任务，形成逐级负责、公开公平、闭合完整的信息管理机制。

（二）业务功能设计

一站式信息平台主要包括三部分内容，分别是决策报表、集中办公和单点登录，另外还包括辅助的移动办公平台。

1. 决策报表

自上而下，管理驱动。从集团管理需求和领导需求出发，将各主要业务系统中的分散、凌乱、标准不统一的海量数据，通过数据挖掘技术，寻找出领导关心的有价值的信息，以图形、图表等可视化的方式展现给集团领导，实现其辅助决策。

决策报表内容分三部分：

第一，目前通过纸质报送的报表，实现网络报送。或现有系统中的分析报表，如调度日报等，通过超链接形式实现集中访问。

第二，根据领导需求，设计开发决策分析报表，通过职能部门填报，生成决策分析报表、图表等。

第三，利用数据挖掘技术，直接从各类业务系统中抓取数据，自动生成分析报表、图表。

2. 集中办公

以办公系统为主线，辅以信息报送、知识管理、领导交办任务、企业邮箱等，形成统一办公平台，提高办公效率。

3. 单点登录

整合集团或各分公司的宣传、管理门户和业务系统，用户只需要一次登录平台，即可按权限享用资源，无须重复登录不同系统。

4. 移动平台

实现异地和即时办公，可在手机等智能移动终端上实现一站式信息平台的功能操作，进一步提升平台的效率。

（三）实施步骤

按照先易后难、逐步推进的原则，平台计划分为三个阶段实现。

2017年：山西煤炭工业发展报告

第一阶段：一是集成新版办公系统，实现集中办公；二是目前通过纸质报送的报表、报告等，实现网络报送；三是现有系统中的分析报表，如调度日报、隐患排查，通过超链接形式实现简单访问；四是部分主要业务系统的单点登录。

第二阶段：一是巩固和完善办公系统，增加其他辅助办公功能，基本实现无纸化办公；二是根据领导需求，开发集团公司关键经济指标、考核指标、安全指标等指标管控体系，实现宏观管控；三是完善主要业务系统的单点登录。

第三阶段：利用数据挖掘技术，从各个子系统中提取数据，进行整理、加工、分析，提供全方位决策支持。同时建立移动办公平台，实现远程办公。

## 五、功能综述

### （一）个人桌面

系统的主要展示页面（图 8-3 所示），左侧是功能菜单，右侧是门户、业务系统接口，顶部有使用说明、系统帮助、通信工具登录等，中部主要显示待用户处理的事项，包括交办任务、通知公告、待批阅文件、信息报送和最新报表等，使用户无须点击菜单列表即可处理大部分的待办事务。

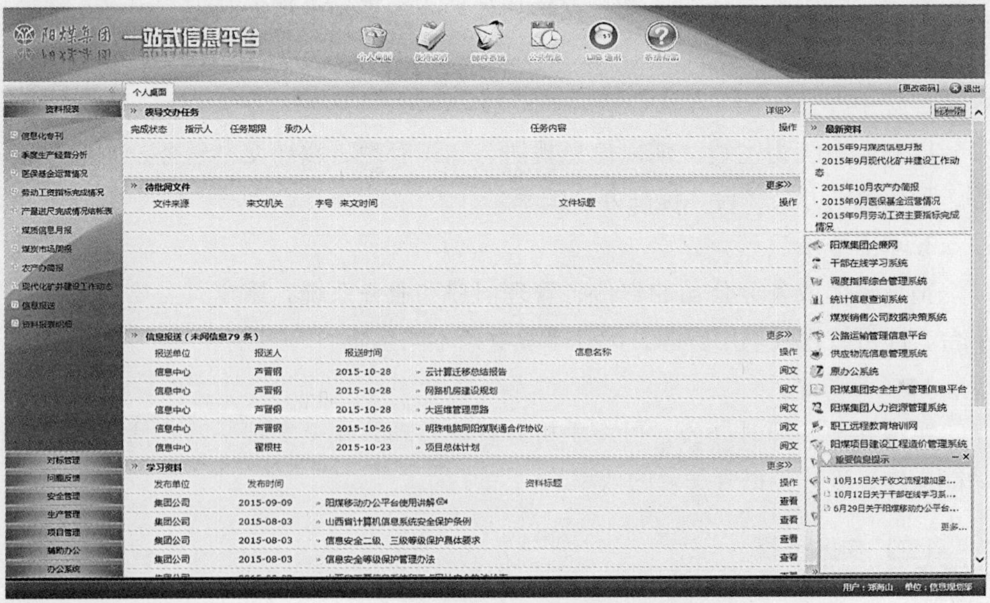

图 8-3　阳煤集团一站式信息平台主界面

## (二）决策支持

1. 资料报表

各业务部室定期向集团相关领导报送的纸质报表、报告、小册子等实现了网络报送，包括财务、计划、生产、人力、基建等各类报表。

2. 信息报送

为平台用户提供安全的文件互传通道，支持一对多发送、阅批、在线修改和短信通知，解决了纸质公文传送不畅的问题。

3. 调度通知

为调度业务口提供专用通知渠道，实现了集团公司总调度对各基层单位的调度专线通知功能。

4. 对标管理

针对集团公司构建全面成本管控体系的要求，财务处提供集团及集团以外单位的相关数据，构成行业对标数据，各单位通过系统上报数据，系统自动处理数据、分析数据，产生各种数据报表。

5. 问题反馈

为纪委巡视组增加的巡视问题反馈模块，分部门、分角色，从录入、整改到督办，流程规范。

6. 安全管理

整合了阳煤集团安全生产平台中数据报表供用户查看，包括隐患模块的隐患排查治理信息公示和班组安全信息预控系统的展示内容。

7. 生产管理

抽取了生产、调度平台中较有参考价值的数据、报表，具体有调度日报、保增长指标、生产衔接动态表、生产指标汇总等。

8. 项目管理

集成了阳煤集团信息化项目管理系统的项目立项、进度、绩效及审批等数据内容，实现信息化项目信息的统一管理。

9. 民主测评

自主设计的具有自身特色的问卷调查和民主测评体系，对旗下各单位的领导班子、班子成员以及新提拔科级领导进行问卷调查和民主测评。

10. 学习资料

学习资料是发布学习、资料文档的功能模块，包括集团公司出台的政策、规定、措施、办法等相关知识文档，供全局员工学习了解，提升员工素质。

（三）辅助办公

1. 领导交办任务

实现为上级领导向下布置、委派任务的功能，任务下达定时、定量、定责，完成情况阶段性反馈，有据可查，解决口头安排任务造成的遗忘、拖延、扯皮等现象，保障任务的顺利落实。

2. 短信群发

短信群发功能是为了方便业务部门及时向相关人员传达生产情况、会议通知等重要信息而开发的，利用集团公司现有短信平台，面向集团公司各单位相关人员或单位内部相关人员发送短信。

3. 工作督查督办

工作督查督办是为上级部门向下传达工作检查内容的模块，实现下达内容的督查督办，并将结果反馈给上级领导。

4. 文件签发

实现文件的起草、修改、会签、审核流程，节约由于文稿修订而造成的纸张浪费及时间延误问题。

5. 措施审批

安全技术措施网上审批，通过措施的起草、批示、修改、查询等实现审批信息化和痕迹化管理。

6. 工作日志

记录工作内容、笔记的功能，具有提醒、跟踪工作状态的作用。

（四）办公系统

根据集团公司文件流转的使用习惯及流程，从系统界面、流程、适用性和易用性等各方面进行了大范围改进优化，支持公文四级（集团公司、区域公司、矿、区队）流转，操作更加简单，查询准确便捷，速度提升明显。

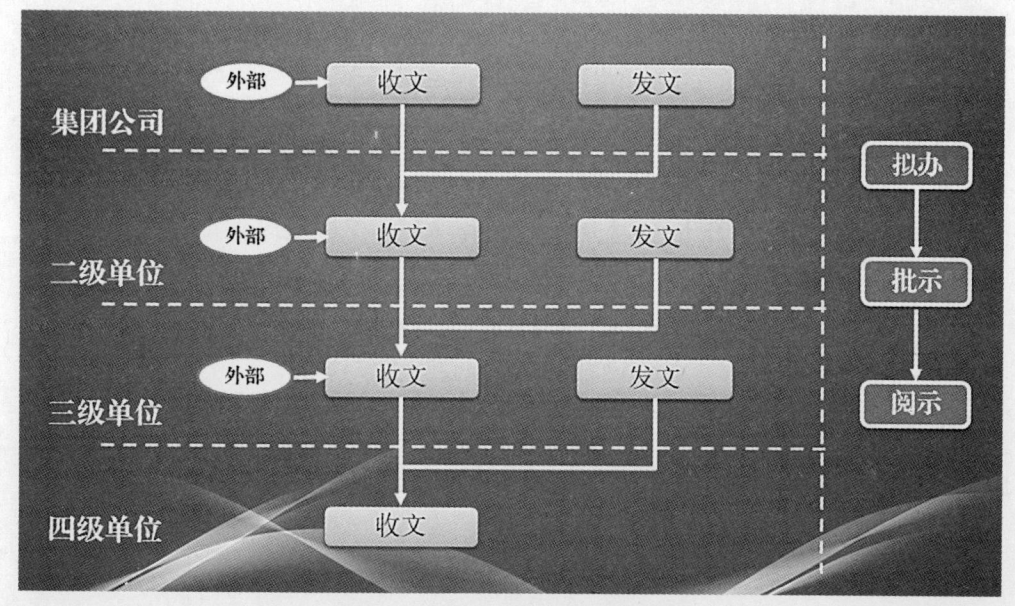

图 8-4　办公系统总体流程架构

1. 发文管理

指从公司内部发布的文件由办公室分等级，套红，用印后，分发到相关部门人员传阅，最后归类存档的过程。实现对公文进行显示、排序、查询、打印及对公文进行全自动跟踪、签章、套红、监督与催办等功能。

2. 收文管理

指上级、外部或有业务来往的单位送给本单位进行阅批、办理的文件，由办公室录入登记，拟办后，由公司领导批示办理意见，然后再由办公室分发给指定的阅文承办部门和人员，最后归类存档的过程，包括签收登记、拟办、批示、分发、传阅、归档等环节处理，实现对公文进行显示查询、打印及对公文进行全自动跟踪、监督的功能。

3. 通知管理

由管理人员对某一范围的部门及人员发布通知的功能模块，并配合公司短信平台，可及时告知相关人员查收通告。

4. 文件查询

分为集团公司外部文件、集团内部文件、单位内部文件及通知公告四类查询，每一类查询用户都可以根据文件来源、时间、类型、发文单位、文号或标

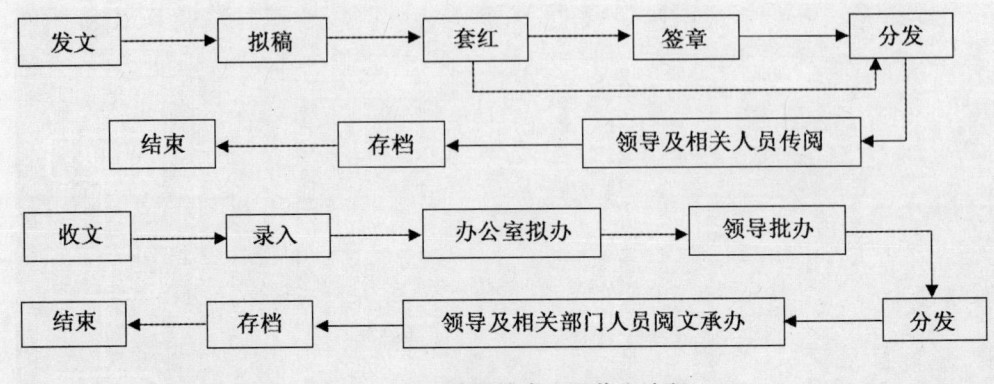

图 8-5　公文管理的发文和收文流程

题关键字进行模糊查询。查询结果中包括了文件的正文、发文信息、各单位及上级收发信息、批阅示情况等。

5. 配套管理

角色管理：管理、分配本单位文件流转过程中的人员角色。

套红管理：对发文套红模板的管理，模板采用 word 格式制作，可进行浏览、修改、删除等操作。

签章管理：将电子签章录入系统，实现网上用印。

自定义快捷分发：便于用户选择部门人员，为收发文、通知建立和管理分发群组。

自定义批示内容：为方便领导签署意见，预先设置批示内容，简化操作，避免重复工作。

6. 档案管理

文件归档主要由文件存档管理人员管理，案卷自动分为集团公司外部文件、集团内部文件和单位内部文件三类归档，所有文件自动归档、编号，档案内容包括了文件内容、各级部门收发文详情，以及文件当前的处理状态。用户可以根据需要打印文件批阅卡，卡片会自动将文件信息和各级批阅意见按照原纸质方式生成，方便用户纸质归档。同时还提供了收发文统计，为用户自动统计当年各类文件的收发数量。

（五）网站管理

受益于一站式平台便捷、完整、强大的集团公司数据后台，包括部门、人员、组织架构等，更适合快速搭建公司的业务平台、网站。如公司企廉网的文档、栏目等各项后台管理都由一站式平台直接维护，方便快捷，节省运维成本。

### （六）单点登录

无须再次进行身份验证，按照权限直接进入公司的主要管理门户和业务系统，包括干部在线学习系统、调度指挥综合管理系统、统计信息查询系统、煤炭销售公司数据决策、公路运输管理信息平台、供应物流信息管理系统、安全生产管理信息平台以及邮件系统和各分公司自有系统等，实现一站式管理。

### （七）短信服务

研发了独立的短信服务接口，将联通、移动的短信发布平台整合起来，在文件传阅系统的各个流程中均设置了短信通知选项，由用户选择是否发送短信，以便向集团公司各单位相关人员或单位内部相关人员发送短信通知。

### （八）UIS 通信工具

UIS 是一款类似于腾讯 QQ 的即时通信软件，是一站式信息平台的辅助通信工具，通过平台可实现一键登录，实现企业内部各组织机构成员之间高效快捷的沟通与交流，提高工作效率，加强企业信息安全。

### （九）移动办公平台

利用移动终端解决一站式平台异地和即时办公问题，是现有平台的移动版本，可在手机等智能移动终端上实现一站式信息平台的功能操作，进一步提升了平台的效率，实现了不限时间地点的集团一站式信息平台。

### （十）组织架构和系统管理

整个系统的后台支持管理部分，通过对机构、员工和角色数据库的维护为其他主要功能模块提供基础，按照角色权限不同，不同用户所能使用的功能块也不尽相同。

### （十一）系统帮助

完备的使用说明和系统帮助，从系统的界面结构，文件传阅的流程，常见错误解决办法，到配套的相关软件、字体以及使用文档、培训资料等，都可在系统上轻松获取。

## 六、平台创新点

（1）支持各分公司、单位内部部署实施，各层级单位通过少量设置即可将系统作为内部独立的一站式管理门户和办公系统，杜绝重复投资。

（2）为解决公司多级流转的需要，重新研究、设计流程，各单位从上级收文时可直接转入下一级流转，实现了文件、信息自集团公司——管理公司——矿处级单位——科区队四级流转无缝衔接，并记录每一层级流转过程中每个环节的分发、批阅情况，避免了文件重复存储，上下级不统一的情况。

（3）丰富、开放的系统接口，为整合各类生产管理信息、系统提供了可能，平台已集成数十家报表、管理系统界面，并且发掘潜力巨大，已成为集团公司最重要的管理门户。

（4）统一的办公系统规范了各级单位的收发文流程，且文件收发流程灵活适用，满足了集团公司和各级单位不同层次的办公需求，全面实现了无纸化办公，提高了集团管理能力和协同办公效率，为集团公司集约化、内涵式管理提供了强有力的支持。

（5）具有自主开发的优势，不仅消耗、费用低，还随时根据实际使用情况，在保证符合公司使用要求的基础上，多次从操作习惯、显示框架、数据存取方式、短信发送效率及功能模块设计等方面进行优化完善，不断提高系统的响应速度及亲和度。

## 七、实施效果

阳煤集团一站式平台上线运行两年多以来，已成为公司管理工作中不可或缺的部分，且经过数次的走访调研，积极收集、吸纳用户的建议和需求，利用自主研发的优势，不断增加内容、完善功能，获得了公司领导、员工的普遍好评。

随着该系统的运行，带来最直接的效益就是管理效率的提高，一站式信息平台打破了传统业务系统的壁垒，通过建立规范和标准的数据库，完成了对系统的集成整合，并能及时提供定性定量的数据分析报告，初步实现了集团管控、资源共享、辅助决策、提升安全水平和提高工作效率等目标。

截至目前，系统已覆盖全局179个产矿单位，集团用户共18717个，为集团公司及各单位发布文件通知4万余份，批、阅示量达到479万余次，接入各级系统235个，整合各类报表、管理界面40余个，达到了系统建设初期的目标，极大地提高了工作和管理效率。

一站式平台文件收发实现了全公司的无纸化办公，系统应用两年来，集团公司各级部门、单位收发文件均在网上进行，管理效率及准确性都得到了保证，不仅提高了办公效率，也节约了大量人力、材料成本，办公过程更加环保，极大地改善了公司跨区域、跨部门间的工作条件。同时可以在各单位内部应用实施，形成各自内部的文件传阅系统，取代已开发旧的办公系统，也免去了各单位未来开发办公系统的顾虑，杜绝重复投资，节省开发时间和费用。

## 八、结语

在信息时代，互联网作为新的生产工具，对于新型生产关系、商务关系、企业运作模式，必然产生颠覆性的影响。企业如何围绕互联网构建新型经营管理模式，成为迫在眉睫的一种战略性的事宜。一站式平台的建立，必将助推集团公司的生产关系、管理模式基于互联网的先进技术进行充分、深入的变革，也必将推动集团公司自动化、智能化矿山目标的实现。

阳泉煤业集团有限责任公司<br>山西省煤炭工业协会

# 专题九
# 矿山应急救援自身防卫创新在煤矿安全管理中的应用

- 矿山救护指战员自身防卫能力需要关注和提升
- 应急救援自身防卫实用技术的内容
- 积极推广应急救援自身防卫创新在煤矿安全管理中的应用

## 一、煤矿应急救援自身伤亡的统计分析

近年来，尽管我国在矿山安全管理及救援能力方面得到了较大提升，但在矿山救护指战员自身防卫能力提升方面，仍然没有得到改善。为了提高矿山救护指战员在实战中的自身防卫能力，避免矿山救护指战员在救援过程中的不必要牺牲，总结分析历年来发生的矿山救护指战员牺牲的事故案例，对提高救护队员自身防卫能力的发展研究方向具有重要的指导意义。

### （一）救护指战员自身伤亡的直接原因分析

根据对存在矿山救护指战员自身伤亡的救援事故统计分析发现，救援过程中，造成指战员伤亡的直接原因包括爆炸冲击、中毒、缺氧窒息、（热）疲劳衰竭、烧死、顶板垮落砸（埋）死等六个方面，各种死亡原因的事故次数及死亡人数如表9-1所示。

可以看出，在发生矿山救护指战员自身伤亡的124起救援事故中，爆炸事故占45.97%，中毒事故占33.87%，窒息事故占10.49%，其他事故所占比例小

于 10%；救护指战员死亡的主要直接原因依次为爆炸冲击、中毒、缺氧窒息，其中因爆炸冲击死亡的人数占 60.66%，因中毒死亡的人数占 27.64%，因缺氧窒息死亡的人数占 6.56%，而因其他直接因素死亡的人数比例不到 5%。

表 9-1 各种死亡原因的事故次数及死亡人数

| 死亡直接原因 | 事故起数 | 占事故次数比例(%) | 死亡人数 | 占死亡人数比例(%) |
| --- | --- | --- | --- | --- |
| 爆炸冲击 | 57 | 45.97 | 259 | 60.66 |
| （一氧化碳）中毒 | 42 | 33.87 | 118 | 27.64 |
| 缺氧窒息 | 13 | 10.49 | 28 | 6.56 |
| （热）疲劳 | 5 | 4.03 | 10 | 2.34 |
| 烧死 | 2 | 1.61 | 4 | 0.93 |
| 垮落被砸(埋) | 5 | 4.03 | 8 | 1.87 |
| 合计 | 124 | 100 | 427 | 100 |

在已发生的 7 起造成 10 名及以上矿山救护指战员自身伤亡的救援事故中，其中 6 起均因爆炸冲击波造成救护指战员死亡，死亡人数 81 人，仅有 1 起因中毒造成救护指战员死亡，死亡人数 12 人。

因此，在救援过程中，应尽量避免爆炸冲击、中毒及窒息对救护人员造成伤亡。

**（二）不同救灾作业类型对应的救护指战员自身伤亡事故次数及死亡人数所占比例**

从表 9-2 可以看出，在发生矿山救护指战员自身伤亡的 124 起救援事故中，发生救护指战员自身伤亡的救灾作业类型依次为矿井火灾救援、瓦斯爆炸事故救援、火区封闭、火区启封、瓦斯排放、瓦斯突出事故救援及其他作业类型。其中，矿井火灾救援、瓦斯爆炸事故救援、火区封闭三种作业类型造成矿山救护指战员伤亡的事故数量大于总事故数量的 85%；造成救护指战员自身伤亡人员数量最多的救灾类型依次为矿井火灾救援、瓦斯爆炸事故救援、火区封闭、火区启封、瓦斯突出事故救援、瓦斯排放及其他作业类型。其中，矿井火灾救援、瓦斯爆炸事故救援、火区封闭等三种作业类型造成矿山救护指战员伤亡的人员数量大于救护指战员伤亡总数量的 80%。

表 9-2　各种煤矿井下救灾类型发生救护指战员伤亡的事故次数及死亡人数

| 救灾作业类型 | 事故起数 | 占事故次数比例(%) | 死亡人数 | 占死亡人数比例(%) |
| --- | --- | --- | --- | --- |
| 矿井爆炸事故救援 | 31 | 25.00 | 109 | 25.83 |
| 瓦斯突出事故救援 | 5 | 4.03 | 17 | 3.98 |
| 矿井火灾事故救援 | 51 | 41.13 | 167 | 39.10 |
| 冒顶事故救援 | 2 | 1.61 | 3 | 0.70 |
| 矿井水灾事故救援 | 1 | 0.81 | 5 | 1.17 |
| 火区封闭 | 14 | 11.29 | 76 | 17.80 |
| 火区启封 | 6 | 4.84 | 18 | 4.22 |
| 瓦斯排放 | 6 | 4.84 | 12 | 2.80 |
| 采空区封闭 | 1 | 0.81 | 6 | 1.40 |
| 其他作业 | 7 | 5.64 | 14 | 3.27 |
| 合计 | 124 | 100 | 427 | 100 |

在已发生的 7 起造成 10 名及以上矿山救护指战员自身伤亡的救援事故中，其中 3 起因矿井火灾救援造成，死亡人数 33 人；2 起因瓦斯爆炸事故救援造成，死亡人数 22 人；2 起因火区封闭造成，死亡人数 38 人。

因此，为提高矿山救护指战员自身防卫能力，保护救护指战员的安全，应重点防范煤矿瓦斯爆炸事故救援、矿井火灾救援及火区封闭过程中发生再次爆炸，注重提高救护指战员在矿井瓦斯、火灾救援及火区封闭过程中的应急处置技能。

（三）导致事故扩大的事故原因分析

在矿井事故救援中，导致事故扩大的原因主要表现为违章指挥、违章作业、技术措施不当、装备落后失效、救护队员生（心）理素质低等五个方面。据不完全统计，1949 年至 1999 年期间发生救护队自身伤亡的救援事故 218 起，造成 457 名矿山救护指战员死亡。导致事故扩大的原因如表 9-3 所示。不同原因造成的矿山救护指战员自身伤亡事故次数及死亡人数所占比例如表 9-3 所示。

表 9-3　1949—1999 救护队自身伤亡事故统计

| 事故扩大原因 | 救护队伤亡事故次数 | 每种原因死亡人数占百分比（%） |
| --- | --- | --- |
| 违章指挥 | 13 | 12.47 |
| 违章作业 | 145 | 47.27 |
| 技术措施不当 | 26 | 14.44 |
| 装备落后失效 | 26 | 22.32 |
| 救护队员素质低 | 8 | 3.5 |
| 合计 | 218 | 100% |

可以看出造成事故扩大次数最多、救护指战员伤亡数量最多的原因依次为违章作业、违章指挥、技术措施不当、装备落后失效、救护队员生（心）理素质较低。其中，受灾矿井领导违章指挥造成救护指战员伤亡事故 12 起，死亡人数占总死亡人数的 12.36%；救护指战员技术、组织措施不当 26 起，死亡人数占总死亡人数的 15.10%；救护指战员违章作业 138 起，死亡人数占总死亡人数的 47.37%；受当前技术、装备限制造成救护指战员伤亡事故 23 起，死亡人数占总死亡人数的 21.51%；指战员身体素质差造成抢险救灾中自身伤亡 8 起，死亡人数占总死亡人数的 3.66%。

在已发生的 7 起造成 10 名及以上矿山救护指战员自身伤亡的救援事故中，其中 4 起涉及违章指挥，造成 61 名救护指战员死亡；3 起涉及技术措施不当，造成 34 名救护指战员死亡；2 起涉及违章作业，造成 36 名救护指战员死亡。

因此，为提高矿山救护指战员自身防卫能力，保护救护指战员的安全，应重点防范事故救援中发生的违章作业与违章指挥，从技术管理上有效控制违章指挥和违章作业等原因造成救护指战员自身伤亡。

## 二、煤矿安全管理中应急救援自身防卫现状及问题

应急救援一般是指针对突发、具有破坏力的紧急事件采取预防、预备、响应和恢复的活动与计划。应急救援工作处处存在着危险性，应急救援工作本身就是一种危险的工作，作为救援指战员面对危险必须做好自身防卫工作。

应急救援自身防卫是指在应急救援中，应急救援人员自身防范、自身保护、自身保卫的意识和行为，通过"自身"积极的"防卫"作用，控制危险因素的萌芽和发酵，实现安全救援、实现科学救援。应急救援过程应坚持"以人为本、安全第一、生命至上"的科学施救理念，掌握应急救援自身防卫技术是每个救护指战员义不容辞的责任和义务。

根据救援过程的先后顺序对救援工作进行如下分类："救援之前""救援之始""救援之中""救援之后"，其四过程是相辅相成、密不可分的。应急救援自身防卫应贯穿于应急救援全过程，包括之前的防卫、之始的防卫、之中的防卫和之后的防卫。应急救援自身防卫从其理论概念入手，阐述其在矿山应急救援中的重要作用，分析其面对的主要危险因素、需要具备的安全意识，列举需要具备的施救防线和各项保障措施，研究其应配备的救援装备。特别是应急救援自身防卫的实战应用，更需要从全新的、独特的自身防卫视角入手，以自身防卫中的"安全关口"为关键切入点，多场面、多情景、多方位地聚焦镜头，紧跟着自身防卫的进程自动导引，灵动的变焦镜头紧贴着应急救援自身防卫的各个场景，穿梭于三维、四维、五维等多维时空场景中，并对其进行全方位的扫描、关键部位的解剖、深层次的分析，采用事件描述、事件评论、人物对话、内心描写、思想特写、情景衬托等描述手法，通过言论防卫、思想防卫、方案防卫、高帽防卫、措施防卫、装备防卫、防护防卫、数据防卫、攻守防卫、警报防卫等防卫手段在应急救援中的具体应用分析，把自身防卫实战应用的方法、技巧、战术、策略和装备等活灵活现地呈现出来，作为应急救援工作中防卫自身安全的防护屏障和实用武器，使救护指战员在应急救援实战中能够活学活用、得心应手、防护得当、战无不胜、自主保安。

## 三、应急救援自身防卫实用技术在煤矿安全管理中的应用

应急救援是矿山安全生产工作的最后一道保障线，煤矿事故主要以一通三防为主。事故一旦发生后，要想实现井下安全救援，防止事态扩大和避免救援人员伤亡，就必须进行科学决策和救援，在保护遇险人员安全的同时，确保抢险人员的自身不受伤害。这就需要合理地运用各种技术手段，防止违章指挥、违章操作带来的危害。

## （一）应急救援自身防卫的概念

应急救援自身防卫是指在应急救援中，应急救援人员自身防范、自身保护、自身保卫的意识和行为，通过"自身"积极的"防卫"作用，控制危险因素的萌芽和发酵，防止救援人员自身伤亡等次生事故的发生，实现安全救援、科学救援。自身防卫是参加救援工作的每一名救援人员义不容辞的责任和义务。应急救援自身防卫简称"自身防卫"或"应急防卫"，应急救援自身防卫在不同的救援进程中，采用对应的防卫技术与措施。

从广义来讲，凡是能保障自身安全的防卫，全属于自身防卫，如数据防卫、装备防卫、案例防卫、人数防卫、侦察防卫、言论防卫、检测防卫、工具防卫、提问防卫、定性防卫、否定防卫、转移防卫等，都是自身防卫在实战中的具体应用。

## （二）应急救援自身防卫内涵

应急救援的安全工作很大程度上要靠应急救援人员的自身防卫实现，应急救援自身防卫包含四层意思。

一是"应急救援"，应急救援一般是指针对突发、具有破坏力的紧急事件采取预防、预备、响应和恢复的活动与计划。应急救援工作处处存在着危险性，应急救援工作本身就是一种危险的工作，作为应急救援指战员，面对危险必须做好自身防卫工作。

二是"自身"，自身是主体，防卫的关键要靠自身，防卫的最后一道防线是自身，防卫失误的受害者是自身，做好防卫的受益者也是自身。必须提高自身防卫的积极性，认识到自身在防卫工作中的重要作用，才能做好自身防卫工作。自身既包括救援者自己，又包括救援队伍自身，还包括协助救援的"他人"。

三是"防"，防是指防护，就是防护救援环境的安全隐患，采用个人防护装备防止救援环境中的危险源对自身的伤害；采取自身防卫对策来控制救援环境危险源对自身的伤害。

四是"卫"，卫就是保卫、捍卫、保护，就是进行保护使不受侵犯或损害。在救援工作中，面对一切对救援人员自身安全有威胁的因素，都需要保卫，保卫自身安全，每个救援指战员都有责任。

防卫是一个动词，防是被动保护，称作防护；卫是主动保护，称作保卫。

自身防卫的对象包括防卫自己、防卫战友、防卫队伍、防卫他人。广义来讲，应急救援隐患危险区域的救援人员自身，既是自身防卫的主体，又是自身防卫的目标对象。

自身防卫面对的主要危险因素包括防卫不安全理念支配的行动发生、防卫人的不安全行为发生、防卫物的不安全状态形成、防卫违章指挥的萌芽和言论。

应急救援的安全防御主要靠自身防卫实现，自身防卫是应急救援安全保障的主要方式，自身防卫是应急救援安全保障的必经之路。

**（三）应急救援自身防卫的分类**

以应急救援工作为中心，按照自身防卫相对于应急救援工作的时空关系，应急救援自身防卫可分为"之前的防卫""之始的防卫""之中的防卫""之后的防卫"四大类，相应地，矿山应急救援自身防卫实用技术也按照这四个时空性分类对应地进行研究。

**（四）应急救援自身防卫实用技术**

应急救援自身防卫是应急救援人员从事应急救援工作最后的一道安全保障方法，也是救援人员最主动的一道安全保障方法。

应急救援自身防卫能否在应急救援安全工作中发挥重要的作用，关键是唤醒救援人员应急救援自身防卫的意识，促使救援人员主动掌握应急救援自身防卫的技术，推进救援人员积极运用应急救援自身防卫技术，才能及早预知应急救援工作中的隐患，及时启动自身防卫意识进行防卫，主动掌握自身防卫方法进行针对性防卫、积极主动性防卫，把应急救援自身伤亡事故防卫在萌芽状态。

1. 之前的自身防卫

之前的自身防卫就是救援方案实施前的自身防卫。之前防卫是之始防卫的前提和基础。

（1）加强教育管理。

①加强警示教育，增强救护队员的安全防护意识。

②做情绪的主人，培养高度的自制力。

③培养救护指战员坚韧不拔的意志，在艰难困苦中求生存。

④强化模拟训练，提高实战安全技能。

⑤完善管理制度，规范作战指挥程序。

（2）建立应急救援保障措施。完善的应急救援保障措施是应急救援能够成功开展的前提，在正式开展救援前，应建立完善的应急救援保障措施，尽可能配备性能先进、安全可靠的应急救援器材。加强对器材装备的维护保养，定期组织对个人防护装备进行全面检查，始终保持应急救援装备处于最好的战备状态。

（3）制定科学合理的救援方案。

①灾情分析对制定科学合理的救援方案十分重要。矿井发生灾害事故后，必须首先组织矿山救护队进行灾区侦察，探明灾区情况。救援指挥部应根据灾害性质，事故发生地点、波及范围，灾区人员分布，可能存在的危险因素，以及救援的人力和物力，制定抢救方案和安全保障措施。

②不轻信个别专家言论，科学分析才能制定出科学的救援方案。专家言论对救援方案的形成至关重要，特别是制定方案前对灾区情况的分析，决定着对灾区风险大小的认同、决定着救援方案的安全保障措施，决定着执行过程中救援人员的人身安全。所以，实战指挥员一定要做好方案制定之前的言论防卫工作。通过言论防卫化解方案风险，制定出能确实保障安全的救援方案。

③制定应急救援方案应从实际出发，切忌纸上谈兵。自身防卫是思想意识和行动的有机统一，自身防卫不仅要从方案、技术、装备及行动上进行积极防卫，而且也要从舆论上积极防卫，防卫高谈阔论、防卫不切实际的纸上谈兵带来的风险，防卫由于不符合灾情实际的"理论推断"使应急救援误入歧途。

④方案制定应汲取案例教训。案例是最好的教范，失败的救援方案必须摈弃，成功的救援经验值得学习借鉴，发生自身伤亡的救援方法必须抛弃。实践是检验真理的唯一标准，案例是经过实践检验过的真理，故案例最有说服力。经典案例是进行"案例防卫"和"气场防卫"的有力武器，是制定方案的很好依据，也是营造有利于自身防卫气场的有力武器。

如在一次重大瓦斯爆炸事故现场救援中，实战指挥员面对复杂灾情，面对不恢复通风冒险救援的危险行动，为能实现及早恢复通风，积极实施"建议防卫"，立即向指挥部领导建议："1400多米的灾区，应该先恢复通风，再搬运遇难人员，这样又快又安全。"

此建议一提出，该矿总工立即回应："恢复通风太难了，打闭墙太费事了。"衔接矿长马上接应："建筑一个闭墙就得用两个班！这么多闭墙倒了，短时间根本建不起来。"紧接着，通风部领导接应道："现在哪能顾上恢复通风？！先往出抬人吧。"30多人七嘴八舌乱发表意见，大家你一言，我一语，全都反对实战指挥员提出的及早恢复通风的建议。

现场最高指挥面色凝重而坚定地说道："不能恢复通风！恢复通风至少要两天，先往外抬人。"态度坚决，语气不容商量。

实战指挥员紧张地思考着，如何才能营造一个强大的气场进行自身防卫。同时，心中既急又忧，急的是及早恢复通风的建议全都极力反对，形成了极大的反对气场，建议难以被采纳；忧的是如果冒险救援，灾区长、危险大、任务重、效率低，肯定会造成救援进展慢、救援工作量大、救援人员自身伤亡的后果。观此情境，不辨明观点，不讲清利害，不营造对应的气场进行"气场防卫"，一般建议很难采纳。

什么建议不会遭到反对呢？什么建议能营造对应的强大气场呢？

事实经过了实践检验，事实就是真理；案例是事实，失败的案例是事实的教训；案例与理论和推理不同，不存在争议和不同观点。

于是，实战指挥员马上采用"案例防卫"和"气场防卫"方法，首先讲了两个有失败教训的案例："D矿瓦斯爆炸，600米灾区不恢复通风，2个大队9个小队往外搬运遇难者，由于灾区条件困难，刚运出一具遇难者，就有1名救援人员中毒倒下，时间不长就倒了十多人，造成了灾情扩大的后果。"事实的教训形成了一种强大的气场压力，这种气场压力迫使大家无法反抗，无法提出反对意见，同时，防卫气场还具有引力场的作用，吸引着在场领导饶有兴致地继续听下去。接着，实战指挥员又镇定地讲了第二个案例："1990年洪洞S矿瓦斯爆炸，全省组织了十多个救护队，250多名指战员抬运遇难者，不恢复通风，造成L队1名队员牺牲。"

这时，案例的教训形成的强大气场压力无形中渗入在场领导的心灵深处，使心灵受到震撼，大家迷茫和急躁的情绪逐渐冷静了下来，理智逐步在恢复，救援安全的砝码在明显增加。"案例防卫"和"气场防卫"初见成效，冒险搬运的违章指令被停止执行了。继续深入辨析道："1400米的灾区，比以上两起事故的灾区路程都长，只有我们这几个队，相比之下，力量不足，若不及早恢复通风，很难安全运出遇难人员。"接着对灾区现状和将会产生的严重后果又进行了科学有效的分析："爆炸会消耗一部分瓦斯，如不及早恢复灾区通风，瓦斯会不停地积聚，浓度会越来越高，灾区会越来越危险；多人作业极易产生撞击火花，如担架碰撞障碍物、冒落岩石撞击等因素都有可能产生撞击火花，万一引爆积聚的瓦斯，灾区内外上百人工作，会发生多人伤亡事故，后果要比第一次爆炸严重的多得多！我们能这样干吗？"

这是一个很好的"提问防卫"，面对不及早通风造成的严重后果，让领导们选择能这样干或不能这样干。经过实战指挥员积极采用"案例防卫"和"气场防卫"，最终采用了及早恢复通风的救援方案。

⑤方案制定必须科学分析，决不可盲目蛮干。在遇到领导提出的违章指挥方案、存在风险的方案、实施具有危险的方案时，为了否定危险方案，实战指挥员可以进行科学的定性推理，推演出适得其反的结论，以全面否定危险方案，及时制止危险方案的实施。

如在2001年Y矿自燃发火的应急救援工作中，就成功制止了含硫煤体洒水复燃的危险方案。

当时，该火区已封闭近3个月，参加启封方案论证会的有救护队指挥员、矿各级领导20多人。有一名指挥员和该矿工程师提出的方案是：自燃发生在大巷上部5米的支巷中，可以佩戴呼吸器拆除该巷口的永久闭墙，进入到着火地点洒水直接灭火。

实战指挥员经过翔实的调研分析，认为以上方案实施有危险。接着采用"推理防卫"，否定其提出的含硫煤体洒水的危险方案。实战指挥员沉着冷静地说道："这儿是含硫煤层，最怕见水。含硫煤层遇水就会发生水解，一水解就会发热，一发热就会着火。着火地点洒水，煤体不可能一直泡在水中！所以说在这儿的煤体上洒水不是灭火，而是去点火！"通过实战指挥员积极的自身防卫，最终否决了该危险方案，采取了安全的注浆灭火方案。

2. 之始的自身防卫

之始的自身防卫就是开始实施应急救援时的防卫，主要是指接受救援任务时的自身防卫工作。之始的自身防卫是之前防卫的继续，是将不利的危险行为消除在萌芽状态，救援人员要机智地应用自身防卫战略战术，截断危险方案传递实施的链条，把危险方案转变为安全的救援方案。之始防卫是之中防卫的保障和关键所在。

在接受救援任务时，必须做好"方案防卫"，面对危险的方案，必须及时防卫、及时阻止、及时否定，并根据灾情制定出切实可行的安全方案。

(1) 接受任务不盲目执行，对错误方案积极纠正。自身防卫是一项系统工程，贯穿于应急救援工作全程，特别是接受任务时的自身防卫尤其重要。危险救援方案的任务接受后，就增加了执行的危险性，所以在接受任务时，就必须机智勇敢地做好自身防卫工作，把违章指挥的危险救援任务机智灵活地弃置。

如在 DD 矿瓦斯爆炸火灾救援中，救援人员通过实察得知，主要通风机已经毁坏停止运行，进风斜井浓烟滚滚向外涌出，救援人员无法进入。但相关领导救人心切，安排救护队立即下井搜寻被困人员。实战指挥员知道任务无法完成，随即防卫道："我们刚查看了进风斜井情况，斜井内浓烟滚滚，伸手不见五指，一点儿也看不到路，无法进入。"领导们听后议论片刻，继续安排道："你们视线不清无法进入没有关系，你们可以先坐到斜井人车中，再让矿上派人开动绞车，把斜井人车直接放到井底就可以了。"实战指挥员明知这个任务无法安全完成，立即采用"接受任务反派更难任务"的战略战术进行"攻守防卫"，冷静地说道："我们坐斜井人车下可以，但是如果人车运行中脱轨落道怎么办？我们全不会上道，万一落道就会上不来、下不去，就很危险了！你给找一个能上道的专业人员一起下吧。"本例中通过指挥员机智勇敢的"攻守防卫"，制止了危险方案的实施，实施了先恢复主扇通风的安全救援方案。

(2) 无安全技术措施不盲目执行。安全技术措施是应急救援工作实战操作的书面文件，其制定审核经过了层层把关。措施作为实战操作的规定性文件，实战操作必须做到措施到手、认真学习、严格把关、按规执行，才能消除违章风险，保障安全救援。

3. 之中的自身防卫

之中的自身防卫就是执行应急救援方案，完成应急救援任务过程中的自身防卫工作。"之中"的防卫主要是救援工作现场的防卫，要求救援指战员要根据救援进程和救援情况变化，及时调整防卫策略，并能做到面对紧急情况及时启动对应的防卫，才能及时防卫危险因素，实现安全救援。

(1) 个人防护装备防卫。个人防护装备既包括救援队员个人使用的氧气呼吸器，还包括小队装备中的备用氧气呼吸器、自动苏生器等。氧气呼吸器是救护指战员在灾区工作必备的个人防护装备，是维系救护指战员生命的第一要素。

①推广正压呼吸器。

②加强对氧气呼吸器的检查、维护和保养，使之经常处于完好状态。

③严禁不佩戴呼吸器的小队入井和不佩用仪器工作。

(2) 侦察数据防卫。侦察工作是探测未知灾情的有效手段，未知灾情存在很大未知危险和未知隐患，所以在侦察过程中，每一名侦察人员必须对未知危险时刻关注，自身防卫贯穿侦察工作全程。对关键数据的检测必须全程防错，稍有疏忽就会酿成危险后果。

灾区侦察一直贯穿矿山应急救援全程，救护指战员必须对灾区进行侦察，以了解灾情，探明危险因素与危险源，为救援决策提供参考。侦察小队应根据需要携带必要的救援装备，进入灾区前与基地指挥员和待机小队约定返回时间与路线，侦察期间用灾区电话保持联系。

4. 之后的自身防卫

之后的自身防卫包括救援结束之后进行的防卫和阶段性救援结束之后进行的防卫。在救援结束之后的一段期间内，特别是救援结束之后的短时间内，要防卫对救援工作的不利言论，防卫好救援成果；在阶段性救援结束之后的短时间内，既要防卫对救援的不利言论，又要做好下一阶段救援开始之前的自身防卫，所以说，阶段性救援结束之后的自身防卫尤其重要，是一个承上启下的防卫。之后的自身防卫绝不能放松警惕，毫不设防就会引来攻击，稍一疏忽就会给下一阶段救援带来危险、留下隐患。

(1) 防卫不利言论，保护救援成果。在危险的救援工作全程，必须应对灾情积极实施自身防卫工作，才能保障安全救援。但在救援结束之后的一段期间内，特别是救援结束的短时间内，也须自身防卫，绝不能放松警惕，毫不设防就会引来攻击，要防卫对救援方案的不利言论，要防卫好救援成果。

舆论既可以是提振信心的力量，也可以是击垮神经的犀利一刀。成熟的舆论往往能把劣势转化成优势，把优势提升到更高的等级。在矿山事故救援中，我们需要成熟的舆论来引导民众关注的焦点，抚慰人们的焦虑情绪，从而将舆论打造成为一支救援力量。

要注意舆论引导，及时客观地报道事故救援情况。主流媒体形成一种声音，小媒体也能理性发声，这无疑将给救灾增添一份人性温暖。成熟的舆论应该在事故救援中发挥正面积极的作用，把实时数据、救助力量、可能遇到的困难以及出现的可能结果等尽可能客观地向国民披露，这不仅彰显自信，还体现对国民的关怀。每个人都有权利知道我们的受难同胞的处境，故意隐瞒只能造成恐慌和无理猜测，从而制造成大的舆论灾难。

任何矿山安全事故，都是棘手的公共突发事件，成熟的舆论不会造成恐慌和流言，不会对救援人员产生负面影响。

(2) 指战员修养与心理防卫。救护指战员是救援的执行者，在矿山应急救援中起着至关重要的作用。救护指战员的身心健康与否直接决定应急救援能否成功。

①培养高度稳定的心理素质。在复杂多变的灾害现场，救护指战员的情绪表现出多样性，救护队员常常由于过分紧张而失去平衡，造成心理不稳定，常常表现为紧张、畏惧和恐慌。

②培养顽强拼搏的心理素质。新时期的矿山应急救援要求救护指战员要有更高的意志力和技能素质。救援现场的一些特殊情况，常常使参战人员的精神、心理、身体上承受巨大负荷，从而减弱了参战人员的战斗意志，导致士气低落和战斗力下降。

③培养善于仔细观察、具有坚定意志和良好的心理素质。要有细致的观察力、思维的独立性和敏捷性。根据矿山救护队的性质和工作特点，救护指战员应具有自觉性、果断性、自制性、独立性等良好的意志品质。

## 四、积极推广应急救援自身防卫创新在煤矿安全管理中的应用

在矿山应急救援中，为了筑牢自身防卫的最后一道安全关口，给救援人员增加一层重要的自身安全保障，把违章指挥、违章作业等威胁到救援人员自身安全的"敌人"消灭在萌芽阶段，应加强对矿山应急救援自身防卫管理研究和推广，并促使研究成果在救护队管理现代化及日常培训演练与救灾实战中的应用，尽快提升救援人员的自身防卫能力，使救援人员能够牢固树立自身防卫意识、熟练掌握自身防卫方法，并且能积极应用自身防卫技术，从而更加有效地保障救援人员的自身安全。具体措施建议如下。

（一）促进应急救援理念的转变，提高救援人员的自身防卫意识

培养救援人员的自身防卫意识特别重要，如果缺乏自身防卫意识，面对危险隐患时就不能及时进行自身防卫。同样，掌握必需的自身防卫方法也很有必要，只有防卫合理，才能充分发挥自身防卫的重要作用。

（二）完善应急救援自身防卫理论

应急救援自身防卫理论作为一个为救援安全实践而新开发的理论体系，首先要在应急救援行业内得到救援指战员的认识、接受和掌握，专业刊物、专业

书籍必须逐步完善其理论体系建设，还必须得到各位同仁、专家学者、救援指战员的积极参与，并谈论和完善。现在应急救援自身防卫已经在《矿山应急救援实用技术》（煤炭工业出版社）中的"第六章 应急救援自身防卫"，作为专章论述，并且编辑出版了《应急救援自身防卫实战应用》配套单行本。在《矿山救护》2014年第6期和2015年第6期的研究探讨专栏发表了《应急救援自身防卫实战应用》论文，得到了同仁的关注和参与研讨。

### （三）规程条例做出相关规定，依法防卫更加扎实有效

矿山救援的相关规程条例应把应急救援自身防卫编入其中，明确其责任义务，作为救援指战员学习掌握的法律法规，做到依法自身防卫才能更加有效地保障救援人员的安全。

### （四）鼓励研发与推广先进的矿山救援仪器装备

研究与推广佩戴舒适型的个体防护装备，提高防护装备抗高温、抗爆炸冲击的能力；研究与推广适用性强的灾区远距离侦测仪器装备；研究与推广井下远距离灭火系统，井下灭火机器人，远控式智能密闭及启封装备；完善矿山应急救援平台，加强平台的可靠性与智能决策能力，促进矿山应急救援平台的推广应用。这些都是提高应急救援自身防卫的装备保障和有效手段。

### （五）推广使用救援机器人可以为应急救援自身防卫增加一层安全保障

救援机器人可以代替救援人员从事一些危险性比较高的救援工作，特别是在灾害初期侦察过程中，灾区危险程度未知，瓦斯爆炸参数不明，甚至爆炸三要素已在爆炸区间等高危情况下，代替救援人员进入灾区探察，就可以在很大程度上提高救援人员的安全性。积极研究推广使用救援机器人开展危险的救援工作，就可以为应急救援自身防卫再增加一层安全的保障。

### （六）通过交流、培训及演练，提升救援人员的自身防卫能力

每年矿山救护队员资格证培训、省级组织的中小队指挥员培训、国家局组织的大中队指挥员培训，都是一个很好的交流提高平台，在这些培训班中进行面对面的讲授交流自身防卫经验，更容易使大家领悟掌握。

救援队伍在开展应急演练工作时，可以把自身防卫编入其中，对于救援指

挥员来说，可以把自身防卫编入情景案例的桌面推演中，通过演练培养提高指挥员应对来自事故矿井领导、上级领导等多方面的违章指挥的自身防卫能力。

（七）积极防卫责任重于泰山，自身防卫才能安全有效

应急救援中的违章指挥、违章作业等危险隐患以前存在、现在存在、将来也绝对不可能彻底消除，应急救援中的危险因素永远难以消除。实现安全救援，避免自身伤亡事故的发生，自身防卫不可或缺，这是每名救援人员责无旁贷的重要责任，也是其重于泰山的责任，只有在预知到救援危险隐患时，依靠管理体制的推进作用，积极进行应急救援自身防卫，才能安全有效地完成应急救援任务。

阳泉煤业（集团）有限责任公司矿山救护大队<br>山西省煤炭工业协会

# 阳泉煤业（集团）有限责任公司矿山救护大队简介

阳煤集团矿山救护大队隶属于阳泉煤业（集团）有限责任公司，基地位于山西省阳泉市北大街桃北西路矿区子沟，处于阳煤本部的中心位置307国道旁。

阳煤集团矿山救护大队于1952年4月27日组建，是我国建队最早的矿山救护队之一，全队在册301人。实行大队、中队、小队三级军事化管理体制，现有6个中队，1个技术装备队，5个职能科室。担负着阳煤集团各个生产矿井的应急救援任务，是国家认证的一级资质矿山救护队。

建队60余年来，阳煤集团矿山救护大队的救援足迹遍布长城内外，为阳煤集团、省内外各大型和特大型煤矿及地方、乡镇煤矿的应急救援工作做出了显著贡献。共参加抢险救灾3800余起，历经多次险恶灾害事故，为国家和企业挽回13多亿元的财产和资源损失。在大同老白洞矿、唐山大地震、西山杜儿坪、洪洞三交河、寿阳东湾矿、河津、小房沟矿、华晋焦煤王家岭矿透水事故等抢险救灾中屡建功勋。

# 附录一
# 中煤平朔集团有限公司
# 2015年社会责任报告

- 以社会责任报告为平台，听取社会各界意见
- 增进沟通互信，全面推动中煤平朔集团
- 社会责任的管理和践行

---

平朔集团有限公司是中国中煤能源集团有限公司的核心企业，是我国目前规模、资源回收率等多项指标位居全国领先水平的露井联采特大型煤炭生产企业，是我国千万吨级矿井群最集中的区域。现已拥有3座年生产能力2000万吨以上的特大型露天矿，3座生产能力千万吨级的现代化井工矿，年入洗能力1.25亿吨的6座配套洗煤厂，总运输能力1亿吨的4条铁路专用线。截至2015年年底，企业拥有在册职工12523人，资产总额635亿元，累计生产原煤12.58亿吨，外运商品煤9.81亿吨，累计缴纳税费641亿元。

平朔矿区的开发建设，得到党和国家领导人的高度重视和亲切关怀。20世纪80年代初，作为国家引进外资和改革开放的试验田，邓小平同志8次过问平朔安太堡项目，李鹏同志5次视察平朔矿区并亲自为安太堡项目开工剪彩。胡耀邦、江泽民、万里、乔石、李瑞环、张德江、宋平、邹家华等党和国家领导人先后视察平朔矿区。1987年，中美合作的安太堡露天煤矿建成投产，推动中国煤炭工业露天开采技术一步跨越30年，被誉为中国改革开放的"试验田"。2006年建成投产的平朔安家岭项目，是我国自行设计、施工和管理的大型现代化煤炭项目，首创露井联采模式，被誉为中国煤炭工业的新标杆。2009年开工建设的平朔东露天矿首次引入全球最

大的半连续工艺技术，开创了我国绿色开采的先河。2010年，中煤平朔公司原煤产量首次突破亿吨大关，建成我国首座单一的露井联采的亿吨级矿区。2012年，公司实行集团化运作，同年实现利税双过百亿，经营业绩居中央企业前列。

如今，中煤平朔公司正以"建设具有较强国际竞争能力的清洁能源供应商"为崇高使命，紧扣"资源型经济转型"这个改革主题，建设煤炭、电力、煤化工、生态四大产业，发展循环经济，构建安保型、科技创新型、绿色生态型、文化引领型、人本和谐型的"五型"社会责任模式。2015年，在清洁开采、安全管理、开源节流、科技创新、转型发展、生态治理、民生福祉等方面，做出了新努力，取得了新成就，主要体现在以下几个方面。

## 一、致力于绿色清洁开采，强化煤质管控，降低环境污染，履行企业环境保护责任

2015年，中煤平朔公司严格遵循国家"节约、清洁、安全"的能源战略要求和中煤集团提升优质煤的能源发展部署，快速建立了煤质管理机构，出台了一系列管理制度和考核办法，严把生产组织、外购配煤、洗选加工、装车外运等每道环节，加强煤质管控，降低环境污染。通过科学生产、优选优配，全年生产优质煤3757万吨，综合优质煤比例达56.98%，同比提高6.88个百分点，超中煤集团考核指标8.68个百分点，增加收入3.4亿元，在中煤集团半年度煤质管理考评中获A级。同时，加强节能减排的管控力度，全年万元产值（2010年可比价）能耗为0.161吨标煤/万元，单位产品能耗为3.69千克标煤/吨，实现节能量18.5万吨标煤；化学需氧量（COD）排放量为25.24吨，氨氮含量（$NH_3-N$）排放量为0.508吨，二氧化硫排放量为306.77吨，氮氧化物排放量为217.19吨，无环境污染事故发生。各项节能减排指标均在中煤集团和政府部门下达的控制指标内。目前已编制完成"十三五"节能环保规划和"节能节水、降本增效"实施方案（2015—2017年）；完成了中煤集团能源管理体系建设试点工作和平朔公司能源初始评审报告、能源管理体系文件、能源管理手册，各用能单位通过了认证机构的现场审核，并已取得认证证书。

## 二、致力于安保型企业建设，强化安全管理，保障员工生命和企业财产安全，履行企业安全生产责任

中煤平朔公司以安全质量标准化和隐患排查治理为抓手，以人的行为标准化为落脚点，紧盯重点时段、重点部位、重点环节、重点人群的安全管理，杜绝了安全生产责任事故，企业百万吨死亡率为 0.0222，继续保持行业领先水平。2015 年自产原煤 7663 万吨，实现了"零死亡"目标，5 座生产矿井全部通过朔州市标准化验收，并上报山西省煤炭工业厅。

一是安全管控见到实效。逐级签订了责任状，实施了标准化、安全目标、风险抵押、安全管理、责任状兑现等多项安全考核制度，安全考核占比达到绩效总额的 35%；强化了隐患治理和风险预控管理，开展了分专业、分系统的季度隐患持表检查，及时查处各类问题 717 条；突出员工行为标准化建设，实施岗位安全红线、行为标准化考核，查处整改各类问题 2286 条。二是安全基础夯得扎实。投入 7.6 亿元用于安全改造及隐患治理；修订完善了 1 项应急综合预案、13 项专项预案、13 项现场处置方案，并组织一线员工应急演练 32 次；组织安全培训 44 期、培训 3559 人；完成 1215 名矿井从业人员的资格审查和考核发证工作；完成公司及安家岭矿、井工三矿安全生产许可证生产能力变更；开展了"平安一季度""警示三月行""安全生产月""百日安全"等专项活动，保持了安全生产持续平稳的发展态势。

## 三、致力于效益提升，强化开源节流、降本增效，减少经营亏损，履行企业经济发展责任

2015 年，中煤平朔公司面对持续下跌的煤市行情，不断深化改革，强化管理，深挖内潜，制定实施了"开源节流、降本增效"30 条措施，尽最大努力降低市场下行对企业生产经营的不利影响。

2013—2015 年，公司原煤单位生产成本分别为 124.49 元/吨、104.93 元/吨、88.44 元/吨；商品煤单位生产成本分别为 187.8 元/吨、164.95 元/吨、142.58 元/吨，2015 年生产成本达到 2007 年水平，一定程度上缓解了煤炭销售量价齐跌的不利局面。通过整顿外包队伍、外委业务，加大技术创新，盘

活现有资源，强化设备租赁管理和单耗控制等多项措施，全年同比降低成本费用 15.32 亿元，较预算降低成本费用 3.35 亿元；全年费用支出较预算降低 4.46 亿元，核减投资 1.41 亿元；全年较预算增加收入 3.35 亿元，其中优化产品结构较预算增加收入 2.55 亿元，盘活低效无效资产、回收废旧物资，创收 0.8 亿元。

## 四、致力于技术应用创新，强化科技支撑，提高企业科技创效实力，履行企业科技创新责任

中煤平朔公司坚持将科技创新作为挖掘生产潜力、提升经济效益、控制经营风险、促进企业发展的重要驱动力来抓。2015 年，通过科技创效节约费用 2.86 亿元，完成 17 件专利申请，其中 3 件发明专利、5 项科技成果分获中国煤炭工业协会科技进步一、二、三等奖；开展科技项目研发费加计扣除工作，抵免税额 2026 万元，5 年来累计抵免税额 1.5 亿元；有序推进重大重点项目，承担的国家发改委低碳技术项目《千万吨级高效综采关键技术创新及产业化示范工程》正在调试运行，国家"863 计划"项目《大型露天矿山半连续开采工艺系统和成套设备开发研制》目前处于设备制造阶段，《露天矿电动轮卡车架线辅助技术研究》设备改造安装工作基本完成，《矿用卡车制动能量再生及制氢混合动力装置》项目已完成回馈装置静态测试工作。

## 五、致力于转型升级，打造电力、煤化工产业标杆，履行企业供给侧结构改革责任

中煤平朔公司依托煤炭主业，大力建设坑口低热值煤电厂和劣质煤综合利用示范项目，就地消化矿区高灰高硫低热值煤资源，延伸产业链条，优化产业产品结构，做实供给侧结构改革，实现企业转型发展。结合矿区产业结构及煤质赋存的特点，努力建设 1000 万千瓦低热值煤发电基地。其中，平朔 2×660 兆瓦低热值煤发电项目采用了世界上单机容量最大的 660 兆瓦循环流化床锅炉发电机组，是适合平朔矿区煤质特点的国际首台燃煤 3000 大卡以下的电站锅炉，建成投产后年可消耗矿区低热值煤 510 万吨，实现煤、电效益的大力提升，这对推广低热值煤发电具有重大的示范意义。平朔安太堡

2×350兆瓦低热值煤发电项目采用直接空冷凝汽式汽轮发电机组，配置2×1190吨/小时超临界循环流化床锅炉，同步建设高效脱硫、脱硝装置，环保指标按照低排放标准设计。投产后，预计年燃烧低热值煤约287万吨，年效益达到3亿元左右。

正在建设的平朔劣质煤综合利用示范项目，将经济价值较低的高硫煤作为原料进行加工，生产出多孔硝铵、液化天然气等化工品。这些产品既可作为工业炸药的原料自行使用，为企业降本增效；又能在国家规定范围内向特定领域销售，提高企业效益。同时在改善周边环境、缓解就业压力等方面发挥积极作用。

## 六、致力于矿区生态建设，强化生态恢复，打造绿色和谐矿区，履行企业生态文明建设责任

中煤平朔公司将生态恢复治理与清洁生产、资源综合利用融为一体，做优矿区生态建设，努力打造绿色循环农业和黑色煤业并行的生态环境保护典范。近年来，以国家级矿山公园建设为契机，重点打造集生态农业种植、现代畜牧养殖、中草药种植、工业和休闲旅游为一体，在国内具有一定影响力的新型生态产业示范园区，如今已被当地政府确定为现代农业技术孵化园。目前，矿区土地复垦总面积3000万平方米，复垦率达90%以上，矿区周边造林4000多万平方米，排土场植被覆盖率达95%以上。平朔安太堡矿区生态建设及生态示范园已建成日光温室300座、智能温室1.6万平方米；配套建设了生态大道、人工湖景区、生态餐厅等景观设施，建成了平朔博物馆，丰富了矿业遗迹景观资源和历史文化积淀，在行业和区域生态文明建设中发挥了引领带动作用。

## 七、致力于民生福祉建设，强化共建共享，提升员工获得感，履行企业对员工应尽的责任

一是保障员工合法权益。平朔公司员工劳动合同签订率100%，养老保险和医疗保险参保率100%。为12141名员工办理了工伤保险，缴交工伤保险费1517万元；为工亡及工伤职工发放一次性补助金、伤残津贴、医疗费、抚恤金等753

万元；为3750名井下生产施工人员办理了井下意外伤害保险，缴交保费45万元。组织17058名在册职工和离退休职工健康体检、1649名职工职业病体检、2469名女职工妇女病检查；组织19名职工去北戴河中国煤矿工人疗养院进行肺部灌洗治疗，122名职工赴临潼康复疗养，454名职工赴南戴河健康疗养。同时帮扶慰问形成常态，全年帮扶慰问困难职工、劳模及工亡、归残、非因工死亡职工家属774人，帮扶慰问金额78.795万元；73名患大病职工得到大病医疗互助补偿97.9155万元。构建了"志愿为老服务联动体系"，定期为46户孤寡老人、困难职工、离退休老干部提供志愿服务。二是重视员工自身发展。举办了17个工种的职工技能大赛，并组织参加了中煤集团公司和山西省技能大赛，分获两个第一名和二等奖的历年来最好成绩。申报了国家通用工种10个293人、煤炭行业工种31个398人的职业技能鉴定工作，完善了技能鉴定管理体系，受到了国家技能鉴定中心的好评和表彰。组织开展了球类和拔河赛、演讲、书画摄影等28次，参加员工达4200余人。首次对5个主要生产板块和13家生产辅助、后勤服务单位的1078名班组长进行测评，组织理论考试41场，撰写诊断报告18份。

中煤平朔公司成立30年来，一直秉承"奉献国家、惠泽社会、幸福员工"的企业发展理念，引领企业健康可持续发展。企业通过了质量、环境、职业健康三标一体整合认证，成为我国煤炭行业第一家取得三标一体整合证书的企业。企业先后荣获全国优秀企业金马奖、金石奖、全国五一劳动奖状、全国厂务公开工作先进单位、全国思想政治工作优秀企业、全国百家文明社区示范点、全国依法生产先进煤矿、中国煤炭工业质量奖、全国煤炭工业科技进步十佳企业、全国国有企业创建"四好"领导班子先进集体、中国质量诚信会员企业、低碳发展突出贡献企业、煤炭行业AAA级国际信用企业、中华宝钢环境奖、特级安全高产高效矿井、中国最美矿山、全国节能先进集体、全国煤炭工业先进煤矿等多项殊荣。

2016年，中煤平朔公司将继续强化社会责任体系建设，努力推动社会责任工作再上台阶、再上水平。要确保企业安全生产、合规经营、减亏脱困、风险可控、和谐稳定。要将社会责任理念融入煤炭资源可持续开发和煤炭资源综合利用的每一个环节，保障社会责任的有效落实。要将社会责任管理与日常运营相融合，在制度建设、管理创新、生产经营中，融入社会责任理念，体现社会责任要求，推动社会责任目标实现；要将社会责任管理与企业可持续发展相融合，以"提供优质能源，引领行业发展，创造美好生活"为使命，追求企业自身发展与履行社会责任的有机统一。要更加自觉地践行创新、绿色、协调、开放、共享五大发展理念，培育发展新动力，构建循环经济模式，提高煤炭清洁高效利用水平，注重节能环保，更好地造福员工、回报社会、惠及民生。

山西省煤炭工业协会供稿

# 附录二
# 2016年煤炭工业相关政策辑要

## 国务院关于煤炭行业化解过剩产能实现脱困发展的意见

国发〔2016〕7号

各省、自治区、直辖市人民政府，国务院各部委、各直属机构：

煤炭是我国主体能源。煤炭产业是国民经济基础产业，涉及面广、从业人员多，关系经济发展和社会稳定大局。近年来，受经济增速放缓、能源结构调整等因素影响，煤炭需求大幅下降，供给能力持续过剩，供求关系严重失衡，导致企业效益普遍下滑，市场竞争秩序混乱，安全生产隐患加大，对经济发展、职工就业和社会稳定造成了不利影响。为贯彻落实党中央、国务院关于推进结构性改革、抓好去产能任务的决策部署，进一步化解煤炭行业过剩产能、推动煤炭企业实现脱困发展，现提出以下意见。

### 一、总体要求

（一）指导思想

全面贯彻党的十八大和十八届三中、四中、五中全会以及中央经济工作会议精神，按照"五位一体"总体布局和"四个全面"战略布局，牢固树立和贯彻落实创新、协调、绿色、开放、共享的发展理念，着眼于推动煤炭行业供给侧结构性改革，坚持市场倒逼、企业主体，地方组织、中央支持，综合施策、标本兼治，因地制宜、分类处置，将积极稳妥化解过剩产能与结构调整、转型升级相结合，实现煤炭行业扭亏脱困升级和健康发展。

（二）基本原则

市场倒逼与政府支持相结合。充分发挥市场机制作用和更好发挥政府引导作用，用法治化和市场化手段化解过剩产能。企业承担化解过剩产能的主体责任，地方政府负责制定落实方案并组织实施，中央给予资金奖补和政策支持。

化解产能与转型升级相结合。严格控制新增产能，切实淘汰落后产能，有序退出过剩产能，探索保留产能与退出产能适度挂钩。通过化解过剩产能，促进企业优化组织结构、技术结构、产品结构，创新体制机制，提升综合竞争力，推动煤炭行业转型升级。

整体推进与重点突破相结合。在重点产煤省份和工作基础较好的地区率先突破，为整体推进探索有益经验。以做好职工安置为重点，挖掘企业内部潜力，做好转岗分流工作，落实好各项就业和社会保障政策，保障职工合法权益，处理好企业资产债务。

（三）工作目标

在近年来淘汰落后煤炭产能的基础上，从2016年开始，用3至5年的时间，再退出产能5亿吨左右、减量重组5亿吨左右，较大幅度压缩煤炭产能，适度减少煤矿数量，煤炭行业过剩产能得到有效化解，市场供需基本平衡，产业结构得到优化，转型升级取得实质性进展。

二、主要任务

（四）严格控制新增产能

从2016年起，3年内原则上停止审批新建煤矿项目、新增产能的技术改造项目和产能核增项目；确需新建煤矿的，一律实行减量置换。在建煤矿项目应按一定比例与淘汰落后产能和化解过剩产能挂钩，已完成淘汰落后产能和化解过剩产能任务的在建煤矿项目应由省级人民政府有关部门予以公告。

（五）加快淘汰落后产能和其他不符合产业政策的产能

安全监管总局等部门确定的13类落后小煤矿，以及开采范围与自然保护区、风景名胜区、饮用水水源保护区等区域重叠的煤矿，要尽快依法关闭退出。产能小于30万吨/年且发生重大及以上安全生产责任事故的煤矿，产能

15万吨/年及以下且发生较大及以上安全生产责任事故的煤矿，以及采用国家明令禁止使用的采煤方法、工艺且无法实施技术改造的煤矿，要在1至3年内淘汰。

（六）有序退出过剩产能

1. 属于以下情况的，通过给予政策支持等综合措施，引导相关煤矿有序退出

——安全方面：煤与瓦斯突出、水文地质条件极其复杂、具有强冲击地压等灾害隐患严重，且在现有技术条件下难以有效防治的煤矿；开采深度超过《煤矿安全规程》规定的煤矿；达不到安全质量标准化三级的煤矿。

——质量和环保方面：产品质量达不到《商品煤质量管理暂行办法》要求的煤矿。开采范围与依法划定、需特别保护的相关环境敏感区重叠的煤矿。

——技术和资源规模方面：非机械化开采的煤矿；晋、蒙、陕、宁等4个地区产能小于60万吨/年，冀、辽、吉、黑、苏、皖、鲁、豫、甘、青、新等11个地区产能小于30万吨/年，其他地区产能小于9万吨/年的煤矿；开采技术和装备列入《煤炭生产技术与装备政策导向（2014年版）》限制目录且无法实施技术改造的煤矿；与大型煤矿井田平面投影重叠的煤矿。

——其他方面：长期亏损、资不抵债的煤矿；长期停产、停建的煤矿；资源枯竭、资源赋存条件差的煤矿；不承担社会责任、长期欠缴税款和社会保障费用的煤矿；其他自愿退出的煤矿。

2. 对有序退出范围内属于满足林区、边远山区居民生活用煤需要或承担特殊供应任务的煤矿，经省级人民政府批准，可以暂时保留

保留的煤矿原则上要实现机械化开采

3. 探索实行煤炭行业"存去挂钩"

除工艺先进、生产效率高、资源利用率高、安全保障能力强、环境保护水平高、单位产品能源消耗低的先进产能外，对其他保留产能探索实行"存去挂钩"，通过重新确定产能、实行减量生产等多种手段压减部分现有产能。

（七）推进企业改革重组

稳妥推动具备条件的国有煤炭企业发展混合所有制经济，完善现代企业制度，提高国有资本配置和运行效率。鼓励大型煤炭企业兼并重组中小型企业，培育一批大型煤炭企业集团，进一步提高安全、环保、能耗、工艺等办矿标准和生产水平。利用3年时间，力争单一煤炭企业生产规模全部达到300万吨/年以上。

（八）促进行业调整转型

鼓励发展煤电一体化，引导大型火电企业与煤炭企业之间参股。火电企业参股的煤炭企业产能超过该火电企业电煤实际消耗量的一定比例时，在发电量计划上给予该火电企业奖励。加快研究制定商品煤系列标准和煤炭清洁利用标准。鼓励发展煤炭洗选加工转化，提高产品附加值；按照《现代煤化工建设项目环境准入条件（试行）》，有序发展现代煤化工。鼓励利用废弃的煤矿工业广场及其周边地区，发展风电、光伏发电和现代农业。加快煤层气产业发展，合理确定煤层气勘查开采区块，建立煤层气、煤炭协调开发机制，处理好煤炭、煤层气矿业权重叠地区资源开发利用问题，对一定期限内规划建井开采的区域，按照煤层气开发服务于煤炭开发的原则，采取合作或调整煤层气矿业权范围等方式，优先保证煤炭开发需要，并有效利用煤层气资源。开展低浓度瓦斯采集、提纯和利用技术攻关，提高煤矿瓦斯利用率。

（九）严格治理不安全生产

进一步加大煤矿安全监管监察工作力度，开展安全生产隐患排查治理，对存在重大安全隐患的煤矿责令停产整顿。严厉打击证照不全、数据资料造假等违法生产行为，对安全监控系统不能有效运行、煤与瓦斯突出矿井未按规定落实区域防突措施、安全费用未按要求提取使用、不具备安全生产条件的煤矿，一律依法依规停产整顿。

（十）严格控制超能力生产

全面实行煤炭产能公告和依法依规生产承诺制度，督促煤矿严格按公告产能组织生产，对超能力生产的煤矿，一律责令停产整改。引导企业实行减量化生产，从2016年开始，按全年作业时间不超过276个工作日重新确定煤矿产能，原则上法定节假日和周日不安排生产。对于生产特定煤种、与下游企业机械化连续供应以及有特殊安全要求的煤矿企业，可在276个工作日总量内实行适度弹性工作日制度，但应制定具体方案，并向当地市级以上煤炭行业管理部门、行业自律组织及指定的征信机构备案，自觉接受行业监管和社会监督。

（十一）严格治理违法违规建设

对基本建设手续不齐全的煤矿，一律责令停工停产，对拒不停工停产、擅自组织建设生产的，依法实施关闭。强化事中事后监管，建立和完善煤炭生产要素采集、登记、公告与核查制度，落实井下生产布局和技术装备管理规定，达不到国家规定要求的煤矿一律停产并限期整改，整改后仍达不到要求的，限期退出。有关部门要联合惩戒煤矿违法违规建设生产行为。

(十二) 严格限制劣质煤使用

完善煤炭产业发展规划，停止核准高硫高灰煤项目，依法依规引导已核准的项目暂缓建设、正在建设的项目压缩规模、已投产的项目限制产量。落实商品煤质量管理有关规定，加大对京津冀、长三角、珠三角等地区销售使用劣质散煤情况的检查力度。按照有关规定继续限制劣质煤进口。

### 三、政策措施

(十三) 加强奖补支持

设立工业企业结构调整专项奖补资金，按规定统筹对地方化解煤炭过剩产能中的人员分流安置给予奖补，引导地方综合运用兼并重组、债务重组和破产清算等方式，加快处置"僵尸企业"，实现市场出清。使用专项奖补资金要结合地方任务完成进度、困难程度、安置职工情况等因素，对地方实行梯级奖补，由地方政府统筹用于符合要求企业的职工安置。具体办法由相关部门另行制定。

(十四) 做好职工安置

要把职工安置作为化解过剩产能工作的重中之重，坚持企业主体作用与社会保障相结合，细化措施方案，落实保障政策，维护职工合法权益。安置计划不完善、资金保障不到位以及未经职工代表大会或全体职工讨论通过的职工安置方案，不得实施。

1. 挖掘企业内部潜力

采取协商薪酬、灵活工时、培训转岗等方式，稳定现有工作岗位，对采取措施不裁员或少裁员的生产经营困难企业，通过失业保险基金发放稳岗补贴。支持创业平台建设和职工自主创业，积极培育适应煤矿职工特点的创业创新载体，将返乡创业试点范围扩大到矿区，通过加大专项建设基金投入等方式，提升创业服务孵化能力，培育接续产业集群，引导职工就地就近创业就业。

2. 对符合条件的职工实行内部退养

对距离法定退休年龄5年以内的职工经自愿选择、企业同意并签订协议后，依法变更劳动合同，企业为其发放生活费并缴纳基本养老保险费和基本医疗保险费。职工在达到法定退休年龄前，不得领取基本养老金。

### 3. 依法依规解除、终止劳动合同

企业确需与职工解除劳动关系的，应依法支付经济补偿，偿还拖欠的职工在岗期间工资和补缴社会保险费用，并做好社会保险关系转移接续手续等工作。企业主体消亡时，依法与职工终止劳动合同，对于距离法定退休年龄5年以内的职工，可以由职工自愿选择领取经济补偿金，或由单位一次性预留为其缴纳至法定退休年龄的社会保险费和基本生活费，由政府指定的机构代发基本生活费、代缴基本养老保险费和基本医疗保险费。

### 4. 做好再就业帮扶

通过技能培训、职业介绍等方式，促进失业人员再就业或自主创业。对就业困难人员，要加大就业援助力度，通过开发公益性岗位等多种方式予以帮扶。对符合条件的失业人员按规定发放失业保险金，符合救助条件的应及时纳入社会救助范围，保障其基本生活。

### （十五）加大金融支持

1. 金融机构对经营遇到困难但经过深化改革、加强内部管理仍能恢复市场竞争力的骨干煤炭企业，要加强金融服务，保持合理融资力度，不搞"一刀切"

支持企业通过发债替代高成本融资，降低资金成本。

2. 运用市场化手段妥善处置企业债务和银行不良资产，落实金融机构呆账核销的财税政策，完善金融机构加大抵债资产处置力度的财税支持政策

研究完善不良资产批量转让政策，支持银行加快不良资产处置进度，支持银行向金融资产管理公司打包转让不良资产，提高不良资产处置效率。

3. 支持社会资本参与企业并购重组，鼓励保险资金等长期资金创新产品和投资方式，参与企业并购重组，拓展并购资金来源

完善并购资金退出渠道，加快发展相关产权的二级交易市场，提高资金使用效率。

4. 严厉打击企业逃废银行债务行为，依法保护债权人合法权益

地方政府建立企业金融债务重组和不良资产处置协调机制，组织协调相关部门支持金融机构做好企业金融债务重组和不良资产处置工作。

### （十六）盘活土地资源

支持退出煤矿用好存量土地，促进矿区更新改造和土地再开发利用。煤炭产能退出后的划拨用地，可以依法转让或由地方政府收回。地方政府收回原划拨土地使用权后的出让收入，可按规定通过预算安排用于支付产能退出企业职

工安置费用。对用地手续完备的腾让土地，转产为生产性服务业等国家鼓励发展行业的，可在5年内继续按原用途和土地权利类型使用土地。

(十七) 鼓励技术改造

鼓励和支持煤矿企业实施机械化、自动化改造，重点创新煤炭地质保障与高效建井关键技术，煤炭无人和无害化、无煤柱自成巷开采技术，推广保水充填开采、智能开采和特殊煤层开采等绿色智慧矿山关键技术，提升大型煤炭开采先进装备制造水平。

(十八) 其他支持政策

加快推进国有煤炭企业分离办社会职能，尽快移交"三供一业"（供水、供电、供热和物业管理），解决政策性破产遗留问题。支持煤炭企业按规定缓缴采矿权价款。支持煤炭企业以采矿权抵押贷款，增加周转资金。改进国有煤炭企业业绩考核机制，根据市场变化情况科学合理确定企业经营业绩考核目标。调整完善煤炭出口政策，鼓励优势企业扩大对外出口。严格执行反不正当竞争法、反垄断法，严肃查处违法违规竞争行为，维护公平竞争市场秩序。

## 四、组织实施

(十九) 加强组织领导

相关部门要建立化解煤炭过剩产能和脱困升级工作协调机制，加强综合协调，制定实施细则，督促任务落实，统筹推进各项工作。各有关省级人民政府对本地区化解煤炭过剩产能工作负总责，要成立领导小组，任务重的市、县和重点企业要建立相应领导机构和工作推进机制。国务院国资委牵头组织实施中央企业化解煤炭过剩产能工作。各有关省级人民政府、国务院国资委要根据本意见研究提出产能退出总规模、分企业退出规模及时间表，据此制订实施方案及配套政策，报送国家发展改革委。

(二十) 强化监督检查

建立健全目标责任制，把各地区化解过剩产能目标落实情况列为落实中央重大决策部署监督检查的重要内容，加强对化解过剩产能工作全过程的监督检查。各地区要将化解过剩产能任务年度完成情况向社会公示，建立举报制度。强化考核机制，引入第三方机构对各地区任务完成情况进行评估，对未完成任务的地方和企业要予以问责。国务院相关部门要适时组织开展专项督查。

（二十一）做好行业自律

行业协会要引导煤炭企业依法经营、理性竞争，在"信用中国"网站和全国企业信用信息公示系统上公示企业依法依规生产承诺书，引入相关中介、评级、征信机构参与标准确认、公示监督等工作。化解煤炭过剩产能标准和结果向社会公示，加强社会监督，实施守信激励、失信惩戒。

（二十二）加强宣传引导

要通过报刊、广播、电视、互联网等方式，广泛深入宣传化解煤炭过剩产能的重要意义和经验做法，加强政策解读，回应社会关切，形成良好的舆论环境。

国务院

2016 年 2 月 1 日

# 山西省煤炭供给侧结构性改革实施意见

中共山西省委　山西省人民政府

晋发〔2016〕16号

煤炭产业是我省的支柱产业。当前，煤炭产能严重过剩、价格持续大幅下跌、企业亏损严重、职工收入下降等已成为影响全行业可持续发展、甚至影响全省经济社会发展大局的突出问题。究其原因，主要是供需失衡、管理落后、清洁高效利用不足。解决好煤炭问题，必须坚持远近结合、标本兼治、统筹推进、综合施策。要全面贯彻落实党的十八大和十八届三中、四中、五中全会精神，深入学习贯彻习近平总书记系列重要讲话精神特别是关于能源革命和供给侧结构性改革的重要论述，按照党中央、国务院部署，贯彻落实宏观政策要稳、产业政策要准、微观政策要活、改革政策要实、社会政策要托底的要求，着力去产能、去库存、去杠杆、降成本、补短板，全力推动全省煤炭供给侧结构性改革，实现煤炭产业"六型"转变，促进全省"六大发展"。

## 一、有效化解过剩产能

### （一）严禁违法违规生产建设煤矿

对违法违规生产建设的煤矿按照国家要求依法实施联合惩戒。对于国家发改委发改电〔2016〕167号文件列出的我省未履行核准手续、擅自建设生产的16座煤矿，立即停产停建。在全省开展大检查，对所有未核准的煤矿项目和各类证照不全的生产煤矿坚决依法依规停建停产。坚决打击私挖滥采和超层越界开采等违法违规行为。

牵头单位：省发改委、省煤炭厅、省国土厅

配合单位：省环保厅、省水利厅、省国资委、山西煤监局，各市、县（市、区）政府

（二）严格执行276个工作日和节假日公休制度

全省所有煤矿要严格按照276个工作日规定组织生产，原则上法定节假日和周日不安排生产。对于生产特定煤种、与下游企业机械化连续供应及有特殊安全要求的煤矿企业，可在276个工作日总量内实行适度弹性工作日制度。

牵头单位：省发改委、省煤炭厅

配合单位：省国资委、山西煤监局，各市、县（市、区）政府

（三）优化存量产能、退出过剩产能

按照依法淘汰关闭一批、重组整合一批、减量置换退出一批、依规核减一批、搁置延缓开采或通过市场机制淘汰一批的要求，实现煤炭过剩产能有序退出。到2020年，全省有序退出煤炭过剩产能1亿吨以上。同时，要坚持生态优先，依法妥善处理现有矿区与已设立或划定的风景名胜区、自然保护区、城镇规划区、泉域水资源保护区和饮用水源地保护区等的关系，确保各类生态系统安全稳定。

牵头单位：省发改委、省煤炭厅

配合单位：省财政厅、省人社厅、省国土厅、省环保厅、省住建厅、省水利厅、省林业厅、省国资委、省工商局、省政府金融办，各市、县（市、区）政府

（四）严格控制煤炭资源配置

"十三五"期间，我省原则上不再新配置煤炭资源。2016年起，暂停出让煤炭矿业权，暂停煤炭探矿权转采矿权。

牵头单位：省国土厅

配合单位：省煤炭厅

（五）从严控制煤矿项目审批

"十三五"期间，我省原则上不再批准新建煤矿项目，不再批准新增产能的技术改造项目和产能核增项目，确保全省煤炭总产能只减不增。

牵头单位：省发改委、省煤炭厅

配合单位：省国土厅、省环保厅、省住建厅、省水利厅、省林业厅

二、加大煤炭企业改革力度

（六）加强党的领导，完善法人治理结构

在省属国有煤炭企业率先贯彻落实省委、省政府《关于加强省属国有企业

党的领导完善法人治理结构的实施意见》。积极推进同煤集团、晋能集团等改革试点工作。

牵头单位：省国资委

配合单位：省委组织部、省煤炭厅

（七）开展资本投资（运营）公司试点工作

在省属国有煤炭企业集团开展国有资本投资（运营）公司试点工作。

牵头单位：省国资委

配合单位：省煤炭厅、省工商局

（八）深化企业三项制度改革

建立健全企业员工公开招聘、竞争上岗的市场化用人制度，实现企业员工能进能出；推进职业经理人队伍建设，变身份管理为岗位管理，实现干部能上能下；完善企业内部考核评价机制，严格与绩效挂钩考核，实现职工薪酬能高能低。激励员工通过诚实劳动、创新创业和提高劳动生产率，实现企业增效和个人增收。鼓励支持资源枯竭煤矿发挥人才、技术和管理等优势，实施跨区域、跨行业、跨所有制创业创新发展。

牵头单位：省国资委

配合单位：省人社厅、省煤炭厅、省工商局，各市、县（市、区）政府

（九）分离办社会职能

充分认识企业分离办社会职能的紧迫性和复杂性，"十三五"期间，所有具备条件的企业都要加快推进分离办社会职能工作，暂时不具备条件的也要积极创造条件，依法依规稳妥推进。推动省属国有煤炭企业医疗保险、工伤保险和生育保险实行属地社会管理。将企业医疗机构纳入当地医药卫生体制改革规划。幼儿教育机构要移交当地政府管理。省属国有煤炭企业承担的矿区、职工家属生活区供水、供电、供暖（供气）和物业管理等社会职能，要逐步分离移交当地政府，实行社会化管理。

牵头单位：省人社厅、省国资委

配合单位：省教育厅、省国土厅、省煤炭厅、省住建厅、省卫计委、省工商局，各市、县（市、区）政府

（十）推进厂办大集体改革

通过合资、合作、出售、员工持股等多种方式，将国有煤炭企业厂办大集体改革为面向市场、产权清晰、自负盈亏的法人实体。对不具备重组改制条件

或长期停产歇业、资不抵债、不能清偿到期债务的厂办大集体，依法实施关闭或破产。改革中要充分重视、依法保障职工的合法权益。

牵头单位：省国资委

配合单位：省人社厅、省国土厅、省工商局，各市、县（市、区）政府

（十一）强化企业管理

煤炭企业要全面加强管理。省属国有煤炭企业要率先完善机制、提质增效，切实增强综合竞争力。加强企业党的建设，加强党风廉政建设，加强反腐败斗争。加强安全生产管理、成本管理、债权债务管理、法律事务管理，主动防范、有效化解、稳妥处置各类风险。

牵头单位：省国资委

配合单位：省煤炭厅、省财政厅、省司法厅、省安监局、省政府金融办、山西煤监局

## 三、进一步完善煤炭市场机制

（十二）完善煤炭价格形成机制和价格自律机制

积极探索建立能够正确反映市场供求关系、资源稀缺程度和环境损害成本的煤炭价格形成机制。充分发挥行业协会作用，倡导诚信建设，引导企业自律，建立煤炭价格自律机制。在潞安集团、阳煤集团、晋煤集团开展建立完善价格自律机制试点。建立健全煤炭价格监管机制，规范煤炭市场价格秩序，特别要严厉打击偷税漏税、价格欺诈等非法违法经营行为。

责任单位：省发改委

配合单位：省煤炭厅、省经信委、省财政厅、省地税局、省国税局、中国（太原）煤炭交易中心、省煤炭工业协会

（十三）创新煤炭交易机制

充分发挥煤炭交易平台的信息、物流、金融等服务功能，培育完善全省煤炭现代交易综合服务体系。争取国家煤炭期货交易试点。积极探索建立包括现货交易、期货交易、短期协议、中长期协议等交易新机制。

牵头单位：省煤炭厅

配合单位：省经信委、省国资委、省政府金融办、中国（太原）煤炭交易中心

（十四）探索建立煤炭战略储备体系

根据煤炭特点，深入研究、科学论证、稳步试点，探索建立煤炭资源储备、

产能储备和现货储备有机衔接的储备体系。

牵头单位：省发改委

配合单位：省国土厅、省财政厅、省煤炭厅、省政府金融办、中国（太原）煤炭交易中心

**四、加强煤炭安全清洁高效生产和消费**

（十五）提高安全生产和现代化水平

深刻汲取同煤集团"4·19"和"3·23"事故教训。2016年要对省属五大煤炭集团公司所属重组整合煤矿开展不少于一个月的以安全隐患排查治理为重点的停产停建整顿。深化煤矿安全重点整治，严格落实企业安全生产的主体责任和政府的监管责任，确保改革过程中安全责任体制不削弱、安全责任不悬空。落实煤矿挂牌管理责任制，生产煤矿要全部达到安全质量标准化要求，坚决遏制煤矿重特大事故。

严格限制开采高硫、高灰、低发热量煤炭。鼓励推广充填开采、保水开采、无煤柱开采等新技术。加快现代化矿井建设步伐，实施机械化、自动化改造，减少入井人数，提高劳动生产率，提高综采水平，实现减人增效。

牵头单位：省煤炭厅

配合单位：省安监局、山西煤监局、省国资委、省科技厅，各市、县（市、区）政府

（十六）推进煤炭绿色低碳消费

全力推进晋北、晋中、晋东三个国家级千万千瓦级现代化大型煤电外送基地建设。到2020年全省燃煤发电机组就地转化原煤2亿吨左右。加快华北、华中、华东输电通道建设，加大配电网建设与改造力度。千方百计扩大省内用电需求。稳步推进现代煤化工产业发展。

牵头单位：省发改委、省经信委

配合单位：山西电力公司，各市、县（市、区）政府

（十七）建设新一代综合监管平台

加快山西煤炭综合监管信息平台设计、研发和建设，2016年底前初步投入使用。

牵头单位：省煤炭厅

配合单位：山西煤监局、中国（太原）煤炭交易中心

## 五、加快煤炭产业科技创新

（十八）实施煤基科技重大专项和重点研发计划

以煤炭的清洁、高效利用为重点，实施一批重大煤基低碳科技创新项目，力争在"十三五"期间有一批自主技术率先突破。围绕煤炭深加工产业链、创新链，构筑我省政产学研合作对接平台，带动和提升我省煤炭产业自主创新能力。

牵头单位：省科技厅

配合单位：省煤炭厅、省财政厅、省教育厅

（十九）加快建设山西科技创新城

引进一批国家级、省级重点实验室和工程技术研究中心等创新平台，引进一批高端研发机构和人才，引进一批优秀企业和标志性项目，将山西科技创新城打造成低碳发展的新高地。

牵头单位：省科技厅

配合单位：省煤炭厅、省财政厅、省教育厅、省人社厅

（二十）设立山西煤炭清洁利用投资基金

重点支持煤电一体化、现代煤化工、煤层气（瓦斯）抽采利用、碳交易及碳减排等项目。

牵头单位：省财政厅

配合单位：省发改委、省科技厅、省煤炭厅、省政府金融办

## 六、以煤会友扩大对外开放与国际交流合作

（二十一）充分发挥"太原能源低碳发展论坛"平台作用

将原中国（太原）能源产业博览会及其低碳发展高峰论坛，整合为"太原能源低碳发展论坛"，使其成为低碳发展新理念的传播平台、新成果的展示平台和新技术的交易平台。

牵头单位：省科技厅、省商务厅

配合单位：省发改委、省煤炭厅、省教育厅、省政府外侨办、中国（太原）煤炭交易中心

（二十二）深化与世界各产煤国家的交流合作

积极稳妥扩大与全球主要产煤国家、"一带一路"国家及金砖国家产煤省

(州)的友好交往，建立友城关系。

　　牵头单位：省政府外侨办

　　配合单位：省发改委、省经信委、省煤炭厅、省商务厅

（二十三）推进煤焦国际产能合作

　　在重点区域展开煤焦国际产能合作。通过推动建设一批具有较强辐射带动作用的重大合作项目，带动装备、技术和服务出口，逐步实现产品输出向产业输出转型。

　　牵头单位：省商务厅

　　配合单位：省发改委、省经信委、省煤炭厅、省政府外侨办

**七、千方百计做好职工分流安置、转岗培训等民生工作**

（二十四）全力做好就业安置工作

　　把职工安置作为化解过剩产能工作的重中之重，坚持企业主体作用与社会保障相结合，细化措施方案，落实保障政策，切实维护职工合法权益。充分尊重职工、全力依靠职工推进改革，安置计划不完善、资金保障不到位以及未经职工代表大会或全体职工讨论通过的职工安置方案，不得实施。

　　千方百计稳定岗位、稳定就业。积极支持企业通过转型转产、多种经营、主辅分离、辅业改制等方式，多渠道分流并妥善安置富余人员。鼓励企业利用现有场地和资源培育创业孵化基地、创业园区等扩大就业的新载体。

　　加强独立工矿区就业困难人员就业援助。对符合就业困难条件的人员要全部建档立卡，及时提供"一对一"就业援助服务。

　　牵头单位：省人社厅

　　配合单位：省财政厅、省煤炭厅、省国资委，各市、县（市、区）政府

（二十五）实施带薪转岗教育培训

　　企业要对分流安置人员实施带薪培训。在此基础上选拔一批优秀年轻矿工实施带薪转岗教育，完成培养计划、经考试考核合格后返回原企业工作，在企业转产转型和创业创新中发挥好带头人作用。

　　牵头单位：省教育厅、省国资委

　　配合单位：省人社厅、省财政厅、省煤炭厅，各市、县（市、区）政府

（二十六）符合条件人员可实行内部退养

　　对距法定退休年龄不足5年、再就业有困难的职工，在职工自愿选择、企

业同意并签订协议后，可实行内部退养，由企业为其发放生活费并缴纳基本养老保险费和基本医疗保险费，达到退休年龄时正式办理退休手续。

牵头单位：省人社厅

配合单位：省财政厅、省煤炭厅、省国资委，各市、县（市、区）政府

（二十七）加大采煤沉陷区治理力度

按照综合规划、全面推进、加快建设的原则，以解决采煤沉陷区人居环境突出问题为重点，全面实施搬迁安置、生态修复、土地复垦等综合治理，恢复和改善采煤沉陷区生态环境。重点改善采煤沉陷区群众的生产生活条件，鼓励创新创业，建设新型现代化小城镇或新社区。

牵头单位：省发改委、省农业厅、省住建厅

配合单位：省国土厅、省煤炭厅、省环保厅、省林业厅、省人社厅、省民政厅，各市、县（市、区）政府

**八、进一步优化政策环境**

（二十八）抓好现有政策的落实到位

对于近年来国家和我省在深化企业改革、促进煤炭行业平稳运行、减轻企业负担、推进产业结构调整等方面出台的一系列政策措施，都要确保全面落实，充分发挥政策效应。同时要加大督查力度，严肃追责问责。

牵头单位：省煤炭厅

配合单位：省政府办公厅督查室、省直各相关部门

（二十九）进一步制定出台新的政策

积极争取国家加大对我省煤炭产能置换、清洁高效发展、企业职工分流安置等方面的政策、资金、项目支持力度，加快制定我省与国家政策配套的实施意见。抓紧出台《山西省安全生产条例（修订）》，制定煤炭资源矿业权转让特别收益金征收使用办法，建立矿山生态环境恢复治理责任机制等，研究制定降低社会保险费率的办法，研究继续缓缴2016年度社会保险费、采矿权价款，免缴2016年度省属煤炭企业国有资本收益金，继续暂停提取煤炭开采企业矿山环境恢复治理保证金和煤矿转产发展资金等政策措施。创新完善政银企合作办法，帮助企业解决资源价款补缴、债权债务处置等困难和问题。

牵头单位：省发改委、省煤炭厅

配合单位：省财政厅、省国土厅、省人社厅、省国资委、省政府法制办、

省安监局

（三十）加大金融支持力度

积极引导金融机构坚持区别对待、有扶有控的原则，对技术设备先进、产品有竞争力、有市场、有效益的优质煤炭企业继续给予信贷支持。积极争取各金融机构总部的支持，切实发挥地方金融机构作用，依法稳妥推进债务处置，力争做到应核尽核。对主动退出产能的煤炭企业优先给予支持。

鼓励金融机构通过债转股、并购贷款、定制股权产品等方式，帮助煤炭企业重组债务，优化资产负债结构，降低杠杆率。支持优质煤炭企业上市融资、再融资和利用发行企业债券、公司债券等债务融资工具，通过并购债、永续债、债贷联动以及债贷基组合等新型融资产品筹集资金。

牵头单位：省政府金融办

配合单位：省国资委，各金融企业

一分部署，九分落实。省政府成立推进煤炭供给侧结构性改革工作领导小组。各牵头单位要积极会同各配合单位加快制定实施细则推进落实。各市、县（市、区）政府及各企业要按照中央和省的部署，认真贯彻执行。把握好改革的力度和节奏，把工作做深、做细、做实，全力维护职工队伍稳定和社会大局稳定。

加强舆论引导工作。新闻宣传部门认真组织各类媒体搞好政策解读，加强舆情监控，积极回应和正确引导社会关切。各级政府和各相关部门要重视对新媒体、自媒体和公众信息平台的引导，营造良好舆论氛围，汇聚改革正能量，确保改革积极稳妥顺利进行。

## 山西省人民政府办公厅
## 转发省煤炭厅等部门关于推进煤炭供给侧结构性改革工作第一批实施细则的通知

晋政办发〔2016〕54号

各市、县人民政府，省人民政府各委、办、厅、局，各国有重点煤炭企业：

为切实推进全省煤炭供给侧结构性改革工作，促进全省煤炭经济健康可持续发展，省委、省政府近日印发了《山西省煤炭供给侧结构性改革实施意见》（晋发〔2016〕16号）。为认真贯彻落实文件中确定的30项工作任务，省推进煤炭供给侧结构性改革工作领导小组安排各牵头单位制定了30项工作任务《实施细则》。现将2016年4月27日省领导小组会议审议通过的省发展改革委、省财政厅、省国土资源厅、省煤炭厅等部门牵头制定的第一批8个《实施细则》予以转发。各牵头单位要加强组织领导，认真实施推进，做好政策解读，各相关部门及配合单位要抓好落实，全力配合，按时完成工作任务。

附件：
1. 关于严禁违法违规生产建设煤矿的实施细则
2. 关于全省煤矿企业严格执行276个工作日和节假日公休制度的实施细则
3. 关于全省煤炭行业优化存量产能退出过剩产能的实施细则
4. 关于严格控制煤炭资源配置的实施细则
5. 关于完善煤炭价格形成机制和价格自律机制的实施细则
6. 关于提高全省煤矿安全生产和现代化水平的实施细则
7. 关于建设新一代全省煤炭综合监管信息平台的实施细则
8. 关于设立山西省煤炭清洁利用投资基金的实施细则

山西省人民政府办公厅
2016年5月5日

附件 1

# 关于严禁违法违规生产建设煤矿的实施细则

省发展改革委　省煤炭厅　省国土资源厅

**第一条** 明确违法违规生产建设煤矿范围。违法违规生产建设煤矿包括未办理相关核准审批手续的新建、改扩建和超能力生产、存在重大安全隐患生产的煤矿。各市政府、省直相关部门要将核实确定的违法违规建设煤矿报省发展改革委、省煤炭厅。省发展改革委、省煤炭厅在其门户网站设立专栏，接受全社会对违法违规生产建设煤矿的举报，并接受社会监督。举报内容查实后，由省发展改革委、省煤炭厅负责将其名单反馈省有关部门依法依规处理。

**第二条** 公告违法违规生产建设煤矿名单。各部门在其门户网站设立专栏，省发展改革委负责公告未经核准但已开工建设的煤矿项目名单；省煤炭厅负责公告超能力生产煤矿名单；省煤炭厅、山西煤监局负责公告存在重大安全隐患煤矿名单；省国土资源厅、省环保厅、省水利厅和山西煤监局负责公告未履行相应的法定审批程序而开工建设的煤矿项目名单。对已取得各项审批要件、通过核准或消除重大安全隐患、违法违规行为得到纠正的，由相关部门核实无误后，及时将名单予以更新。

**第三条** 依法依规对违法违规生产建设煤矿予以处罚。凡未按规定履行项目核准手续，或基本建设手续不齐全擅自开工建设的煤矿，一律停工停建。对未按规定取得用地批准和采矿许可证的，由省国土资源厅依法依规予以处理；对未依法报批建设项目环境影响评价文件或环境影响评价未经批准的，由省环保厅依法依规予以处理；对未依法办理水资源论证报告书审批、取水许可、河道管理范围内建设项目工程建设方案审批、水土保持方案审批的，或未按批准方案开展建设的，由省水利厅依法依规予以处理；对安全设施设计未经审查同意的，由山西煤监局依法依规予以处理。凡属停建、停产整改范围但拒不停建停产整改，或擅自组织生产的煤矿，由煤矿属地政府予以关闭。

**第四条** 对违法违规生产建设煤矿实施联合惩戒。对违法违规生产建设煤矿，公安机关依法依规停止审批民用爆炸物品购买申请；电力部门采取停电和限电措施，除保安负荷和生活负荷外的电力供应予以限制，停供采掘用电；铁路运输企业对其销售的煤炭，在受理运输需求和订车装车时不予受理，已经受理的予以停发；银行业金融机构采取有效措施，防范可能造成的信贷风险；发展改革、财政等部门对其在3年内发行企业债券、获取政府性资金支持等方面进行限制。

第五条　严格治理煤矿超能力生产。全省各生产煤矿必须严格执行276个工作日和节假日公休制度，省煤炭厅要对调整后的各煤矿生产能力及时予以公告。全面实行煤炭产能公告和依法依规生产承诺制度，所有生产煤矿必须严格按照公告生产能力组织生产。超能力生产的煤矿，一律停产整改，由省煤炭厅、山西煤监局严格按照有关规定处理。处理结果要通过新闻媒体、政府网站等途径及时向社会公开。

第六条　停止生产建设未经国家核准的煤矿。对于国家发展改革委办公厅《关于开展违法违规建设煤矿专项稽查工作的通知》（发改电〔2016〕167号）列出的我省未履行核准手续、擅自生产建设的16座煤矿，要责令其立即停工停产。公安、电力等部门要停供民用爆炸物品、采取停电和限电等措施。各有关市、县政府和省国有重点煤炭集团公司要派驻人员现场盯守，严禁擅自组织生产建设。各市、省属各煤炭集团公司对是否还存在其他未经核准的、手续不齐全的煤矿进行全面自查，该停产的立即停产，该停建的立即停建，并将自查情况于2016年6月底前上报省政府。

第七条　开展全省违法违规生产建设煤矿专项督查。由省煤炭厅牵头组织相关部门组成若干督查组，定期或不定期实施督查。采取听取汇报、查阅资料、随机抽查、实地督查、明察暗访相结合的方式，对全省煤矿依法合规安全生产和违法违规生产建设情况进行检查督查，对执行不力、落实不到位的地方政府和企业要严肃追究相关人员责任，并给予相应处罚。

第八条　严厉打击私挖滥采和超层越界开采行为。由省国土资源厅牵头组织全省国土资源等相关部门对本行政区域内私挖滥采和超层越界开采等违法行为进行全面排查，并于2016年6月底前将结果在其门户网站进行公示，引导媒体和公众进行监督。对超越批准矿区范围开采的，责令退回其本矿区范围，没收超层越界开采的矿产品和违法所得，密闭越界井巷，并依法进行处罚；对拒不退回本矿区范围内开采的，依法吊销其采矿许可证和其他证照，涉嫌犯罪的依法追究刑事责任。

附件 2

## 关于全省煤矿企业严格执行 276 个工作日和节假日公休制度的实施细则

省发展改革委　省煤炭厅

**第一条** 严格执行 276 个工作日和节假日公休制度。所有生产煤矿要严格按照 276 个工作日组织生产，国家法定节假日和周日原则上不得安排生产。所有生产煤矿要科学安排作业和检修计划，保证均衡生产。所有采掘工作面不得以每天两班作业减少的时间代替停产放假。

**第二条** 煤矿因生产特定煤种、与下游企业机械化连续供应、有特殊安全要求、搬家倒面以及实行集中连休等可预知原因需要连续作业的，必须提前制定弹性工作日生产组织方案，并按规定备案。因地质条件变化等突发原因需要连续生产的，必须在一周之内进行补充备案。

**第三条** 弹性工作日生产组织方案要明确具体原因、调整后的生产和放假日期、生产和检修计划及安全保障措施。市县监管煤矿向当地市级煤炭行业管理部门备案，省属五大煤炭集团公司、山西正华实业集团公司所属煤矿向省煤炭厅备案。

**第四条** 重新确定并公示煤矿生产能力。省煤炭厅按期完成所有生产煤矿能力重新确定工作，并在"山西煤炭信息网"同原有生产能力一并进行公示；煤矿建设项目投产时，按照 276 个工作日重新确定生产能力，并与竣工验收确认的能力一并进行公示。

**第五条** 重新确定的煤矿生产能力作为煤矿企业组织生产和有关部门监督检查的依据。

**第六条** 做好煤矿节假日停产和恢复生产的安全工作。煤炭企业要建立停产期间和恢复生产的管理制度，制定恢复生产的方案和专门的安全技术措施，做好应急值守、安全调度和恢复生产前的检查工作。停产期间，必须保证正常的通风、排水，保证安全监控系统正常运行，安排瓦斯检查员正常巡检。恢复生产前,必须安排人员对通风等主要生产系统、采掘地点、机电硐室和关键岗位进行检查,确保消除各类隐患。经企业组织全面检查,在确保各系统都正常的情况下,方可组织恢复生产。

**第七条** 加强监督检查。省煤炭厅、山西煤监局等相关部门及主体企业要采取突击检查、随机抽查、暗察暗访等机动灵活的方式,落实监管监察责任。发现问题按照有关规定及时查处,对执行不力、落实不到位的地方政府和企业要严肃追究相关人员责任,并给予相应处罚。

附件3

# 关于全省煤炭行业优化存量产能退出过剩产能的实施细则

省发展改革委　省煤炭厅

第一条　严格控制新增产能。2020年前，原则上停止审批或核准新建煤矿项目、新增产能的技术改造项目和产能核增项目。已经审批或核准的在建煤矿项目按照现有批复产能乘以0.84（276除以330）的系数取整作为新的矿井建设规模。国家已核准的在建煤矿项目由省发展改革委予以公告，资源整合改造矿井等在建煤矿项目由省煤炭厅予以公告。

第二条　依法淘汰关闭一批煤矿。开采范围与自然保护区、饮用水水源保护区等区域重叠的煤矿，2016年底前依法关闭退出。对60万吨/年以下的发生重大及以上安全生产责任事故的煤矿，要在1—3年内关闭退出。对"僵尸煤矿"、资源枯竭煤矿、开采高硫高灰煤矿、严重资不抵债煤矿，按照国家政策依法淘汰关闭。

第三条　重组整合一批煤矿。对部分开采条件好、资源储量较多的煤矿，在企业自愿的情况下，通过合并、收购、兼并等方式实施减量重组。

第四条　减量置换退出一批煤矿。对于列入国家规划、符合产业政策等确需新建的煤矿，严格按照"减量置换"政策进行产能置换，确保全省煤炭总产能规模只减不增，减量置换方案按国家公布的相关政策实施。

第五条　依规核减一批产能。煤与瓦斯突出、水文地质条件极其复杂、具有强冲击地压等灾害严重的矿井依规进行核减产能。推行法定节假日和周日煤矿停产休假措施，全年按276个工作日组织生产。

第六条　搁置延缓一批煤矿。对于资源储量较多、开采条件较好，但目前开采不经济且不具重组整合条件的煤矿，搁置延缓开采或通过市场规律自然淘汰。

第七条　妥善处理与各类保护区的关系。认真落实责任主体。省环保厅负责对风景名胜区、自然保护区内煤矿开发建设过程中存在的环境问题以及各类环境风险源等情况进行自查;省住房城乡建设厅负责对城镇规划区内煤矿开发建设是否符合城乡总体规划等情况进行自查;省林业厅负责对自然保护区内煤矿开发建设情况进行自查;省水利厅负责对泉域水资源保护区和饮用水源地保护区内煤矿开发建设情况进行自查。2016年6月底前,各保护区主管部门对各类保护区内与已设置煤炭矿业权重叠的煤矿进行摸底排查,按照国家及省相关规定,分别提出各自保护区内拟关闭退出煤矿名单,并上报省政府研究确定。

**第八条** 实行分类处置。对于开采范围与各类保护区全部重叠的煤矿,要依法关闭退出;对于部分跨入保护区但切除与保护区重叠范围后达不到最低服务年限的煤矿,要依法关闭退出。各类保护区内禁止设立新的煤炭矿业权,已设立的要尽快依法注销。省煤炭厅负责保护区内生产与建设煤矿的关闭退出工作;省国土资源厅负责保护区内新设矿业权但尚未开始建设的矿业权退出工作。

对于保护区设立之前已取得煤炭矿业权的,应保障矿业权人合法权益,按照矿井剩余资源储量,退还矿业权人资源价款,依法对其关闭退出。对于保护区设立后取得煤炭矿业权的,由省国土资源厅负责,将其依法关闭退出。国家及省已设立的各类保护区原则上不得调整,确需调整的要严格执行有关规定。

**第九条** 做好化解过剩产能方案细化和报送工作。按照国家煤炭退出产能认定标准,由省煤炭厅负责进一步修改完善方案,细化分年度关闭退出、减量重组、职工安置等内容。省属煤炭集团公司负责编制本企业化解过剩产能方案,由董事长签字后报送省煤炭厅和省国资委;各市政府负责编制本行政区监管煤矿化解过剩产能方案,由市长签字后报送省煤炭厅。省发展改革委、省煤炭厅进一步做好与国家有关部委的对接,负责我省与国家煤炭化解过剩产能目标责任书的签订工作。

**第十条** 抓紧做好方案启动实施。省煤炭厅抓紧启动实施工作,按照先易后难的原则,优先选择省属煤炭集团生产煤矿作为首批关闭退出试点,2016年6月底前,在焦煤集团和阳煤集团各选择一座煤矿先行开展关闭退出工作试点,并认真总结经验在全省推广。

**第十一条** 进一步明确责任主体。省煤炭厅是全省化解煤炭过剩产能方案实施的牵头部门，指导各市政府和省属煤炭集团公司制定关井安全措施并组织实施；省人力资源社会保障厅负责核实关闭退出煤矿职工人数和基本信息，指导企业制定并落实职工安置方案，细化做实职工安置渠道，依法处理劳动关系，接续社会保险，制定应对预案，处置突发问题；省财政厅负责中央专项奖补资金落实到位，筹集省内配套资金，做好资金管理、使用、监督检查；省国土资源厅负责注销关闭退出煤矿的矿业权，确认剩余储量，协助退还剩余储量对应已缴纳价款，指导企业做好关闭退出煤矿存量土地再开发利用，加强已关闭煤矿的监管，严防死灰复燃；省国资委负责指导省属国有煤炭企业关闭退出煤矿移交"三供一业"（供水、供电、供热和物业管理）等办社会职能，指导协助企业做好关闭退出煤矿资产债务处置；省金融办负责协调人行太原中心支行及有关金融机构，做好企业金融债务重组和不良资产处置工作，落实金融机构呆账核销，协调金融机构加大抵债资产处置。各部门均要按照职责分工，建立工作机制，研究制定相关政策措施，指导各市、各煤炭集团公司开展工作。

第十二条　确保退出煤矿关闭到位。各市、县政府、省属煤炭集团公司均要成立化解煤炭过剩产能组织机构，做好组织实施工作。煤矿关闭退出后，有关部门应依法吊销相关证照，停止供水、供电、供民用爆炸物品，拆除设备、封闭填实井筒、填平场地，并保留照片和视频资料，存档备查。省煤炭厅负责在其门户网站及省内主流媒体及时公告关闭退出煤矿名单，自觉接受社会监督。

第十三条　做好应急预案和舆情监控。各相关单位要加强部门联动，形成工作合力，针对化解过剩产能过程中可能存在的风险，建立应对突发事件的应急预案和快速响应机制，加强部门联动，及时处置突发问题，确保不发生影响社会稳定的事件。做好舆情监控和正面舆情引导，及时追踪舆论热点和媒体关注焦点，营造良好舆论氛围。

附件 4

# 关于严格控制煤炭资源配置的实施细则

省国土资源厅

**第一条** 严格审批煤炭采矿权新立。未经项目核准机关批准的煤矿建设项目，不再受理审批其采矿权新立。

**第二条** 煤炭资源矿业权出让严格实行年度总量控制制度。实行产业规划、政策指导下的煤炭资源矿业权出让年度总量控制制度。煤炭资源矿业权出让年度总量经省政府批准，由省国土资源厅公布（煤炭资源矿业权年度出让总量可以为零）。省国土资源厅根据公布的煤炭资源矿业权年度出让总量、矿产资源总体规划、矿区总体规划、煤炭生产开发规划、煤炭工业发展规划及设区的市级政府报请设立的煤炭资源勘查开发项目，编制煤炭资源矿业权出让年度实施计划，报省政府批准后组织实施。

**第三条** 暂停公开出让和协议出让煤炭矿业权，暂停煤炭探矿权转采矿权（划定矿区范围）审批。从 2016 年开始，3 年内暂停公开出让和协议出让煤炭矿业权，暂停煤炭探矿权转采矿权（划定矿区范围）审批。期间探矿权到期需要延续延长保留期的，由申请人做出说明后可予以保留。已划定矿区范围的需要延长有效期的，由申请人做出说明后可延长有效期。

**第四条** 鼓励煤矿企业进一步兼并重组整合。严格控制煤矿企业分立采矿权，采矿许可证数量原则上不增加。进一步兼并重组整合煤矿之间的空白资源可出让给兼并重组整合后的主体煤矿企业；兼并重组整合过程中关闭淘汰矿井退出的剩余煤炭资源，可通过公开出让的方式，出让给相邻煤矿企业。实现煤炭资源的高效利用。

**第五条** 加大对煤层气开发的支持力度。按照"先抽后采"科学合理综合利用煤炭、煤层气资源的原则，加大对煤层气开发的支持力度；鼓励煤层气企业对煤层气、煤炭矿业权重叠区域采用兼并、重组以及合作等方式，加快煤层气开发进程。

附件 5

# 关于完善煤炭价格形成机制和价格自律机制的实施细则

省发展改革委

**第一条** 积极探索建立能够正确反映市场供求关系、资源稀缺程度和环境损害成本的煤炭价格形成机制。加强煤炭价格监测分析。省发展改革委负责每月采集燃煤电厂电煤到厂价格；每月撰写煤炭市场价格监测分析报告。中国（太原）煤炭交易中心负责建立和完善煤炭交易价格采集渠道，优化和发布煤炭交易价格指数体系；依托煤炭交易平台，建立煤炭市场分析预测专家库；对煤炭价格数据实行周报制度。

**第二条** 开展煤炭生产成本及环境损害成本的调查研究工作。省煤炭厅会同省财政厅、省地税局、省国税局、省发展改革委围绕正确反映煤炭环境损害成本，重点选择省内不同类型、不同规模、不同煤种的煤矿作为调查对象，全面分析近 3 年煤炭价格成本、费用项目构成及标准，完成调查分析报告，建立动态分析制度。

**第三条** 建立健全煤炭价格自律机制。省煤炭厅、省煤炭工业协会负责制定煤炭行业价格自律公约，主要内容包括：倡导企业守法经营、加强企业诚信建设、不得以压价竞销或哄抬价格等不正当手段扰乱煤炭行业整体经营秩序、禁止滥用市场支配地位缔结垄断性销售价格协议、禁止捏造并发布虚假价格信息等，引导企业价格自律。加强价格自律监督，省煤炭工业协会要对违法经营及违反公约的企业，在行业内部进行通报，促其整改和遵守行业价格自律公约，对涉及违法经营的企业，要向政府相关部门提出处罚建议。

**第四条** 开展建立完善价格自律机制试点。在潞安集团、阳煤集团、晋煤集团开展建立完善价格自律机制试点，由晋煤集团牵头，联合潞安、阳煤集团共同做出守法经营承诺，共同遵守煤炭行业价格自律公约，不得以压价竞销、哄抬价格等不正当手段扰乱煤炭行业整体经营秩序等，要按省煤炭工业协会要求，定期报送企业履行价格自律公约情况。

**第五条** 建立健全煤炭价格监管机制，规范煤炭市场价格秩序。加强煤炭价格监管，畅通 12358 价格投诉渠道。省发展改革委要对掺杂使假、以次充好、数量短缺等欺诈行为，垄断和不正当竞争行为，违反国家有关价格规定、实施哄抬煤价或者低价倾销行为，从事煤炭运输的车站及其他运输企业强制服务煤炭经营、谋求不正当利益行为，行政事业单位设立中间环节和额外加收费用行为等进行监管。对各类煤炭价格违法行为发现一起查处一起，对性质恶劣、影响较大的要公开曝光。

**第六条** 严厉打击涉税违法行为。省国税局、省地税局要进一步强化国税地税联合稽查协调机制，从 2016 年 7 月 1 日起，联合进户稽查，增强稽查执法合作效能；建立煤炭行业稽查对象名录库、煤炭行业稽查异常对象名录库、税务稽查执法人员分类名录库，按照推行税收风险管理的统一路径，对涉税信息数据进行综合分析和信息研判，针对高风险的纳税人开展定向稽查，整顿规范煤炭行业税收秩序；切实加强资源税征收管理，将煤炭资源税作为全省地方税主体税种，列为全年税收工作的重中之重，分解任务，严格考核，集中力量抓好税收征管；积极开展明察暗访，畅通稽查举报电话，通过多种途径，深入查找偷逃资源税问题线索，组织力量深挖细查，依法依规严肃处理。

## 附件6

# 关于提高全省煤矿安全生产和现代化水平的实施细则

省煤炭厅

第一条 强化省属五大煤炭集团公司所属重组整合煤矿安全管理。深刻汲取同煤集团"4·19"和"3·23"事故教训,省属五大煤炭集团公司所属重组整合煤矿全部停产停建整顿,时间不少于1个月。

第二条 省属五大煤炭集团公司所属重组整合煤矿要制定整顿方案并严格执行,重点整治水、火、瓦斯、煤尘、顶板等灾害隐患;省属五大煤炭集团公司对所属重组整合煤矿的"三真"(真控股、真投入、真管理)情况逐矿甄别、确认。重组整合煤矿停产停建整顿结束后,复产复建验收工作由集团公司负责。

第三条 省煤炭厅、山西煤监局于2016年5月底前对重组整合煤矿的停产停建整顿情况进行抽查,未停产停建整顿的,对有关单位责任人进行通报和约谈,并严肃追究相关人员责任;6月份对复产复建验收情况进行督查,对达不到"三真"要求和验收条件的煤矿,一律不得通过复产复建验收。

第四条 加强全省煤矿重大灾害防治工作。从2016年4月至12月底,省煤炭厅、山西煤监局在全省煤矿集中开展以瓦斯防治、水害防治、防灭火、冲击地压防治、提升运输等为主要内容的重大灾害防治行动。

第五条 各市煤炭局、各国有重点煤炭集团公司、山西正华实业集团公司要制定煤矿重大灾害防治工作方案,同时督促各煤矿制定具体实施方案,认真开展安全重点整治工作。

第六条 全面推进瓦斯抽采全覆盖工程,强化瓦斯抽采利用,以用促抽、以抽保安,2016年瓦斯抽采量完成106亿立方米,利用量完成60亿立方米。加快推进全省煤矿井下在用非金属瓦斯抽采管路改造工程,2016年底前全面完成。

第七条 严格落实企业主体责任和政府监管责任。严格执行事故矿井停产停建整顿制度,发生一般事故的停产停建整顿至少1个月;发生较大事故的停产停建整顿至少3—6个月;发生重特大事故的停产停建整顿至少1年。

第八条 严格落实煤矿挂牌管理责任制。市、县政府和煤炭管理部门以及煤矿企业的挂牌责任人,要定期检查挂牌煤矿安全生产情况,检查要有时间、地点、发现问题及处理情况等痕迹记录;省煤炭厅、山西煤监局对挂牌管理责任制落实情况进行专项督查,对挂牌管理责任人不认真履职、不到矿检查的,要进行约谈和通报批评。

第九条 严格落实重大隐患挂牌督办制度。对于检查发现存在重大隐患的煤矿,要依法责令停产停建整顿,并按照监管权限进行挂牌督办。挂牌督办部门对隐患整改治理进行全过程跟踪。整改完成后,按照"谁督办、谁验收"的原则进行现场验收,验收合格后方可摘牌销号。

第十条 充分发挥安全监管"五人小组"的作用。进一步完善安全监管"五人小组"制度,实行包保负责制。安全监管"五人小组"要履行日常安全监管职责,每周至少对所包保的每座煤矿现场检查一次。

第十一条 推进煤矿安全质量标准化建设,提升安全质量标准化水平。全省生产煤矿到2016年底前必须达到二级及以上标准。对达不到标准的,一律责令停产整顿。

第十二条 推进现代化矿井建设。要根据现有资源赋存条件和布局结构,按照国家煤炭产业政策要求,优先建设安全高效、资源利用率高、抗风险能力强的现代化矿井,提高全省煤炭规模化、集约化生产水平,2016年力争新建成5—10座。

第十三条 做好老矿井减人提效工作。重点要对目前已掌握的11座单班下井超过千人的矿井进行专题研究,2017年上半年完成简化矿井生产环节,实现减人提效。对简化生产环节后单班下井人数仍超过千人的,一律核减采掘工作面数量,核减煤矿产能。

第十四条 严格限制开采高硫、高灰、低发热量煤炭。对现采煤层达不到煤质要求的,要与其他煤层科学合理进行配采,降硫降灰。采取措施仍然达不到要求的,要引导其有序退出。

附件7

# 关于建设新一代全省煤炭综合监管信息平台的实施细则

省煤炭厅

第一条 建设山西省煤炭综合监管信息平台是我省煤炭管理体制改革和供给侧结构性改革的一项重要内容,由省煤炭厅负责统一组织实施,各市、县政府、煤炭企业严格按进度推进,确保2016年底前建成初步投入使用。

第二条 落实建设资金,完成招投标工作。5月31日前,省级平台完成项目招投标工作,市、县、煤炭企业落实建设资金。6月30日前,市、县、煤炭企业完成招投标工作。

第三条 完成基础设施建设工作。8月31日前,省煤炭厅完成监控中心改造、数据中心机房改造、局域网改扩建、煤炭专网扩容改造主体工程等基础设施建设工程。

第四条 完成省级数据中心和灾备中心建设。9月30日前,省煤炭厅完成全省煤炭行业云计算平台的主数据中心及异地灾备中心建设任务。

第五条 完成煤炭安全监管、经济运行数据系统建设工作。省煤炭厅完成系统软件、硬件设备的购置、安装、集成,完成煤矿安全监管系统、隐患排查治理系统、煤炭产运销经济运行数据系统等12个系统的开发、运行、调试工作;市、县、煤炭企业完成系统软件、硬件等设备的购置、安装和调试,实现与上一级平台的对接。9月30日前,全部完成省、市、县、煤炭企业的软、硬件建设任务。

第六条 全面开展联网调试工作。10月1日—10月31日,省、市、县、煤炭企业分别对各应用软件系统进行模拟运行,开展测试性调试工作,发现问题,完善调整。

**第七条** 11月1日，平台全面投入试运行，为省委、省政府经济管理提供数据支撑。在安全生产方面，市、县、煤炭企业平台实现对安全生产数据的实时监测、实时报警及处置，并向有关部门推送安全生产管理数据；省级平台实现对各市和省属五大煤炭集团上传的安全生产数据的汇总、分析，宏观掌握全省安全生产状况。在经济运行方面，与煤炭企业运销管理系统对接，与交通部全国道路货运车辆公共监管与服务平台对接，与中国煤炭运销协会大数据中心对接，实现对全省煤炭产运销的有效监管。

附件 8

# 关于设立山西省煤炭清洁利用投资基金的实施细则

省财政厅

**第一条** 设立山西省煤炭清洁利用投资基金。该项投资基金是围绕山西煤炭产业"六型"转变、创新发展需求而设立的投资母基金。基金遵循"政府引导、市场运作、科学决策、防范风险"的原则，争取国家有关部门投入，通过收益让渡等方式，引导省内外社会资本在本省落地，围绕煤炭清洁利用参股或共同设立若干专业化子基金，实现基金的放大效应，加速我省煤炭产业结构转型、升级。

**第二条** 基金规模及政府引导资金来源。基金总规模 100 亿元，其中政府引导资金 20 亿元，按照 1:4 的比例募集社会资金 80 亿元。

政府引导资金来源：省财政安排 10 亿元，先期到位 5 亿元，以后按基金投放进度逐年到位；中央财政出资总额 10 亿元，按我省财政资金投放进度配比下达。

政府引导资金由基金理事会授权理事会办公室委托国有投资类公司代表政府作为出资人，行使出资人职责。

**第三条** 基金理事会及职责。在省政府领导下，由省财政厅、省发展改革委、省科技厅、省煤炭厅、省金融办等有关部门组成山西省煤炭清洁利用投资基金理事会（以下简称理事会）。理事会召集人由省财政厅担任。理事会主要负责基金的投资方向、投资原则等重大事项的决策，不干预所投资基金的市场运作和日常管理事务，审议批准政府引导资金的使用、收益分配、投资风险控制、投资退出机制、业绩考核机制等事项，根据需要，可聘请适量的业内专家作为成员。

理事会下设办公室,作为理事会的办事机构,办公室设在省财政厅,办公室主任由理事会确定。理事会办公室主要负责贯彻执行理事会的决策,负责理事会日常事务及政府引导资金日常管理工作;负责建立符合基金支持方向产业的项目库;建立对基金公司的经营考核和激励约束机制;负责对政府引导资金的监督管理。

**第四条** 管理公司的选择。管理公司立足本省面向全国招募,由理事会办公室通过公开招募方式择优选取,吸引业绩良好、有专业管理经验和投资能力的管理公司管理运营基金。

**第五条** 基金设立方式及募集资金。基金采取公司制或有限合伙制,由管理公司根据《中华人民共和国公司法》《中华人民共和国合伙企业法》及章程约定或合伙协议发起组建。按照市场化运作模式采取私募方式募集资金。

**第六条** 基金管理及资金托管。基金采用委托管理方式。资金通过公开招标方式选择1—2家商业银行进行托管。

**第七条** 基金的存续期及投资方式。基金项目存续期为10年。其中,投资期为7—8年,退出期为2—3年,一般通过到期清算、社会股东回购、股权转让等方式实现退出。原则上采用以股权投资为主的市场化投资方式。

**第八条** 基金投资地域。基金不少于80%投资于山西省境内。

**第九条** 收益分配与让渡。基金可分配收益的20%奖励管理公司,剩余的收益由理事会商投资人确定,原则上政府引导资金适度让利,社会投资适度从优。当基金发生亏损时,首先用基金管理公司的投资额弥补,政府引导资金劣后,其余部分按照基金出资人比例承担,同股同亏。

**第十条** 投资子基金设立方式及条件。投资子基金,可选择发起设立方式和接受其他发起人募资邀请方式新设子基金,也可选择参股已设立的各类子基金。

选择投资的子基金,子基金首期规模不得低于2亿元,基金的参股比例原则上不超过35%;发起设立的子基金,原则上应在山西省注册。

**第十一条** 基金管理费用。基金公司的管理费与其业绩挂钩,年度管理费用原则上不超过基金注册资本的2%,由参股基金企业支付,财政不再列支管理费用。管理公司收取的年度管理费用通过委托协议明确。

**第十二条** 基金的主要投向。重点围绕煤炭产业"六型"转变,分别是:
煤电一体化产业方面,支持煤炭产品的采掘、洗选加工关键装备的研发制造，煤炭分质利用，低热值煤发电，煤基多联产技术，燃煤发电机组过程节能降耗，污染物控制与超低排放，智能电网运行与控制等方面。

现代煤化工产业方面，支持现代煤化工关键设备研发制造，低阶煤分级利用，煤炭高效清洁转化利用，合成气转化利用，煤制油、煤制烯烃，煤化工下游重要化学品的研发，精细化工，煤化工产业三废治理和利用，炼焦工艺及设备创新研发及产业化，节能减排技术开发及产业化，焦炉气、粗苯、煤焦油等炼焦化产品精深加工等方面。

煤层气抽采利用方面，支持煤层气资源勘查，高产富集区预测与评价，煤层气开采，煤层气储运，煤层气利用及关键装备的技术研发、制造等方面。

碳交易及减排、碳捕集及封存方面，支持从碳交易及减排技术研发应用，烟道气和煤化工窑炉二氧化碳捕集关键技术研发，二氧化碳资源物理利用、化学利用、生物利用，二氧化碳地质封存及驱替煤层气技术等方面。

## 山西省人民政府办公厅
## 转发省煤炭厅等部门关于推进煤炭供给侧结构性改革工作第二批实施细则的通知

晋政办发〔2016〕60号

各市、县人民政府，省人民政府各委、办、厅、局，各国有重点煤炭企业：

为切实推进全省煤炭供给侧结构性改革工作，促进全省煤炭经济健康可持续发展，近日，省委、省政府印发了《山西省煤炭供给侧结构性改革实施意见》（晋发〔2016〕16号）。为认真贯彻落实文件中确定的30项工作任务，省推进煤炭供给侧结构性改革工作领导小组安排各牵头单位制定了30项工作任务《实施细则》。现将2016年5月10日省推进煤炭供给侧结构性改革工作领导小组第二次全体会议审议通过的省发展改革委、省煤炭厅等部门牵头制定的第二批12个《实施细则》予以转发。各牵头单位要加强组织领导，认真实施推进，做好政策解读，各相关部门及配合单位要抓好落实，全力配合，按时完成工作任务。各地各相关部门要加大工作力度，成立领导机构，落实工作责任制，明确责任人，制定可操作性的路线图、任务书和时间表，加强日常调度，加大督促检查，切实抓好《实施细则》的推进落实工作。

附件：

1. 关于探索建立煤炭战略储备体系的实施细则
2. 关于推进煤炭绿色低碳消费的实施细则
3. 关于加大采煤沉陷区治理力度的实施细则
4. 关于加快建设山西科技创新城的实施细则
5. 关于分离办社会职能的实施细则
6. 关于创新煤炭交易机制的实施细则
7. 关于抓好现有政策落实到位的实施细则
8. 关于加强党的领导和完善法人治理结构的实施细则
9. 关于深化企业三项制度改革的实施细则
10. 关于推进厂办大集体改革的实施细则
11. 关于强化企业管理的实施细则
12. 关于加大金融支持力度的实施细则

山西省人民政府办公厅
2016 年 5 月 16 日

## 附件 1

## 关于探索建立煤炭战略储备体系的实施细则

省发展改革委

**第一条** 探索建立煤炭资源储备、产能储备和现货储备等多种形式相结合的战略储备体系，是提高煤炭资源配置能力的重要手段，是调节市场需求的重要抓手，是保障国民经济安全运行的重要基础。

**第二条** 资源储备。提高煤炭资源勘查程度，增加煤炭地质详查储量。加大资源勘探资金扶持力度，从采矿权收入和资源收益稳定基金中提取一定费用作为资源勘探专项资金，由相关部门进行管理。要加强煤炭资源储备政策扶持，特别是对我省已经明确列入国家稀缺煤种开采序列的两种稀缺煤（无烟煤、主焦煤），重点加强战略储备扶持。

**第三条** 产能储备。结合化解煤炭过剩产能要求，通过兼并重组和减量置换，适度发展工艺先进、生产效率高、资源利用率高、安全保障能力强、环境保护水平高、单位产品能源消耗低的先进产能；引导安全、质量、环保、技术和资源规模方面不达标煤矿有序退出；加快落后和其他不符合产业政策的产能淘汰关闭。根据全省煤炭生产企业化解过剩产能总体情况确定产能储备规模。支持对纳入省煤炭战略储备体系的大型煤炭企业，按适当比例进行产能储备，在市场出现价格巨大波动和供应链异常变动时，确保即时启动和适时调度。

**第四条** 现货储备。坚持煤炭现货储备与承储企业的正常生产经营、周转相结合，保证储备煤炭始终处于先进先出、以进顶出的滚动状态，实现煤炭储备动态化。通过加大现货储备能力，有效规避一定的煤炭市场价格波动风险。当价格上涨时，通过向市场投放储存的煤炭，稳定市场，平抑价格；当价格下跌时，在政府的宏观调配下，由承储主体按规定和程序购入一定额度的煤炭，保护煤炭企业，稳定经济。要充分发挥煤炭现货交易和衍生品交易两级市场的作用，有效调节供给和需求，提升山西煤炭储备的市场调节能力。要创新金融政策支持，以促进煤炭交易方式和交易机制现代化，依托中国（太原）煤炭交易中心，将煤炭储备与煤炭交易有机结合，通过期货交易、订单池融资、票据池融资、质押贷款等模式，有效解决承储企业承储煤炭占用资金的问题，实现储备煤炭交易金融化。

第五条 财政政策。建立煤炭战略储备体系成本巨大，需要大量的资金投入，包括储备设施建设成本、设备维护费用、搬倒运输费用、煤炭保存费用以及煤炭购买费用等，需要出台相应的财政政策，给予承储企业适当补贴，有效激励承储企业完成战略储备任务。对列入我省煤炭战略储备的项目，综合考虑煤炭储备量和当前煤炭价格等因素，对煤炭战略储备贷款或占用资金给予利息补贴，对场地占用费和保管费等管理费用予以财政补贴。

第六条 省国土资源厅负责煤炭资源储备。探索研究制定煤炭资源储备的具体方案，提出煤炭资源储备的规划和年度计划，落实煤炭资源储备任务。

第七条 省煤炭厅负责煤炭产能储备。探索研究制定煤炭产能储备的具体方案，根据全省煤炭生产企业产能情况确定储备量，提出煤炭产能储备的规划和年度计划，落实煤炭产能储备任务。

第八条 中国（太原）煤炭交易中心负责煤炭现货储备。探索研究制定煤炭现货储备的具体方案，按照煤炭市场供求情况，提出全省煤炭现货储备的规划和年度计划，落实煤炭现货储备任务。

第九条 省财政厅负责煤炭战略储备的财政资金补贴政策、财政资金管理和拨付，并探索研究制定财政资金用于煤炭战略储备的具体方案。

第十条 省发展改革委会同省金融办、省经信委、省国资委、省商务厅等部门负责协调煤炭战略储备实施中出现的相关问题，并配合有关部门提出解决办法和相关政策措施。

第十一条 建立我省煤炭战略储备意义重大，涉及面广，应先探索、试点，条件成熟后再全面推开。各有关部门拟出台的制度、实施方案、规划、计划等都要报省政府审批，做到"一事一报、一笔一批"，确保资金、市场安全稳定。

# 附件 2

# 关于推进煤炭绿色低碳消费的实施细则

省发展改革委　省经信委

**第一条**　加强规划引导。组织有关科研院所和专家，统筹三大煤电基地资源优势，加强山西省"十三五"电力发展规划的指导作用，确保晋北、晋中、晋东三大煤电基地科学有序开发。

**第二条**　合理布局常规燃煤火电。积极帮助涉及民生的热电联产项目加快推进前期工作，进一步提高城市集中供热比例；优化布局高参数、大容量机组的常规燃煤火电项目。

**第三条**　大力推进已核准的低热值煤发电项目建设。协调各部门和各市政府帮助项目单位解决建设中存在的困难和问题，并建立项目月报制度，督促项目单位按合理工期完成建设任务，确保项目按期建成投运。

**第四条**　全力推进在建外送电通道建设。加快推进蒙西—晋北—北京西——津南1000千伏特高压交流输电工程、榆横—晋中—石家庄—潍坊1000千伏特高压交流输电工程、晋北—江苏±800千伏直流特高压工程、山西盂县电厂—河北南网500千伏交流输变电工程等外输电通道建设，争取2016年底晋北—天津南特高压通道具备投产条件。

**第五条**　努力争取国家支持我省新建外送电通道。加强与国家发展改革委、国家能源局、国家电网公司的沟通协调，努力争取国家支持我省在"十三五"期间规划建设晋中—浙江±800千伏直流通道、晋东南—江苏±800千伏直流通道、晋东南—山东东明—枣庄2回1000千伏交流通道和扩建晋东南—荆门—湖南3回1000千伏交流通道。

**第六条**　做好配电网规划编制工作。组织专家和相关部门，在认真分析我省配电网发展现状和新形势下对配电网提出新要求的基础上，完成《山西省配电网建设改造"十三五"规划》的编制和上报工作。

**第七条** 认真落实配电网规划任务。省电力公司、晋能集团认真落实《山西省配电网建设改造"十三五"规划》，积极构建输配协调、强简有序、技术先进、清洁环保、经济高效的现代化电网，确保配电网更好地服务于全面建成小康社会的宏伟目标。

**第八条** 发展现代高载能产业。发挥能源资源优势，积极推动现代高载能产业向中高端迈进，延伸产业链条，提高附加值。积极推进中铝华润集团兴县50万吨轻合金项目建设。在承接东部产业转移中，主动承接冶金新材料、新型建材、大数据等现代高载能产业。

**第九条** 扩大电力直接交易。有序增加大用户直供电量，对符合大用户直供电条件的企业新增用电量全部予以电力直接交易支持。

**第十条** 继续实施新增电量奖励。对规模以上工业企业2016年用电同比增量部分给予奖励。

**第十一条** 积极推进晋北现代煤化工基地建设。省发展改革委进一步加大沟通协调力度，在基地规划环评批复后尽快争取国家发展改革委批复晋北（朔州）现代煤化工基地规划。朔州市政府及时跟进企业项目进展，了解项目总体情况以及项目单位需求，切实为企业解决土地、环评、供水等问题，积极配合企业完成项目审批。项目单位启动前期相关工作，抓紧调整完善项目方案，细化工艺技术和产业链条，尽快主动落实项目各项建设条件。

**第十二条** 加快推进在建现代煤化工项目建设。重点推进潞安煤制油、大同煤制气、焦煤集团甲醇制烯烃等现代煤化工项目建设。

**第十三条** 推进城乡采暖"煤改电"试点工作。2016年力争完成5000户居民、50个高速公路服务区采暖"煤改电"试点任务，在有条件的学校、医院、商场、办公楼、厂房等公共建筑试点推广电采暖。

**第十四条** 加快推进在役燃煤发电机组超低排放改造工作。加大协调服务力度，积极落实财政资金支持、电量奖励和电价支持等鼓励政策，扎实推进现役机组超低排放改造工作，确保在2017年底前全面完成全省现役单机30万千瓦及以上燃煤机组超低排放改造任务。

附件 3

## 关于加大采煤沉陷区治理力度的实施细则

省发展改革委  省住房城乡建设厅  省国土资源厅  省环保厅

**第一条** 科学规划、整体推进。各级政府要科学编制本地采煤沉陷区综合治理规划。规划要坚持"三同步"（即与改革发展同步规划、同步落实实施、同步见到成效）、"四结合"（即与当地改革发展、农民增收致富、农民整体生活水平提升、农村社会治理水平提升结合起来）、"五统筹"（即与新型城镇化建设、产业开发、基础设施建设、提升公共服务、环境整治和生态恢复相统筹），要采用政府引导、企业配套、群众参与的治理办法，连片整治，整体推进。

**第二条** 综合治理，统筹实施。在组织实施群众搬迁安置工作的同时，要统筹实施土地复垦整理、矿山地质和生态环境恢复治理等工作，做到搬迁一个村、复垦一个村、治理一个村。要按照迁出地宜耕则耕、宜水则水、宜林则林的原则，积极推进田、水、路、林综合治理，引导沉陷区居民向集镇和人口聚集区集中，传统农业向现代农业和多元产业方向发展，有效保护耕地和节约用地，改善农村生产生活条件，建设一批小康新村和新社区，提升人民群众生活品质，促进城乡统筹发展。

**第三条** 明确责任，严格监管。对2014年以前形成的历史遗留和灭失主体留存的采煤沉陷区，各级政府为治理责任主体，其恢复治理工程由政府组织实施。全省各有关部门要按照本部门的职责，规划、指导、督促各地扎实做好采煤沉陷区综合治理的相关工作。2014年以后开采形成的沉陷区，按照"谁开发、谁保护、谁破坏、谁治理"的原则，制定防范新生采煤沉陷灾害的相关法规、规章，明确煤炭企业为治理责任主体，并组织实施恢复治理工程。各市、县政府加强监管，督促企业履行责任。

**第四条** 总体目标任务。到 2017 年底，完成全省 21.8 万户、65.5 万人的搬迁安置任务；到 2018 年底，完成 59 个采煤沉陷区矿山环境恢复治理项目，历史遗留矿山环境综合治理率达到 35%；完成 40 个重点复垦区的土地复垦任务，复垦土地面积达到 310 平方公里。完成采煤沉陷区矿山地质环境和生态环境详细调查，建立完善矿山环境治理恢复保证金政府动用机制；出台防范新生采煤沉陷灾害的相关法规、规章。对有培训需求的劳动者，全部组织参加 1 次培训，确保对零就业家庭每户有 1 人就业。

其中：2016 年，继续实施 7.6 万户、22 万人的搬迁安置任务；启动 20 个矿山地质环境治理项目，历史遗留矿山环境综合治理率达到 12%；启动 15 个重点复垦区的土地复垦任务，复垦土地 120 平方公里；启动全省矿山地质和生态环境详细调查，完成全省所有产煤县（市、区）的生态环境现状详细调查的方案制定和调查工作，完善矿山环境治理恢复保证金制度；起草防范新生采煤沉陷灾害的相关法规、规章。

**第五条** 实行项目化管理。采煤沉陷区综合治理实行项目化管理，层层分解落实，确保目标、任务、进度、责任人"四落实"。各部门要按照各自职责分工和任务分解，加强协调配合，形成齐抓共管的工作合力。采煤沉陷区综合治理严格实行项目法人制、招投标制、施工监理制、合同管理制和工程质量终身负责制，确保工程规范化建设。要用足用好中央政策、资金，对项目建设资金实行最严格的管理，凡挤占、转移、挪用、截留建设资金，以及造成资金损失浪费的单位，将按照国家有关法规追究责任。

**第六条** 加强组织领导。省政府成立采煤沉陷区综合治理领导小组，下设综合协调办公室（设在省发展改革委）。各市政府是采煤沉陷区综合治理的责任主体，对本市采煤沉陷区综合治理负总责。各相关县（市、区）政府是采煤沉陷区综合治理的直接责任主体，实行县（市、区）长负责制。各市、相关县政府要成立相应的采煤沉陷区综合治理领导小组和工作机构，进一步细化工作，明确责任单位、责任人，确保采煤沉陷区综合治理工作落实到位。

**第七条** 设置专项办公室。为进一步强化工作机制、明确责任分工，根据省政府工作部署，结合《山西省煤炭供给侧结构性改革实施意见》（晋发〔2016〕16 号）工作要求，按照"综合规划、全面推进、加快建设"的原则，设置搬迁安置、建设改造、地环治理、生态恢复、沉陷防范、资金管理、就业保障 7 个专项办公室。其他相关部门要按照统筹实施、综合治理的要求，研究制定支持政策，开辟绿色通道，各司其职，协同配合，全力推进深化采煤沉陷区综合治理工作顺利实施。

**第八条** 严格监督检查。各地政府要加强监督检查，实施全方位监管，对资金使用过程中发现的违纪违法问题要严肃处理，坚决制止采煤沉陷区综合治理中损害居民合法权益的行为。各乡（镇）要加强采煤沉陷区内建筑物受损情况的监测，对受损严重的村庄应优先安排进行搬迁安置，对受损特别严重的居民房屋、公共建筑等应立即进行治理或采取临时安置措施，确保采煤沉陷区综合治理工作期间群众生命财产安全和整体工作安全顺利推进。

**第九条** 本实施细则与采煤沉陷区综合治理领导小组决定不一致时，以采煤沉陷区综合治理领导小组决定为准。

附件 4

## 关于加快建设山西科技创新城的实施细则

省科技厅

第一条 全面推进山西科技创新城项目建设。省科技创新城建设领导小组办公室（以下简称科城办）负责科学制订科技城年度发展计划，重点服务好2015年开工项目，加快推进2016年新项目开工建设，完成2016年度投资计划55亿元。

第二条 科学调整山西科技创新城部分规划。科城办负责完成科技城核心区2016年部分开工项目的规划调整，并在12月前完成太原能源低碳发展论坛综合功能片区策划和修建性详细规划及概念性建筑方案设计。8月份提出科技城产业合作区建设前期方案，报省科技创新城建设领导小组审定。

第三条 加快推进省内重点入驻研发机构开工建设。省国资委负责协调推进省属国有企业入驻研发机构建设，2016年完成投资18亿元。省教育厅负责协调推进山西大学、太原理工大学、山西农业大学入驻科技城研发机构建设，并做好相关协调服务工作，确保年内开工建设。

第四条 对接引进煤基低碳领域高端研发机构。科城办负责对接国内外大型企业、知名高等院校、高端科研院所，继续引进一批国家级、省级重点实验室和工程技术研究中心等创新平台和人才团队，2016年引进5家高端研发机构。

第五条 大力营造富有吸引力的政策环境。科城办在科技城研发机构引进、人才支持、平台建设、科技成果转化等方面先行先试，实施政策和机制创新。省财政厅、省人力资源社会保障厅全面落实人才引进和创新激励各项政策，以政策高地保障科技城建设。省科技厅积极组织国家自主创新示范区申报，争取国家科技政策支持。

**第六条** 做好科技城项目行政审批、征地和拆迁工作。太原市、晋中市政府要专设科技城办事绿色通道，明确科技城建设项目享受"同城待遇"，并主动做好科技城两地片区范围内建设项目土地报批、征地拆迁、土地出让、规划审批、项目立项、工商注册、税务登记及消防、人防、施工许可等手续办理，以及排除工程施工干扰等相关工作。

**第七条** 保障科技城建设土地。省国土资源厅负责落实科技城水浇地占补平衡指标，并在2016年8月底前先期解决约1800亩水浇地占补平衡指标。

**第八条** 加快完成科技城燃气管道改迁工作。由省国新能源公司、省国化能源公司负责，按照科技城燃气专项规划，2016年10月底前完成科技城核心区所属全部燃气管道的临时和永久改迁工作。

**第九条** 解决科技城资金流转和项目建设融资问题。省财政厅负责协调太原市、晋中市政府，落实科技城项目审批及资金流转经济指标统计工作程序，安排好科技城建设资金流转；省金融办负责协调银行等各类金融机构解决科技城基础设施、研发机构等建设项目的融资问题。

**第十条** 加快推进科技城核心区村庄城镇化改造。太原市政府负责核心区太原范围内3个城中村改造工作，2016年8月底前完成前期修建性详细规划方案的编制工作，并在年内启动改造实施工作。晋中市政府负责加快推进科技城核心区晋中范围内4个村庄城镇化改造工作。

**第十一条** 加快科技城配套水利基础设施建设。省水利厅负责加快实施太榆退水渠的改造工程，太原市、晋中市负责完成科技城核心区以南与太榆退水渠配套的泄洪渠、缓洪池、排水泵站等工程，解决科技城及上游地区的洪水出路问题。

附件 5

## 关于分离办社会职能的实施细则

省人力资源社会保障厅  省国资委

**第一条**  加快推进省属国有煤炭企业医疗保险实行属地社会管理。各市人力资源社会保障部门、医疗保险封闭运行企业要密切配合，做好企业参保人员信息录入、社保卡制作发放、基金审计划转、医保待遇衔接、企业医药机构协议管理等工作，2016年将具备条件的医疗保险封闭运行企业纳入社会统筹，由各企业驻地所在统筹地区统一管理。对暂不具备纳入条件的企业，要积极创造条件争取早日纳入。

**第二条**  纳入社会统筹管理可按照基本纳入和规范纳入两个阶段实施。在基本纳入阶段要统一执行统筹地区的医保政策，统一基金预决算和会计制度，统一核定缴费基数，统一基金征收使用，并纳入财政专户，实行收支两条线管理。已经实现基本纳入工作的，要按照人社部发〔2013〕66号文件规定进行规范，原企业自行管理的经办业务要移交统筹地区医保经办机构管理，统一规范业务流程和信息系统，统一核算医保基金，个人账户管理、待遇审核和支付由统筹地区医保经办机构负责。

**第三条**  各市人力资源社会保障部门与企业签订的医疗保险纳入社会统筹协议，凡是与人社部发〔2013〕66号文件不一致的，2016年要予以调整规范。

**第四条**  统筹地区审计部门对企业封闭运行期间的医保基金收缴、使用、结余情况进行审计。企业历年结余的城镇职工基本医疗保险基金应全部划转统筹地区医疗保险基金财政专户，以便职工基本医疗保险缴费年限的连续计算；因企业困难暂时不能全部划转的，可签订划转协议，分期划转，每年划转额不低于结余总额的1/3。原封闭运行企业与统筹地区人力资源社会保障、财政部门协商一致将部分结余基金用于解决过渡期内医保待遇问题的，由相关市政府报省政府批准后执行。

**第五条** 从纳入社会统筹之日起，企业应按时足额向统筹地区社保经办机构缴纳医疗保险费，参保人员按统筹地区规定享受医疗保险待遇。原封闭运行企业医保纳入社会统筹后，为了保障一次性移交大量退休人员的医保待遇正常及时支付，统筹地区经办机构与企业要共同认真测算，企业当年缴纳的医疗保险费给参保职工、退休人员个人账户按规定比例划拨后，其余部分划入统筹基金；划入的统筹基金支付企业当年参保职工、退休人员住院医疗费用和门诊大额疾病费用出现缺口时，由企业每年按照基金缺口向统筹地区社保经办机构缴纳。企业缴纳的缺口费用，可以用纳入社会统筹时划转的结余基金抵顶。

**第六条** 各市人力资源社会保障部门应及时将符合条件的企业医院、卫生所、门诊部、社区卫生服务机构等医疗机构纳入统筹地区医疗保险协议医疗机构，按分级诊疗规定将其确定为首诊医保服务机构，引导参保人员到这类医疗机构就医。

**第七条** 推动省属国有煤炭企业生育保险实行属地社会管理。各企业应在参加基本医疗保险的同时参加生育保险，为两项保险合并实施奠定基础。

**第八条** 对与所在市政府协商一致同意接收的企业医保经办机构，移交地方管理。

**第九条** 推动省属国有煤炭企业工伤保险实行属地社会管理。2016年将省煤炭厅经办的省属国有重点煤矿等企业的工伤保险基金移交省人力资源社会保障厅统筹管理，将省煤炭厅下属的山西煤炭工业社会保险中心（包括人、财、物）整体划转到省人力资源社会保障厅管理。

**第十条** 从2016年起，用2—3年时间，对国有企业办医疗、教育、市政、消防、社区管理等机构实行分类处理，采取移交、撤并、改制或专业化管理、政府购买服务等方式进行分离。2016年底前出台相关配套政策，2017年选择同煤、晋煤进行试点，2018年全面推开。

**第十一条** 分类处理企业办医疗、教育机构。对需要保留的幼儿园，移交地方政府接收管理；对与所在市、县政府协商一致同意接收的医疗机构，移交地方管理；对运营困难、缺乏竞争优势的医疗、教育机构，予以撤销并做好有关人员安置和资产处置工作；对因特殊原因确需保留的医疗、教育机构（指除幼儿园、义务教育阶段学校和普通高中学校以外的教育机构），按照市场化原则进行资源优化整合,实现专业化运营管理。同时,积极探索政府购买服务等模式,引入社会资本参与企业办医疗、教育机构的重组改制。

**第十二条** 对企业按照消防法规要求建设的消防安全管理机构和专职消防队予以保留;对企业办的市政消防机构,原则上予以撤销,其中符合当地城镇消防规划布局不能撤销的消防队(站)划转当地政府接收。

**第十三条** 企业负责管理的市政设施、职工家属区的社区管理移交市县政府负责。

**第十四条** 从2016年起,用2—3年时间,对企业职工家属区供水、供电、供热(供气)和物业管理(统称"三供一业")的设备设施进行必要的维修改造,达到城市基础设施的平均水平,分户设表、按户收费,由专业化企业机构实行社会化管理。同煤集团在大同"两区改造"工程的职工家属区"三供一业"力争于2016年底前剥离。其他省属煤炭企业从2017年开始,将职工家属区的"三供一业"进行改造。力争2018年底前省属煤炭企业全部完成该项工作。

**第十五条** 维修改造标准、改造费用测算等相关工作执行各市政府出台的相关政策,对同一地区的省属企业和市县国有企业执行相同的政策标准。分离移交费用由企业和政府共同分担。

**第十六条** 省属国有煤炭企业分离办社会职能的补助政策,由省政府另行制定;市县国有煤炭企业分离办社会职能的补助政策,由市县政府研究明确解决办法。

**附件 6**

## 关于创新煤炭交易机制的实施细则

省煤炭厅

**第一条** 健全和完善煤炭现货交易体系。中国（太原）煤炭交易中心要运用现代网络信息技术手段，与山西焦煤集团合作，建立炼焦煤煤种交易平台，设立炼焦煤交易分中心，2016年7月底完成方案设计，9月底完成平台研发，争取12月底上线运行。探索建立无烟煤、动力煤煤种交易平台，进一步提升服务质量，吸引地方煤炭企业进入分煤种、分区域交易平台上线交易。

加强与省外优势企业合作，建立曹妃甸煤炭交易分支机构，7月底完成合作协议签订，9月底完成平台研发，争取12月底上线运行。

通过上述措施，推进煤炭交易平台与企业销售平台的对接，实现资源供给、市场需求、物流配送、金融服务等信息共享，拓宽销售渠道，降低交易成本，提高交易效率。

**第二条** 提升交易服务功能。在年度煤炭交易大会和日常交易中，推行煤炭挂牌、招标、拍卖等交易方式；根据企业需求和市场状况，分煤种、分区域、分流向组织开展煤炭专场交易，满足企业差异化、个性化需求；通过交易中心网络、移动商务客户端等方式和推介会、走访用户等渠道，进行宣传推介，开展煤炭品牌营销，促进煤炭供给与市场的有效对接，巩固和提高我省煤炭市场份额，增加我省煤炭销售量。

**第三条** 提升信息服务功能。积极引导和鼓励煤炭生产、物流、消费企业在交易平台上发布资源供给、运输、需求信息，为煤炭供需双方提供交易信息服务，促进煤炭产运需的有序衔接；对现有煤炭价格指数进行优化升级，增加下水煤、直达煤、炼焦煤等价格指数和瘦煤、贫瘦煤等代表规格品，调整权重比例，健全采价体系，完善指数系列，提高中国太原煤炭交易价格指数的权威性。6月底完成优化升级工作，7月份正式公开发布；推广煤炭质量升贴水标准的应用，为煤炭供需企业科学定价、公平交易提供参考。

**第四条** 提升物流服务功能。交易中心要创新铁路运力衔接服务合作新机制，加大与太原、北京、郑州铁路局的合作力度，加强沟通协商，增进路企相互理解，按月组织对接，促进煤炭交易与铁路物流的高效衔接匹配，降低物流成本。

**第五条** 提升金融服务功能。探索开展煤炭供应链融资服务，交易中心加强与省农信社、晋商银行等金融机构合作，为煤炭交易商提供订单融资、票据融资和应收账款融资等金融服务；探索研究以交易中心为主体，成立清结算、登记业务机构，提供第三方清结算、信息登记等服务，防范交易资金风险，提高交易资金结算效率，12月底完成可行性研究并报省政府。

**第六条** 开展煤炭期货交易调研。5月初，省煤炭厅牵头组织省政府发展研究中心、煤炭交易中心等单位，赴省外相关金融监管部门、交易机构开展调研，6月初形成调研报告报省政府。

**第七条** 加强沟通衔接，形成工作合力。省发展改革委、省经信委、省煤炭厅、省国资委、省金融办、山西证监局、煤炭交易中心等单位在各自工作职责范围内，分工协作、密切配合，加强与国家相关部门沟通衔接，努力争取国家支持，推进煤炭交易机制创新。

附件 7

## 关于抓好现有政策落实到位的实施细则

省煤炭厅

**第一条** 对现有相关政策进行梳理汇总。2016 年 6 月 30 日前，完成近三年来国家及我省在深化企业改革、促进煤炭行业平稳运行、减轻企业负担、推进产业结构调整 4 个方面现有政策措施的梳理汇总工作。

由省发展改革委负责"推进产业结构调整"方面政策措施的梳理；由省经信委负责"减轻企业负担 60 条""工业 19 条""促进工业经济稳定运行 20 条"等减轻企业负担方面政策措施的梳理；由省煤炭厅负责"煤炭 20 条""煤炭 17 条""煤炭管理体制改革 36 条"等"促进煤炭行业平稳运行"方面政策措施的梳理；由省国资委负责"深化企业改革"方面政策措施的梳理；由省推进煤炭供给侧结构性改革工作领导小组办公室（以下简称省领导小组办公室）对以上 4 个方面梳理情况进行汇总，并汇编相关政策。

**第二条** 对政策落实情况进行分类自查。省发展改革委、省经信委、省煤炭厅、省国资委在梳理汇总的基础上，牵头组织相关部门和单位，对每一项政策的落实情况都要进行"回头看"，按照已落实到位、正在推进和未落实三种情况进行分类自查。对已落实到位的，重点是自查落实到位的具体时间、采取的主要措施和取得的实际效果；对正在推进落实中的，重点是自查进展的程度、推进的措施和计划具体完成的时限；对未落实的，重点是自查具体情况原因、目前采取的措施和下一步的打算等。8 月 31 日前，省领导小组办公室对自查情况进行汇总，报省政府。

**第三条** 集中开展督查。9 月 1 日开始，由省领导小组办公室、省政府督查室组织相关单位组成 4 个督查组，采取听取汇报、查阅资料、调研座谈、个人谈话和实地查看等方式进行督查。督查结束后，要形成督查报告报省政府，报告要有情况、有问题、有分析、有建议。各督查组要以适当方式将督查情况向相关责任单位进行意见反馈，指出发现的问题，提出整改意见和要求。

  **第四条** 督促整改落实。省发展改革委、省经信委、省煤炭厅、省国资委要督促相关责任单位按照督查反馈意见和整改要求，制定整改方案，明确整改任务书、路线图、时间表，并报省领导小组办公室、省政府督查室备案，促进现有政策的落实到位工作。省发展改革委、省经信委、省煤炭厅、省国资委负责汇总相关责任单位的整改情况，并向省领导小组办公室、省政府督查室报告。

  **第五条** 科学运用好督查结果。省政府督查室将督查结果作为相关责任单位年度目标责任考核的重要依据，对政策落实推进不力、懒政怠政的，省领导小组办公室、省政府督查室提出问责意见，省政府进行严肃问责。

  **第六条** 畅通政策落实情况反馈渠道。省领导小组办公室在"山西煤炭信息网"设立"煤炭供给侧结构性改革"专栏，收集抓好政策落实到位工作的意见和建议，推进煤炭供给侧结构性改革工作。

附件 8

# 关于加强党的领导和完善法人治理结构的实施细则

省国资委

**第一条** 根据省委、省政府《关于省属国有企业加强党的领导和完善法人治理结构的实施办法》（晋发〔2016〕18号）精神，组织省属国有重点煤炭企业修订公司章程。焦煤集团、同煤集团、晋能集团先行试点，2016年8月底完成公司章程修订。在此基础上，总结经验，形成规范，阳煤集团、潞安集团、晋煤集团、山煤集团在2016年10月底完成公司章程修订。

**第二条** 各省属国有企业要研究修订党委会工作规则、董事会及其专门委员会的议事规则、监事会工作规则、经理层工作规则等文件，为省属国有企业加强党的领导、建立规范的公司法人治理结构提供制度保障。要求2016年底前完成。

**第三条** 切实落实省属国有企业党建工作责任制。深入推进国有企业党的建设制度改革，扎实开展"两学一做"专题教育，2016年底前全面完成22户省属国有企业党委、纪委换届工作。

**第四条** 落实省属国有企业党风廉政建设两个责任。各级党组织要层层签订党风廉政建设责任书，集团公司党委、纪委对基层党组织落实主体责任、监督责任情况应定期分析、定期研究、定期督查，督促企业各级负责人履行好"一岗双责"。对违反党的纪律、"四风"问题突出、发生顶风违纪问题、出现腐败案件的国有企业，要依照有关规定严肃追究责任。

**第五条** 加强省属国有企业董事会建设。在同煤集团、晋能集团、焦煤集团开展规范董事会试点工作，实行外部董事制度，外部董事比例要占到董事会成员半数以上。其他企业要根据董事会建设工作推进情况，逐步实行外部董事制度。

**第六条** 加强省属国有企业外派监事会监督工作。紧紧围绕企业财务、重大决策、运营过程中涉及国有资产流失的事项和关键环节、董事会和经理层依法依规履行职责等重点，深入开展监督检查。全面建立问题台账，全程实施动态监督，着力做好年度监督检查、专项检查和重点核查工作，努力提高报告质量，强化监督成果运用。

**第七条** 推进工会、职代会民主监督职能融入法人治理结构。同煤集团、晋能集团、焦煤集团等试点企业要依据规定选举产生职工董事、职工监事，试点企业要研究制订工会、职代会民主监督的重要事项、监督方式、监督途径、规则制度等具体措施，形成长效机制。

**第八条** 加强经理层管理和市场化选拔工作。选择同煤集团、晋能集团、焦煤集团所属1至2户子公司进行总经理和副总经理的市场化选聘试点工作，对市场化选聘的总经理和副总经理实行任期制、契约化管理，要求2016年底前完成。

**第九条** 加强集团总部功能建设，优化母子公司管控流程，按照战略管控、经营管控、财务管控等不同管控模式要求，整合层级，清理职数。特别是不得设置无实际职能、虚化岗位职责的职位，对省属企业过多过滥设置的各层级助理、副总师、常务副、各种非领导职务及待遇的职位要在2016年底前清理整改到位，并建立长效机制。

**第十条** 完善薪酬分配与绩效考核的联动机制，着力引导企业提质增效、创新发展，增强企业的竞争能力和可持续发展能力。严格控制企业高级管理人员的薪酬水平，规范岗位绩效工资管理体系，合理拉开收入分配差距，确保薪酬分配与工作绩效、承担风险和岗位责任紧密挂钩。

**第十一条** 按照上述规定，省属国有企业要对所属二、三级公司开展加强党的领导和完善法人治理结构各项工作，制定目标任务和推进方案，要求2017年6月前落实到位。

**附件 9**

## 关于深化企业三项制度改革的实施细则

省国资委

**第一条** 重新梳理管理流程，减少管理层级，严控岗位职数。重点是严控中层管理人员、科队级管理人员配置总量及设置比例，以 2014 年超职数专项治理以来目前实际配置为基础，重新核定公司职能部门、二级单位管理岗位的职数编制，健全完善企业机构设置和各级管理岗位职数编制规章制度，严格按程序办理，杜绝因人设岗，严禁超职数配备干部、超机构规格提拔干部、超审批权限设置机构、擅自提高干部职级待遇、擅自设置职务名称等行为，严格责任倒查。

**第二条** 2016 年底建立各类管理人员公开选拔、竞聘上岗机制，各级管理人员的市场化选聘或内部竞争方式选拔比例不低于 10%。推进现有经理层成员向职业经理人身份转换，加大经理层市场化选聘力度，严格落实经理层成员的任期管理和目标考核。

**第三条** 2016 年底前建立健全以绩效考核为重点的综合考核评价体系，严格考核奖惩。各级管理人员考核结果在企业网站公示，依据考核结果并综合研判后实行末位淘汰机制。对考核成绩优秀的管理人员予以表彰奖励；对考核结果为基本称职或不称职的管理人员，必须及时调整岗位或解聘，并进行再培训，提升能力素质。被调整岗位或解聘的管理人员按新任职岗位进行管理，不再执行原任岗位待遇。对不能胜任现职的管理人员，不得以照顾性或享受待遇的岗位予以安排。

**第四条** 严控企业用工数量。全省国有煤炭企业要与国内先进煤炭企业进行对标，加强劳动定员定额管理，严格按照产能核定员工数量。对超定员的，要逐步予以消化，力争到2020年人均劳效比2015年提高20%以上，达到国内先进水平。省属煤炭企业应加强对所属企业用工的控制，制定严格的定员标准，制订减员提质增效计划，除特殊岗位急需、企业内部调整难以解决的人员外，不得增加人数。严格按计划控制员工数量，到2020年底前人均劳效、吨煤工效比2015年提高25%以上，达到世界先进水平。

第五条　实行阳光招聘。企业对外招聘员工，实行全面市场化招聘制度。企业内部招用人员，应该及时发布用工信息，通过笔试、面试、实操、业绩等形式，确保公正透明。

第六条　加强劳动合同管理。2016年底前完善劳动合同管理的相关内部规章制度，明确奖惩标准。无论短期用工、季节用工、临时用工还是长期用工，均应依法依规签订劳动合同。对涉及保密岗位的，应签订保密协议，明确双方的权利、责任、义务及违约责任。对由企业提供专项培训费用的专业技能、经营管理人员，可以与其签订服务协议，明确服务年限及违约责任。对劳动合同到期、应终止劳动合同的员工，及时办理终止劳动合同手续，依法给予经济补偿。对不胜任工作的员工进行在岗培训、转岗培训、脱产培训，提升专业技能水平。对调整工作岗位仍不胜任的以及严重违规违纪的员工，依法依规及时解除劳动合同。

第七条　发挥资源枯竭矿的人才优势。整建制调配资源枯竭矿的员工到集团内部资源整合矿或扩建矿。对自谋职业的人员，依法依规给予经济补偿，经原企业批准，可与原企业签订基本养老保险和基本医疗保险缴费协议，由员工本人将经济补偿金用于缴纳社会保险费。

第八条　改进工资总额管理办法。对劳动分配率较高的企业，控制工资总额增长幅度，将劳动分配率控制在45%以内。亏损企业的工资总额和工资水平不得增长。利润下降较大的企业，工资总额和工资水平应该下降。利润总额下降超过10%的，原则上工资总额应下降5%以上。

第九条　逐步扩大省属企业二、三级企业自主决定工资总额的试点范围。对管理基础较好、不拖欠职工工资和社会保险费的企业，经批准后，由企业自主决定工资总额，省国资委不再审核工资总额。在每个省属煤炭企业至少选择两户二级企业进行工资总额周期预算管理试点，周期预算应与企业负责人的任期一致，允许企业根据自身实际，在周期内自主决定各年度的工资总额和增长幅度。

**第十条** 理顺工资分配关系。企业总部工资水平和增长要与所属企业职工工资挂钩,凡总部工资水平高于所属企业2倍以上的,全部予以调减。严格按有关规定深化企业负责人薪酬制度改革,严控企业高管与一般职工工资的倍比,大型企业高管工资收入一般不得超过所属企业职工工资的8倍,中型企业不应超过5倍,小型企业不应超过3倍。职业经理人的薪酬由市场决定。确保一线职工工资收入与企业劳动生产率的提高同步增长。

**第十一条** 规范工资分配秩序。企业领导人员不得超标准取薪,不得兼职取薪。对企业现行的津贴补贴及奖金于2016年6月前进行一次全面清理规范。凡超出国家及我省规定的津补贴标准,一律按国家及我省有关规定执行。对超过企业承受能力、没有与企业效益和职工工作业绩挂钩的奖金进行规范。坚决杜绝一方面企业亏损一方面增加工资奖金。企业不得以安全风险抵押金的名义发放安全风险奖。

## 附件 10

## 关于推进厂办大集体改革的实施细则

省国资委

**第一条** 明确任务，强化责任。省属煤炭企业须于 2016 年 10 月底前上报改革总体方案。其中，同煤集团应于 2016 年 6 月底前上报改革方案。2017 年底前，50%的省属煤炭企业厂办大集体改革分户方案经集团公司批复，确保 2018 年底前全部完成改革任务。其他有厂办大集体改革任务的煤炭企业，须于 2016 年底前完成 50%的厂办大集体改革总体方案批复，2017 年底前 50%的厂办大集体改革分户方案批复，2020 年底前完成改革任务。企业应倒排进度，将改革各个阶段完成节点具体到月，切实做好调查摸底、测算论证、方案制定、资产处置、人员身份界定及安置、社保关系接续、原企业注销、新企业登记、债权债务关系变更等工作，确保改革按时且环环相扣，有序推进。

**第二条** 因企制宜，一企一案，多种模式进行改革。对生产经营正常的企业，通过引入社会资本，允许员工持股，进行混合所有制改革；对长期亏损或停业的"僵尸企业""空壳企业"，由主办企业对债权债务关系进行处理后予以撤销。对债权债务关系复杂、主办企业不能自行关闭的，依法破产。原则上，国有资本应全部退出，一时难以退出的，可以参股，不再控股。主办企业应逐户对厂办大集体进行资产债务、人员情况、参保情况、生产经营情况进行分析，确定改革路径，制定可行方案。厂办大集体较多的，可将所有厂办大集体捆绑改革，也可一户一策，分户改革。

**第三条** 用足用活政策。厂办大集体占用主办企业的厂房、设备可以作为改制成本，或者租赁给改制后的厂办大集体企业继续使用；与大集体的债权债务关系通过轧差进行处理，对厂办大集体与主办企业的净负债及改革成本不足部分，核销国有资产权益；对厂办大集体占用原主办企业的土地，符合划拨条件的划拨给改制后的厂办大集体企业继续使用，土地出让收益用于安置职工；对关闭破产厂办大集体单位欠缴的基本养老保险费，按有关规定经批准后予以核销；对厂办大集体净资产不足以支付解除职工劳动合同的经济补偿金的差额部分由各级财政给予奖补等。以上改革政策要确保落实到位。

第四条 妥善安置职工。鼓励改制企业尽可能多地留用原企业职工，对年龄偏大、技能单一的职工，予以适当保护，使其老有所养、病有所医。对距法定退休年龄5年以内的职工，经本人申请、企业同意，可以实行内退，企业将经济补偿金用于支付内退职工的基本生活费，基本生活费按不低于当地最低工资标准的80%执行，并且由企业为内退人员缴纳基本养老保险费、基本医疗保险费和大额医疗费用补助，经济补偿金不足以支付上述费用的，由主办企业根据实际，与厂办大集体职工协商费用负担。对距内退年龄3年以内的人员，可由企业与职工双方协商，签订保留基本养老保险和基本医疗保险关系协议（以下简称"协保人员"），将职工经济补偿金用于缴纳基本养老保险费和基本医疗保险费，对经济补偿金不足以支付上述费用的，由协保人员个人承担。

第五条 支持改制企业吸纳原企业员工。对与改制后的厂办大集体企业签订1年以上劳动合同的原厂办大集体职工，按失业保险金标准给予6个月的岗位补贴，鼓励企业多留用原企业职工。

第六条 依法保障职工合法权益。对拖欠职工工资、社会保险费、集资款等情况要制定清偿办法，暂时无能力解决的，可与职工签订清偿协议，逐步予以清偿。厂办大集体改革方案要经职工代表大会讨论。其中，职工安置方案要经职代会讨论通过，未经职代会讨论通过的，不得实施。

## 附件 11

## 关于强化企业管理的实施细则

省国资委

**第一条** 根据我省《关于省属国有企业加强党的领导和完善法人治理结构的实施办法》（晋发〔2016〕18 号）、《山西省省属国有企业外部董事管理办法》（晋政发〔2016〕21 号），及时修订国有企业公司章程，把加强党的领导和完善公司治理统一起来，将党建工作总体要求纳入国有企业章程，明确国有企业党组织在公司法人治理结构中的法定地位，创新国有企业党组织发挥政治核心作用的途径和方式。

**第二条** 国有企业党组织要切实履行好党风廉政建设主体责任，纪检机构要履行好监督责任。结合省委专项巡视整改，针对国有企业党风廉政建设以及重点领域关键环节存在的突出问题逐步开展专项治理；结合"学党章党纪、学系列讲话、做合格党员"专题教育，突出挺纪在前，深入开展正风反腐教育活动。

**第三条** 进一步在保持惩治腐败高压态势下，贯彻"四种执纪形态"要求，强化纪律审查，有效解决腐败问题"存量"、坚决遏制"增量"，进一步深入解决国有企业经营管理和改革发展中存在的不正之风和腐败问题，形成不敢腐、不能腐、不想腐的有效机制。

**第四条** 通过机械化、信息化、集约化的现代科学技术以及减人增效等措施，改善煤矿生产组织结构，提升煤矿安全保障能力，提高煤矿的劳动生产率和效益。国有大矿单班作业人数控制在合理范围内，减人提效，采取集中生产，形成集团公司的效益源；资源整合矿井严格采取一井一面的现代化生产模式，矿井人数一般控制在 300 人以内。2017 年 6 月底前，所有矿井都应达到我省规定的质量标准化、现代化要求。2016 年底前，完成省属国有煤炭企业安全管理层级的清理和规范工作，省属国有煤炭企业安全管理层级不得超过三级。

**第五条** 加强国有企业基础管理，严控人工成本，在工资总额管理上坚持工资总额增幅不超过企业利润总额增幅，职工平均工资增幅不超过劳动生产率增幅的原则；加强国有企业过程管理，严控管理费用，进一步加强财务成本管控，严控业务招待、差旅等费用，严格业务支出审批手续。

**第六条** 严格控制非经营性新增债权，除国有企业内部正常发生的应收款项、往来结算外，严格控制向其他单位提供资金；切实规范担保行为，确需对外提供担保的，国有企业应严格履行相关程序，在政策和法律允许的范围内进行。

**第七条** 建立健全国有企业经济合同履行情况的全程跟踪机制，从合同的谈判、签订、履行、危机、纠纷解决等多方面加大合同管理力度；加强对国有煤炭企业实施供给侧结构性改革的法律管理服务，用足用好有关鼓励政策和法律法规，切实为国有煤炭企业的改革保驾护航。

**第八条** 围绕国有企业总体经营目标，在企业管理的各个环节和经营过程中执行风险管理的基本流程，培育良好的风险管理文化，建立健全全面风险管理体系，包括风险管理策略、风险理财措施、风险管理的组织职能体系、风险管理信息系统和内部控制系统，促进企业持续、健康、稳定发展。

**第九条** 加强国有煤炭企业清产核资，全面摸清企业资产的分布、存量、结构和效益状况。2016年，省属国有煤炭企业启动清产核资工作，做实资产，降低资产负债率，提升企业融资能力。同时做好增量、盘活存量、主动减量，优化国有资本布局结构，推动企业兼并重组，抓紧处置"僵尸企业"、长期亏损企业和低效无效资产，提高国有资本配置和运行效率，减少亏损、扩大盈利，增强企业活力、竞争力和抗风险能力，确保国有资产保值增值。

**第十条** 进一步提高国有企业资金集中度，减少资金沉淀，避免存贷双高现象。保持国有企业内外部融资的良性互动，以资本市场为依托，采取实际可行的融资模式与方式，确保资金链安全。在IPO、公开增发、定向增发和发行各类债券等传统融资方式的基础上，鼓励和支持国有企业大胆尝试新的融资品种，如发行优先股、可转换债券等，多方位、多角度提升国有企业直接融资比重，扩大资金来源渠道。

附件 12

## 关于加大金融支持力度的实施细则

省金融办

**第一条** 引导金融机构进一步提高对煤炭行业支柱性、战略性地位的认识，坚持区别对待、有扶有控的原则，争取各金融机构总部支持，对技术设备先进、产品有竞争力、有市场、有效益的优质煤炭企业继续给予资金支持，力争 2016 年煤炭行业融资量不低于上年。

**第二条** 对主动去产能、有一定清偿能力的优质煤炭企业，可在做好贷款质量监测和准确分类的同时，实施调整贷款期限、还款方式等措施，优先予以支持，2016 年对省属七大煤炭集团不发生抽贷行为。

**第三条** 支持煤炭企业加大直接融资力度，通过银行间债券市场融取低成本资金，利用永续债等债务工具补充资本金，通过并购债、债贷联动以及债贷基组合等新型融资产品募集资金，推动煤炭企业 2016 年债券市场融资量不低于上年。支持煤炭企业推进资产证券化，已上市公司再融资、定向增发，鼓励大型煤炭集团下属子公司"新三板"挂牌融资。

**第四条** 鼓励金融机构通过债转股、并购贷款、定制股权产品等方式，支持煤炭企业重组债务，优化资产负债结构，降低杠杆率，进一步增强融资能力。2016 年开展美锦集团"债转股"试点工作。

**第五条** 鼓励金融机构支持煤炭企业应收账款资产证券化，推动煤炭企业借助中国人民银行"中征应收账款融资服务平台"，盘活应收账款存量资金，缓解资金压力。

**第六条** 推动金融机构加快金融产品创新，大力发展能效信贷，扩大排污权抵押贷款、碳排放权抵押贷款等业务，支持煤炭企业节能环保改造、转型升级。

**第七条** 支持金融机构用足用好现有不良贷款核销和批量转让政策,加快核销和批量转让进度,加快推进债务处置,力争做到应核尽核;鼓励资产管理公司优先处置煤炭行业金融不良资产,提高煤炭企业再融资能力。力争2016年底全省不良贷款率同比下降。

# 山西省人民政府办公厅转发省发展改革委等部门关于推进煤炭供给侧结构性改革工作第三批实施细则的通知

晋政办发〔2016〕65号

各市、县人民政府,省人民政府各委、办、厅、局,各国有重点煤炭企业:

为切实推进全省煤炭供给侧结构性改革工作,促进全省煤炭经济健康可持续发展,省委、省政府印发了《山西省煤炭供给侧结构性改革实施意见》(晋发〔2016〕16号)。为认真贯彻落实文件中确定的各项工作任务,各牵头单位制定了每项工作任务《实施细则》。现将2016年5月20日省推进煤炭供给侧结构性改革工作领导小组第三次全体会议审议通过的省发展改革委、省科技厅等单位牵头制定的第三批7个《实施细则》予以转发。各牵头单位和配合部门要认真实施推进,做好政策解读,扎实抓好落实,按时完成工作任务。

附件：

1. 关于从严控制煤矿项目审批的实施细则
2. 关于开展国有资本投资运营公司试点工作的实施细则
3. 关于实施煤基科技重大专项和重点研发计划的实施细则
4. 关于充分发挥"太原能源低碳发展论坛"平台作用的实施细则
5. 关于全力做好就业安置工作的实施细则
6. 关于符合条件人员可实行内部退养的实施细则
7. 关于进一步制定出台新政策的实施细则

山西省人民政府办公厅
2016 年 5 月 23 日

附件 1

# 关于从严控制煤矿项目审批的实施细则

省发展改革委　省煤炭厅

**第一条**　严格控制新建煤矿项目核准。2020 年前，原则上停止核准新建煤矿项目。不得核准国家规定禁止新建的煤与瓦斯突出、高瓦斯和中小型煤炭开发项目。因特殊情况确需新建的煤矿，必须列入国家"十三五"煤炭工业发展规划、符合煤炭产业政策，并严格执行"减量置换"政策，减量置换方案按国家公布的相关政策实施。

**第二条**　停止新增产能的技术改造项目和产能核增项目审批。2020 年前，停止审批新增产能的技术改造项目；不再进行煤矿生产能力核增项目审批。依法依规对煤与瓦斯突出、水文地质类型复杂、具有强冲击地压等灾害严重的矿井进行产能核减，现有生产煤矿产能核定"只减不增"。

**第三条**　停止项目前期和核准阶段的审批事项。除已有国家"路条"和列入国家"十三五"煤炭工业发展规划，并严格执行"减量置换"政策进行产能置换的项目外，对新建煤矿项目、新增产能的煤矿技术改造项目和产能核增项目，相关部门一律不予受理项目前期准备阶段和核准阶段的审批事项。

**第四条**　稳妥推进和完善已核准项目审批手续。《国务院关于煤炭行业化解过剩产能实现脱困发展的意见》（国发〔2016〕7 号）之前已经项目核准（核增）机关批准的在建煤矿项目，需按照现有批复产能乘以 0.84（276 除以 330）的系数与化解过剩产能挂钩。在建煤矿项目的化解过剩产能任务经省政府相关部门公告后，其他部门方可办理项目未完成的审批手续。国家核准的在建煤矿项目由省发展改革委予以公告，资源整合改造矿井等在建煤矿项目由省煤炭厅予以公告。

**第五条** 严格控制煤炭矿业权审批。2020年前，停止煤炭划定矿区范围审批，期间探矿权到期需要继续延长保留期的，由申请人做出说明后可予保留。严格审批煤炭采矿权新立和变更扩大生产规模申请，未经项目核准（产能核增）机关批准的煤矿建设项目，国土资源部门不得受理审批其采矿权新立和变更扩大生产规模申请。

**第六条** 优化煤矿项目行政审批流程。精简合并行政审批事项，对煤矿建设项目省级审批事项和国家审批权限内的省级配套事项以及证照办理，严格执行《山西省煤炭行政审批制度改革方案》（晋政办发〔2015〕37号），相关部门为符合条件的企业办理项目审批手续提供便捷的服务环境。

附件 2

# 关于开展国有资本投资运营公司试点工作的实施细则

省国资委

**第一条** 选择山西焦煤集团有限公司,作为改组国有资本投资公司的试点企业。通过授权方式将山西焦煤集团有限公司改组为国有资本投资公司,并总结经验,逐步推广,增强省属国有企业自主创新、自主发展的动力和活力。2016年8月底,山西焦煤集团有限公司完成公司章程修订工作。

**第二条** 按照省委、省政府《印发〈关于省属国有企业加强党的领导和完善法人治理结构的实施办法〉的通知》(晋发〔2016〕18号)和省政府《关于印发山西省省属国有企业外部董事管理办法(试行)的通知》(晋政发〔2016〕21号),优化完善山西焦煤集团有限公司党委会、董事会、监事会、经理层,构建权责对等、有机融合、运转协调、有效监督的法人治理结构。2016年9月底,山西焦煤集团有限公司董事会制定议事规则,报省国资委批准后,10月份开始全面实施,2016年底向省政府报告试点工作情况。

**第三条** 省国资委将行使的以下9项出资人权利授权山西焦煤集团有限公司董事会,并以权力清单的方式予以明确,报省政府批准后,2016年9月底完成授权。

(一)决定公司的经营方针和投资计划;

(二)决定公司的年度财务预算方案、决算方案;

(三)决定公司的利润分配方案和弥补亏损方案;

(四)决定为他人提供大额担保;

(五)决定公司的大额捐赠;

(六)决定公司除发行公司债券外的融资计划;

（七）备案公司批准的经济行为涉及的资产评估项目；

（八）决定公司内部间（含本级）股权或者资产的协议转让；

（九）决定所出资企业合并、分立、解散、改制、设立公司、增加或者减少注册资本、人工成本、履职待遇业务支出事项。

**第四条** 山西焦煤集团有限公司负责其子集团公司领导的管理，严格规范领导职数，落实目标责任，加强业绩考核，推动母子公司健康发展。

**第五条** 山西焦煤集团有限公司在保持名称、安全生产经营、产业培育发展和国有资产保值增值责任不变的前提下，要坚持问题导向，突出改革和发展导向，积极深化内部改革，对企业资产、业务进行重组整合，建立"板块化经营、专业化管理、集团化管控"的产业体系和商业模式；构建决策中心-利润中心-成本中心三级母子公司组织架构；加强总部功能建设，精简机构，优化流程，完善制度，形成集约高效的管理方式；要全面对标先进企业，细化量化效率效益效能指标体系，2016年10月底，研究提出深化企业内部资产业务重组整合方案，履行决策程序后全面实施。

**第六条** 山西焦煤集团有限公司要积极开展厂办大集体改革，2016年10月完成总体方案报批，2018年底全面完成。全面深化劳动、人事、分配三项制度改革，明确目标措施，确保实现转岗分流、规范领导职数、减人提效目标，提升人均工效、管理效率和企业核心竞争力。

**第七条** 山西焦煤集团有限公司接受授权后，在试点国有资本投资公司改革的同时，要不断总结经验，破除体制机制弊端，构建全新的商业模式。2016年10月开始启动试点工作，2017年全面推开，2018年基本成型。每年向省政府报告试点工作情况，形成可复制、可推广的改革模式。

附件3

# 关于实施煤基科技重大专项和重点研发计划的实施细则

省科技厅

**第一条** 为我省煤炭供给侧结构性改革提供技术支撑。聚焦我省煤炭产业清洁、高效利用重大关键共性技术问题和需求，编制产业创新链。面向产业界、科技界、学术界广泛征集技术需求、科学论证，动态编制煤层气、煤电、煤化工、煤焦化、煤机装备、煤基新材料等产业创新链，每年凝练重大或重点产业技术创新项目不少于25项。每年7月份完成。

**第二条** 创新科技计划项目组织形式，实施一批煤基低碳科技重大项目。深入实施省级财政科技计划管理改革，创新科技项目招投标立项机制，从2016年起每年组织实施煤基低碳科技重大专项不少于10项、重点研发计划不少于15项，每年11月底完成招标立项。

**第三条** 探索建立科技计划项目国际合作立项模式，汇聚国内外优势创新资源。2016年启动"$CO_2$减排、捕集、纯化及转化利用""大规模储能技术开发及产业化"和"煤基合成精细化工品关键技术开发"科技专项。

**第四条** 强化政产学研用合作机制，加速煤基低碳产业重大科技成果转化。"十三五"期间，力争在循环流化床锅炉、合成气/蒸汽联产气化炉装备、低浓度瓦斯发电、煤炭分质利用、煤层气钻井关键技术、高端煤基材料制备等方面取得重大突破。

**第五条** 全面布局企业技术创新平台，提升煤炭企业自主创新能力。2017年设计并建成山西省省级科技管理综合信息平台，"十三五"期间，围绕煤炭深加工产业创新链，布局一批产业技术创新平台。2016年重点在煤层气高效利用、劣质煤粉煤气化、循环流化床超低排放、煤矸石高效综合利用等领域，布局4到6个产业技术创新平台。

**第六条** 加强过程管理，提供项目实施保障。省科技厅负责加强科技项目过程管理、监督检查和评估验收；省财政厅负责预算安排和省拨经费的及时落实到位；省教育厅负责组织征集省内高等院校科技创新项目，促进高校与企业的产学研合作，提升协同创新能力。

附件 4

## 关于充分发挥"太原能源低碳发展论坛"平台作用的实施细则

省科技厅 省商务厅

**第一条** 将原中国(太原)能源产业博览会及其低碳发展高峰论坛整合为"太原能源低碳发展论坛"(以下简称论坛)。省政府办公厅牵头,省商务厅、省科技厅、省发展改革委、省外事侨务办配合,完成向国务院组织申报工作,争取国家批准。

**第二条** 建立科学的论坛管理运营机制。中国(太原)煤炭交易中心启动组建论坛会员大会、理事会和秘书处,实行"两会一处"的治理结构,形成权责明确、功能完善、运行规范、监督有力的运行管理机制,打造国际性、专业化的论坛。2016年6月底前编制完成《"太原能源低碳发展论坛"顶层设计方案》,2016年年底前编制完成《"太原能源低碳发展论坛"社会组织组建工作方案(草案)》《"太原能源低碳发展论坛"组织机构设计方案(草案)》《"太原能源低碳发展论坛"章程(草案)》等相关文件。

**第三条** 围绕"黑色煤炭绿色发展、高碳资源低碳发展",组织好年度论坛的策划与实施。省科技厅负责论坛的综合协调工作。中国(太原)煤炭交易中心牵头负责,省商务厅、省科技厅、省发展改革委、省教育厅、省外事侨务办等部门配合,每年10月份完成下年度论坛工作方案编写报批工作,按期完成年度论坛信息发布、宣传和举办工作。2016年5月底前完成2016年论坛工作方案,9月份举办2016年度论坛。

**第四条** 办好演讲交流活动,为山西煤炭供给侧结构性改革提供智力支持。演讲和参会嘉宾要邀请各界权威人士,演讲和对话内容要聚焦国际能源低碳前沿思想,聚焦山西煤基低碳产业发展重大问题,传播全球能源低碳前沿理念,使论坛逐步成为国际能源低碳发展信息传播中心。中国（太原）煤炭交易中心牵头，省商务厅、省科技厅、省发展改革委、省教育厅、省外事侨务办等部门配合，邀请国家相关部门、国际有关能源组织和各界权威人士、专家、学者等演讲嘉宾及参会代表。

第五条　开展招商引资活动，为煤炭供给侧结构性改革提供合作伙伴和项目支撑。省商务厅负责举办能源低碳发展技术装备博览会，组织省内外企业对接洽谈，引进一批能源低碳发展项目。每年9月份与论坛举办同期完成。网上博览会每年举办一次，实体博览会每四年举办一次。

第六条　加强科技交流与合作，为煤炭供给侧结构性改革提供科技支撑。省科技厅负责建设技术成果交易平台，组织煤基低碳技术及成果交易。省教育厅负责组织省内外高校和科研机构开展煤基低碳领域学术交流和科技合作。每年9月份与论坛举办同期完成。

第七条　做好"以煤会友"工作，促进煤炭产业对外开放和合作。省外事侨务办负责邀请"一带一路"沿线及世界主要产煤国家、友好省（州、市）等重要代表团参加论坛。

第八条　建设论坛永久会址。省科技创新城建设领导小组办公室负责论坛永久会址的规划、设计、建设和协调工作。2016年完成论坛综合功能区整体城市设计，完成论坛主建筑首期政府投资项目规划选址、勘察设计和立项等手续。

附件5

## 关于全力做好就业安置工作的实施细则

省人力资源社会保障厅

**第一条** 化解煤炭过剩产能企业要按照法律法规和政策规定制定本企业职工安置方案,在我省化解煤炭过剩产能方案正式实施3个月内完成职工安置方案的制定工作。职工安置方案应明确职工分流安置方式及相关待遇、转岗培训政策、劳动关系处理、依法终止或者解除劳动关系的经济补偿支付、偿还拖欠工资及社会保险费、职工分流安置资金来源、促进再就业等内容。方案制定过程中,企业要依法履行民主程序,建立各层级职工协商沟通机制,充分听取职工意见,保障职工的知情权、参与权、表达权和监督权。职工安置方案应按规定经职工代表大会或全体职工讨论通过后公布实施。对职工安置方案不完善、资金保障不到位以及职工安置方案未经职工代表大会或全体职工讨论通过的,不得实施。

集团公司对集团内部的子分公司及其控股公司的职工分流安置工作负总责,各子公司及其控股公司负责本单位分流职工就业安置方案的制定实施工作。

**第二条** 对企业通过转型转产、多种经营、主辅分离、辅业改制、集团内其他企业转岗安置等方式多渠道安置分流人员的,对兼并重组后新企业吸纳分流人员达到30%以上的,以及其他企业吸纳化解过剩产能企业分流失业人员且签订一年以上劳动合同的,可从就业专项资金中按每人1000元的标准给予企业一次性吸纳就业补助。

申请资金由企业向所在地人力资源社会保障、财政部门提出申请(申请材料应附资金申请报告、吸纳人员花名册、劳动合同或者就业登记等吸纳就业证明材料),由人力资源社会保障、财政部门按规定程序审核后从就业专项资金中支出。吸纳失业人员的企业申请资金参照现行小微企业吸纳就业补助的程序执行。

**第三条** 支持企业创业载体建设。支持企业将掌握专业技术、有管理能力的企业职工组织起来创办企业实体，并给予创业担保贷款及贴息、吸纳就业补助等创业就业政策支持。鼓励企业利用现有闲置厂房、场地和楼宇设施，通过联合、协作、改造等措施，建立各种形式的创业孵化基地、创业园区、创客空间等，为企业分流职工中的创业人员提供场所便利和创业服务。

对基地和园区企业分流职工创业实体户数占总户数30%以上的，对创业孵化基地根据入驻户数按每户不超过1万元的标准，给予一次性管理服务补贴；对创业园区根据入驻户数按每户不超过5000元的标准给予一次性建设补助。补助资金主要用于为入驻实体提供就业创业服务以及基地和园区管理运行经费。

申请资金由企业向所在地人力资源社会保障、财政部门提出申请（申请材料应附创业孵化基地或者园区可行性报告、入驻实体花名册、资金申请报告等），由人力资源社会保障、财政部门按规定程序审核后从创业资金中支出。

**第四条** 鼓励职工自主创业。支持企业制定鼓励分流职工在一定时间内离岗创业的政策，与原单位其他人员同等享有档案工资晋升、职称评定、社会保险等方面的权利。企业应当根据离岗创业人员的实际情况，与其变更劳动合同，明确权利义务。

对离岗创业人员可参照城镇登记失业人员政策给予创业培训、创业担保贷款及贴息、场地安排等创业政策扶持。对有创业意愿的企业职工和失业人员实现创业的，参照就业困难人员灵活就业政策，从就业专项资金中给予不超过3年的社会保险补贴（补贴标准分别按照企业吸纳就业困难人员补助标准和灵活就业人员补助标准执行）。

离岗创业人员社会保险补贴由企业向所在地人力资源社会保障、财政部门提出申请（申请材料应附资金申请报告、离岗创业人员花名册、工商营业执照副本复印件、社会保险费缴费清单等材料），人力资源社会保障、财政部门按规定程序审核后从就业专项资金中支出。其他人员社会保险补贴按就业困难人员灵活就业社会保险补贴申请程序执行。

对创办小微企业（包括个体经营）租用经营场地店铺的，3年内从创业资金中给予每年最高2000元的场地租金补贴。

场地租金补贴由创业人员持个人身份证明、自主创业证明（离岗创业人员还应附离岗创业证明）、租赁场地证明等材料向所在地人力资源社会保障、财政部门提出申请，由人力资源社会保障、财政部门按规定程序审核后从创业资金中支出。

**第五条** 鼓励转移就业。对化解过剩产能企业较为集中、就业门路窄的地区及资源枯竭地区、独立工矿区，将企业分流人员纳入职业介绍补贴扶持范围。对成建制组织分流人员到其他企业就业的、免费介绍分流失业人员实现就业的，可按规定给予人力资源服务机构职业介绍补贴。对其中的大龄人员（男性50周岁及以上、女性40周岁及以上），可从就业专项资金中给予一次性交通补贴，交通补贴标准为省内跨县（市、区）的，给予不超过500元补贴；跨省输出的，给予不超过800元补贴。所在地人力资源社会保障部门要协助做好跨地区就业信息收集、发布、岗位对接、政策咨询、就业培训、扶持政策落实等相关工作。

相关补助由人力资源服务机构按规定向人力资源社会保障、财政部门申请。支持企业集团围绕去产能进行专业化人力资源服务，开展跨地域、跨行业、跨企业转移就业。

**第六条** 加强公共就业服务。对有求职愿望的企业分流失业人员，公共就业服务机构及时办理失业（求职）登记，提供免费就业服务，纳入国家和省就业创业政策扶持范围。各级公共就业服务机构要针对不同群体进行政策咨询、就业创业指导、就业创业培训（含转岗培训）、职业介绍、创业帮扶、转移就业、人事代理等服务，对就业困难人员提供"一对一"就业援助。对从事灵活就业、被企业吸纳的就业困难人员，按规定落实社会保险补贴、岗位补贴等政策。对一次分流人数达到100人以上且人员较集中的，由企业和所在地公共就业服务机构共同举办专场招聘活动，各级财政从就业专项资金中给予公共就业服务机构补助。

**第七条** 开展转岗培训和创业培训。对企业需要转岗分流的职工，企业应利用自身教育培训资源，有针对性地组织开展转岗培训和技能提升培训。自身教育培训资源不足的企业，可委托当地职业院校和定点职业培训机构承担培训任务。

经培训合格并取得职业资格证书或者实现转岗安置的人员，按每人1200元的标准享受培训补贴。对有创业意愿的企业职工，由企业统一组织报名筛选，委托当地定点创业培训机构进行培训，经培训取得《创业培训合格证》的人员，按每人1800元的标准享受创业培训补贴。转岗技能培训补贴和创业培训补贴从就业专项资金中列支，直接补给企业，由培训机构和企业自行结算。转岗技能培训补贴每人每年只能根据实际享受一次，创业培训补贴在化解过剩产能期间只能根据实际享受一次。

企业申领补贴，应当向所在地人力资源社会保障、财政部门提供补贴申请报告、参加培训合格人员花名册、转岗培训合格证、职业资格证（或者转岗安置证明）或者创业培训合格证复印件，由人力资源社会保障、财政部门按规定程序审核后从就业专项资金中支出。

**第八条** 给予稳岗补贴。上年度已足额缴纳失业保险费或已于申请前补足欠费的企业，未裁员或裁员率低于统筹地区城镇登记失业率的，使用失业保险基金支付稳岗补贴，补贴额度为上年度企业和职工失业保险缴费总额的70%。依法参加失业保险并足额缴纳失业保险费达5年以上，因生产经营发生严重困难而欠缴失业保险费不超过3年，上年度未裁员或裁员率低于统筹地区城镇登记失业率，并已签订欠费补缴协议的，使用失业保险基金支付企业稳岗补贴，补贴额度为企业及其职工上年度实际缴纳失业保险费总额的50%。申领及审核拨付程序按现行稳岗补贴相关程序执行。

累计足额缴纳失业保险费5年以上的企业，对化解过剩产能所涉及的职工实行内部转岗安置的，可申请由失业保险基金支付的转岗安置补贴。补贴标准为每人3000元，按实际转岗安置人数一次性拨付给企业。符合条件的企业每年可申领一次。转岗安置补贴申领及审核拨付程序依照现行稳岗补贴相关程序执行。对已享受一次性吸纳就业补助的企业不再享受转岗安置补贴。

**第九条** 加强就业困难人员就业援助工作。对符合条件的独立工矿区职工家属中的就业困难人员，所在地县级人力资源社会保障部门要及时予以认定，建立专门基础台账，纳入重点就业援助服务范围。对化解过剩产能中涉及的企业转岗人员在离岗半年以上仍未落实岗位且其家庭内其他成员均未实现就业的，可认定为零就业家庭给予重点就业援助。

要组织开展灵活多样的就业培训、职业介绍和职业指导服务，通过集中招聘、个别推介、送岗位到家等多种方式，为就业困难人员提供合适的就业岗位。对经过援助后仍未实现就业或者未在企业实现转岗就业的，可通过政府购买的公益性岗位予以托底安置，并给予相应的社会保险补贴和岗位补贴。企业困难职工需先由企业向所在地人力资源社会保障部门提出人员名单，按规定进行认定及重点援助服务。

对各地新增或腾退的公益性岗位，要优先用于安排化解过剩产能中涉及的零就业家庭成员和独立工矿区职工家属中的就业困难人员。

**第十条** 各地要加大对就业专项资金和创业资金的投入，确保落实各项就业创业扶持政策。对落实就业创业补贴政策所需资金，根据各企业集团向省人力资源社会保障厅、省财政厅提交的年度计划，采取"年初下达、年底统一结算"的方式，由省通过转移支付的方式从中央补助及省级安排的就业专项资金和省级创业资金中专项补助各地，由各级人力资源社会保障、财政部门做好相关政策落实及资金使用管理工作。

对企业整体关闭、重组等原因形成无企业主体的，或由企业集团公司具体负责某项分流安置任务的，可由企业集团公司向省人力资源社会保障厅、省财政厅提出资金补助申请。企业集团公司要负责补贴资金的使用管理，加强监督检查，防止出现套取、冒领和挪用资金问题。

附件6

# 关于符合条件人员可实行内部退养的实施细则

省人力资源社会保障厅

**第一条** 内退条件及办理。对距法定退休年龄不足5年、再就业有困难的职工，在职工自愿选择、企业同意并签订书面协议后，可实行内部退养。企业不得自行划定内退年龄，不能采取一刀切方式单方面强制职工办理内退。职工办理内退后，仍然与企业保留着劳动关系，企业应做好相应管理工作。内退人员达到退休年龄时，由企业为其办理退休手续。

**第二条** 内退人员的生活费标准和社会保险。内退人员由企业发放生活费，并缴纳基本养老保险费和基本医疗保险费，个人缴费部分由职工继续缴纳。涉及内退人员，企业和个人可不再缴纳失业、工伤和生育保险费。内退人员的生活费标准，由企业根据政府有关规定和自身的经济效益确定。基本养老保险费、基本医疗保险费的缴费基数为职工内退前12个月本人的月平均工资，本人月平均工资低于全省城镇非私营单位在岗职工平均工资60%的，按全省城镇非私营单位在岗职工平均工资的60%计算。内退人员的相关费用，应由企业或所属集团公司筹集资金解决。

**第三条** 加强对企业内退工作的服务指导和监督检查。各地、各相关部门要加强对企业办理内退及待遇保障等工作的服务指导和监管，确保内退职工生活费发放和社会保险费缴纳。2016年重点做好煤炭供给侧改革职工内退意愿摸底、人员统计、政策解读及当年内退人员手续办理和待遇保障等工作。各级人力资源社会保障部门要将企业内退工作列入劳动保障监察执法内容，及时发现和纠正企业的违法违规行为，企业给内退职工合法权益造成损害的，要依法依规严肃查处。对于企业办理内退工作的违法违规行为，职工个人也可采取申请劳动争议仲裁、举报投诉、诉讼等方式，维护自身权益。

附件7

## 关于进一步制定出台新政策的实施细则

省发展改革委　省煤炭厅

**第一条**　积极争取国家加大对我省煤炭产能置换的资金支持力度。省财政厅牵头，省发展改革委、省煤炭厅等部门配合，如实向财政部等国家部委反映我省煤炭行业对全国经济发展做出的历史性贡献，以及当前经济下行压力依然较大、煤炭去产能任务繁重、行业脱困难度加大、财政收支矛盾突出等严峻的现实，积极争取中央财政专项奖补资金对我省煤炭产能置换予以倾斜支持。

**第二条**　积极争取国家加大对我省煤炭清洁高效发展的政策、项目支持力度。省发展改革委牵头，加强与国家发展改革委、国家能源局、国家电网公司的对接沟通，争取国家支持我省在"十三五"期间优化布局高参数、大容量机组的常规燃煤火电项目，力争国家支持我省2017—2018年陆续开工建设晋中—浙江±800千伏直流通道、晋东南—江苏±800千伏直流通道、晋东南—山东东明—枣庄2回1000千伏交流通道和扩建晋东南—荆门—湖南3回1000千伏交流通道等外送电通道，争取国家尽快批复晋北（朔州）现代煤化工基地规划，争取国家核准同煤集团与中海油40亿立方米煤制天然气、潞安180万吨煤制油等现代煤化工项目。

**第三条**　积极争取国家加大对我省煤炭企业职工分流安置的资金支持力度。省人力资源社会保障厅牵头，省财政厅、省国资委、省煤炭厅等部门配合，针对我省煤炭去产能过程中企业职工分流安置任务艰巨的实际困难，密切跟踪中央专项奖补资金分配政策动向，及时反映我省职工分流安置的实际困难、提出合理诉求，积极争取更多中央财政专项奖补资金支持。

第四条 抓紧出台《山西省安全生产条例（修订）》。省安监局、省政府法制办牵头，抓紧修改完善《山西省安全生产条例（修订）》，力争2016年6月份报省政府常务会议研究，并积极参与省人大常委会对《条例》的修改审议。

第五条 制定煤炭资源矿业权转让特别收益金征收使用办法。省国土资源厅牵头，依据《山西省煤炭资源矿业权出让转让管理办法》及省政府〔2015〕第105次常务会议精神，研究起草《山西省煤炭资源矿业权转让特别收益金征收使用管理办法》，经国家授权后，实行煤炭资源矿业权转让特别收益金制度。

第六条 建立矿山生态环境恢复治理责任机制。省环保厅牵头，省国土资源厅、省林业厅、省财政厅等部门配合，督促企业制定实施《矿山生态环境保护与恢复治理方案》，并切实加强监督管理。2016年选择10—20个重点产煤县（市、区）开展矿山生态环境恢复治理环保目标责任制试点，试点县（市、区）要制定目标责任制相关细则。结合我省正在开展的采煤沉陷区治理工作，修订完善《山西省矿山生态环境保护与恢复治理工程竣工验收管理办法》，尽快报省政府审定，并制定配套的实施细则。制定山西省矿山生态环境详细调查工作方案，扎实开展好矿山生态环境状况详细调查工作，逐步建立较完整的全省矿山生态环境数据库，全面掌握矿山生态环境破坏和环境污染情况、亟待治理的生态环境破坏区域。

第七条 研究制定降低社会保险费率的办法。省人力资源社会保障厅牵头，省财政厅配合，制定实施好我省阶段性降低社会保险费率的政策措施。从2016年5月1日至2018年4月30日两年内，全省企业职工基本养老保险单位缴费比例由20%降至19%，失业保险单位缴费比例由1.5%降至1%。

第八条 研究继续缓缴2016年社会保险费的政策措施。省人力资源社会保障厅牵头，省财政厅配合，研究制定继续执行困难企业社保"五缓"的优惠政策，经认定的困难企业可以申请缓缴2016年度基本养老、基本医疗、失业、工伤和生育保险费。缓缴期内，企业可以正常办理职工退休手续，经办机构负责正常办理社会保险关系转移手续，参保职工正常享受基本养老、基本医疗、失业、工伤、生育保险待遇。

第九条 研究制定继续缓缴2016年采矿权价款的政策措施。省国土资源厅、省财政厅牵头，落实好省政府缓缴2016年度资源价款政策，加快研究制定继续缓缴2016年采矿权价款的细化实施方案，6月底前印发执行。继续向国家争取将我省煤炭企业应缴的探矿权采矿权价款部分转增国家资本。

**第十条** 研究免缴2016年度省属煤炭企业国有资本收益金的政策措施。省财政厅牵头，省国资委配合，5月底前制定印发《关于2016年免缴省属煤炭冶金企业国有资本收益金的通知》，确定具体的免缴办法、程序及财务处理规定。

**第十一条** 研究继续暂停提取煤炭开采企业矿山环境恢复治理保证金和煤矿转产发展资金的政策措施。省财政厅牵头，落实继续暂停提取矿山环境恢复治理保证金和煤矿转产发展资金的通知要求，自2016年1月1日起至2016年12月31日止，全省煤炭开采企业继续暂停提取矿山环境恢复治理保证金和煤矿转产发展资金。省财政厅牵头，省水利厅、省发展改革委配合，研究出台合理的采矿排水水资源费征收管理办法。

**第十二条** 帮助企业解决资源价款补缴问题。省金融办牵头，省国土资源厅、省财政厅、省国资委配合，继续推动以采矿权抵押贷款的方式解决资源价款补缴问题。对于按照国家相关规定缴纳资源价款的企业及相关金融机构，继续享受省政府2015年出台的优惠政策。

**第十三条** 创新完善政银企合作办法，帮助企业解决债权债务处置等困难和问题。省金融办牵头，省国资委配合，积极协调银行间交易商协会，支持煤炭企业利用永续债等债务工具补充资本金。推动省属煤炭企业赴各大金融机构总部路演，加强与投资者沟通，争取金融机构通过多种途径支持煤炭企业债务重组。

# 山西省人民政府办公厅
# 关于加快推进煤炭行业化解过剩产能工作的通知

晋政办发〔2016〕114号

各市、县人民政府,省人民政府各委、厅,各直属机构,各省属煤炭集团公司:

为加快推进全省煤炭行业化解过剩产能工作,按照《国务院关于煤炭行业化解过剩产能实现脱困发展的意见》(国发〔2016〕7号)及《国家发展改革委关于做好钢铁煤炭行业化解过剩产能实现脱困发展实施工作的通知》(发改电〔2016〕339号)和省委、省政府《山西省煤炭供给侧结构性改革实施意见》(晋发〔2016〕16号)要求,经省人民政府同意,现就有关事项通知如下:

## 一、目标任务

按照省政府与国家部际联席会议签订的《煤炭行业化解过剩产能实现脱困发展目标责任书》,"十三五"期间,全省在扣除国家认定的先进产能后,产能退出率不低于12%。其中:2016年全省目标任务是关闭退出和减量重组减少煤矿21座,退出能力2000万吨/年,安置职工27122人。

## 二、工作步骤

(一)方案制订报批

1. 关闭退出煤矿

按照省政府与国家部际联席会议签订《煤炭行业化解过剩产能实现脱困发展目标责任书》确定的关闭退出煤矿,各关闭退出煤矿的主体企业要结合实际,按照"一矿一策"的原则编制《××集团公司××煤矿关闭退出推进实施方案》(以下简称《方案》)。《方案》要明确职工安置方式、资产债务处置、资金统筹使用、关闭时间节点、风险防控预案等具体内容。

按照监管范围,《方案》经各市人民政府和省国资委（或省司法厅）同意后报省钢铁煤炭行业化解过剩产能实现脱困发展领导小组煤炭行业办公室（设在省煤炭工业厅，以下简称省煤炭行业办公室）。省煤炭行业办公室组织各成员单位审核后，会同省钢铁煤炭行业化解过剩产能实现脱困发展领导小组综合办公室（设在省发展改革委，以下简称省综合办公室）报省钢铁煤炭行业化解过剩产能实现脱困发展领导小组（以下简称省领导小组）审定。

2. 减量重组煤矿

根据确定的减量重组关闭退出煤矿，煤炭主体企业要编制减量重组方案，分别明确关闭和重组保留煤矿名称、规模、矿区范围和所属的主体企业等事项。（减量重组推进措施待国家政策出台后补充下达）

省属煤炭集团公司所属煤矿的减量重组方案经省国资委同意；省属煤炭集团公司所属煤矿重组整合地方煤矿的减量重组方案由煤矿所在市人民政府和省国资委分别同意；地方监管煤矿的减量重组方案由所在市人民政府同意，报省煤炭行业办公室。省煤炭行业办公室组织各成员单位审核后，会同省综合办公室报省领导小组审定。

（二）签订目标责任书

根据省领导小组审定的《方案》，按照"一矿一策"的原则，由省煤炭行业办公室起草编制《山西省煤炭行业化解过剩产能2016年度目标责任书》（以下简称《目标责任书》），组织各成员单位会审后报省领导小组审定。

各市人民政府和各省属煤炭集团公司主要负责人在审定的《目标责任书》上签字并加盖公章，由省领导小组组长签字后组织实施。

（三）奖补资金预拨

根据《目标责任书》确定的关闭退出目标任务量、安置职工人数等指标，省财政厅将国家预拨的奖补资金和省级配套资金预拨到各市人民政府和省属煤炭集团公司指定专用账户统筹安排使用。

各市、县人民政府和各省属煤炭集团公司也要筹集相应的配套资金，确保资金足额到位。

（四）推进实施

煤炭主体企业要按照签订的《目标责任书》负责推进落实。

1. 职工安置

拓宽内部挖潜、转岗就业创业、内部退养等职工安置分流渠道，依法处理劳动关系，接续社会保险，制订风险应对预案，及时处置突发问题。

安置计划不完善、资金保障不到位以及未经职工代表大会或全体职工讨论通过的职工安置方案，不得实施。

2. 资产债务处置

鼓励运用市场化手段妥善处置企业债务和银行不良资产，支持社会资本参与企业并购重组。

3. 煤矿关闭

关闭煤矿工作的监管责任主体是各市、县（市、区）人民政府和省属煤炭集团公司，负责指导关闭退出煤矿开展工作，督促落实煤矿关闭工作的各项措施，确保完成关闭任务。

各煤炭主体企业要制定关闭煤矿工作方案，明确关闭煤矿组织机构、实施步骤、安全措施、资金保障、维稳预案等事项，细化回撤设备、炸毁井筒及封闭等安全措施。

关闭煤矿工作按以下步骤实施：

（1）收集煤矿井上下对照图、采掘工程平面图等关闭前所有图纸资料，完成井上建筑物、井筒、证照等资料的影像留存工作。

（2）组织开展井下设备回撤工作；永久密闭煤矿通达地面的所有井巷；封闭、炸毁井筒，平整井口，并做出明显标志。

（3）配合公安部门回收剩余民爆物品，供电部门切断煤矿供电，撤除供电线路。

（4）留存井上建筑物和封闭井筒等地面的照片、视频等影像资料。

（5）按照有关法律法规，国土、煤监、工商等部门分别注（吊）销采矿许可证、安全生产许可证、营业执照等证照。

（6）关闭煤矿所在地的市、县人民政府组织国土资源、煤炭、公安、供电、安监、工商等部门组成联合验收组，对档案资料、封闭井筒，填平场地等煤矿关闭工作进行总体验收，并出具关闭验收报告。

主体企业及时将关闭前和关闭后收集的图纸、影像等资料备份留存，原件移交所在地县级国土资源部门，存档备查。

（7）市人民政府将关闭验收报告报省煤炭行业办公室，由其在门户网站及省内主流媒体及时公告关闭退出煤矿名单，自觉接受社会监督。

### 4. 资料归档

主体企业负责收集、整理关闭退出煤矿职工安置、资金使用、债务处置、关闭井筒等有关资料并及时归档保存，同时报省煤炭行业办公室备案。

归档资料要真实、完整、合法、有效。

### （五）评估验收

每年一季度前，省煤炭行业办公室会同省综合办公室组织各成员单位对各市人民政府和省属煤炭集团公司上年度化解煤炭过剩产能目标任务的完成情况进行全面验收，并将验收结果报省领导小组审核同意后，统一上报国家部际联席会议申请考核验收。

根据考核验收结果，省财政厅清算国家奖补资金和省级配套资金，补齐不足部分，扣回多余预拨资金。

## 三、保障措施

### （一）加强组织领导

各市人民政府和各省属煤炭集团公司要成立由主要负责人任组长的专门机构，加强组织领导，统筹推进本行政区域内（单位）的煤炭行业化解过剩产能工作。有关闭退出煤矿任务的县人民政府也要成立对应的领导机构，建立相应工作机制。

### （二）部门联合执法

各市、县人民政府，省直各有关部门要按照省领导小组的统一部署，扎实开展多部门、多方式的联合执法，采取集中检查和不间断抽查等手段，大力度、高频率地开展检查，严格治理煤矿不安全生产、超能力生产；严厉打击违法违规建设和劣质煤的生产和使用；严格落实276个工作日制度，维护公平竞争的市场秩序。

### （三）做好宣传引导

各市人民政府和各省属煤炭集团公司要通过报刊、广播、电视、互联网等媒介，广泛深入宣传化解煤炭过剩产能的重要意义，及时回应社会关切，耐心细致做好安置职工思想工作，不回避问题，不激化矛盾，争取职工理解和积极参与，及时推广先进经验做法，努力形成良好舆论氛围。

### （四）确保社会稳定

各市人民政府和各省属煤炭集团公司要切实做好分流安置职工的思想工作，

加强舆情监测，建立健全煤炭行业过剩产能企业失业预警机制和应急处置机制，对因职工安置可能引发的不稳定因素，要做好研判，采取有针对性的防范措施，确保职工妥善安置和社会稳定。

（五）强化监督考核

将各市人民政府和各省属煤炭集团公司的化解过剩产能目标完成情况作为落实省委、省政府重大决策部署监督检查的重要内容，加强对化解过剩产能工作全过程的监督检查。省领导小组对各市人民政府和各省属煤炭集团公司的任务完成情况进行考核，对未完成目标任务的，取消主要负责人评优评先资格，并严肃追究相关责任人员的责任。

## 山西省人民政府办公厅
## 关于印发山西省遏制煤矿重特大事故工作方案的通知

晋政办发〔2016〕80号

各市、县人民政府，省人民政府各委、办、厅、局：

《山西省遏制煤矿重特大事故工作方案》已经省人民政府同意，现印发给你们，请认真组织实施。

山西省人民政府办公厅<br>
2016年6月3日

# 山西省遏制煤矿重特大事故工作方案

为促进我省煤矿安全生产形势由明显好转向根本好转坚实迈进，坚决杜绝煤矿重特大事故，根据国务院安委办《标本兼治遏制重特大事故工作指南》（安委办〔2016〕3号），制定本方案。

## 一、工作目标

（一）事故总量持续下降

到2020年杜绝重大以上事故，遏制较大事故，95%以上的煤矿实现生产安全长周期，煤矿百万吨死亡率控制在0.05以内。

（二）瓦斯事故有效控制

高瓦斯、煤与瓦斯突出矿井瓦斯综合治理体系进一步巩固完善，实现作业"零超限"、管理无盲区。依法退出在现有技术条件下难以有效治理的煤与瓦斯突出矿井。

（三）水害事故有效控制

煤矿防治水体系基本建立，依法退出在现有技术条件下难以有效治理的水文地质类型复杂、极复杂矿井。

（四）整合矿井有效管控

所有整合煤矿全部纳入一级主体统一管控，安全管理层级最多不得超过三级，实现"真控股、真投资、真管理"；以法人财产权为核心，建立现代企业制度，完善法人治理结构，努力成为治理有效、经营合规、管理规范、守法诚信的法治企业。

（五）重大隐患及时治理

全面建立安全风险预防控制体系，煤矿企业对照《煤矿重大生产安全事故隐患判定标准》（国家安全监管总局令第85号），准确辨识、有效治理重大隐患。

## 二、2016—2018年重点任务

### （一）健全安全生产责任体系

**1. 强化领导责任**

明确各级党委、政府在遏制煤矿重特大事故工作中的职责，并将其纳入各级党委、政府工作重要议事日程，真正做到"党政同责、一岗双责、失职追责"，推动煤矿安全生产工作与经济社会同步协调发展，实现安全发展。

**2. 落实监管责任**

明确和落实负有煤矿安全监管职责的部门责任，按照权力清单和责任清单严格履职；进一步落实"管行业必须管安全、管业务必须管安全、管生产经营必须管安全"要求，厘清并解决部分涉煤事项安全监管工作职责不清、职责交叉、存在监管盲区和漏洞等问题。加强市县煤矿安全监管部门的执法力量，规范省属五大煤炭集团"五人小组"煤矿安全监管行为。

**3. 夯实主体责任**

煤矿企业建立健全安全生产组织领导机构，成立安全生产委员会，涉及煤矿安全生产的重大事项由安全生产委员会研究决定；依法设置安全生产管理机构，根据安全管理机构的岗位设置，明确各岗位安全生产职责，建立横向到边、纵向到底的全员安全生产责任体系；煤矿企业要确保安全责任到位、安全投入到位、安全培训到位、安全管理到位、应急救援到位。

**4. 细化企业责任**

进一步规范煤矿企业安全生产责任制的内容，保证安全生产责任制既符合法律法规要求，又切合实际，具有针对性和可操作性，各岗位的责任人员、责任范围及考核标准一目了然。

**5. 严格责任考核**

加强煤矿安全生产责任制的宣传教育，让每名员工清楚本岗位安全生产责任；建立健全安全生产责任考核奖惩制度，强化监督检查，严格考核奖惩，真正把安全生产责任落实在岗位、落实到人头。

### （二）建立重大灾害评估治理体系

**6. 严格源头准入**

严格矿业权设置，对现有探明煤炭资源按开采条件和生态保护要求，划定"禁采""限采""缓采""停采"的区域和资源种类，禁止规划和开采不安全、不环保、低质量、低效益的资源；严格资源配置，新建矿井、水平延伸、采区接替时，要把安全准入与环保、质量、效益准入等同步规划、实施、考核；严格办矿准入，严格矿井规模、开采工艺、技术装备、人员素质、入井人数限制，严禁违规违法生产建设。

7. 实施风险评估

由地方政府、煤矿主体企业组织，鼓励政府购买服务，完善相关制度，引入第三方安全风险评估机制，开展煤矿重特大事故风险评估；根据矿井灾害程度和隐蔽致灾因素对煤矿管理、技术、班组能力进行评估分析；根据矿井实际装备水平、技术手段、工艺材料对防范能力进行评估分析。

8. 研究规律特点

各级煤矿安全监管部门对2005年以来全省发生的典型重特大事故进行分析、研究，查找造成事故发生的深层次原因，总结经验教训，结合全省实际情况提出预防措施和实施办法。

9. 加强科技兴安

建立由政府引领、企业主导、社会参与的科技攻关机制，开展以瓦斯治理、防治水、冲击地压、坚硬顶板等为重点的科技攻关，着力在防治技术上寻求突破，促进科技成果的转化。推广应用新技术、新工艺、新材料，大力推广"机械化换人、自动化减人"，实现减人提效，严禁使用国家明令禁止或淘汰的设备、工艺。加快"四化建设"，抓好"两化融合"，利用云计算、大数据、"互联网+"，推进安全生产与信息化高度融合，促进信息化对安全生产风险的辨识管控和对事故的预测预警，增强重特大事故防控的针对性、有效性，提升安全保障能力。

10. 提高管控能力

各主体企业要围绕操作、技术、管理三个层面，打造具有"工匠精神"的技工队伍、一心专研的技术队伍、管控能力强的管理队伍。各煤矿生产建设单位要加强"三个关键团队"建设：建立以矿长为首的生产管理团队，依法依规有序生产；建立以总工程师为首的技术决策团队，科学有效治理灾害；建立高素质的安检、区队、班组生产作业团队，规范现场操作，杜绝"三违"行为，减少事故隐患。

（三）推进煤矿安全依法治理

11. 修订完善安全法规

贯彻国家法律法规，完善配套法规规章，修订实施《山西省安全生产条例》

《山西省煤炭管理条例》等地方性法规,《山西省煤矿瓦斯防治规定》《山西省煤矿防治水规定》《山西省煤层气开发利用办法》等政府规章,组织制定《山西省井工煤矿淘汰设备目录》《煤矿危险作业岗位管理规定》,加强新修订的《煤矿安全规程》宣传贯彻和培训工作。

12. 强化监管监察执法

要科学制订并严格落实煤矿安全监管监察执法计划,推行"双随机、一公开"监管监察执法方式。煤矿安全监管部门要建立煤矿重大事故隐患治理督办制度,督促煤矿企业抓好隐患排查治理的自查、自报、自改,实现隐患排查治理闭环管理,严肃查处对重大生产安全事故隐患隐瞒不报的行为;要抓住灾害严重、事故多发的重点煤矿企业,实施重点监控,严防大矿出大事故;合理划分各级煤矿安全监管部门直接监管事权,规范执法行为,提升执法水平;健全完善煤矿安全监管"五人小组"包保制度,加强监督管理、考核和业务培训,提高人员业务素质,建立人员调整、清退机制。对煤矿安全生产许可证到期不申请延期的煤矿,要依法注销;对安全质量标准化达不到二级的煤矿,不予颁发、换发安全生产许可证。

13. 加强安全信用监管

负有煤矿安全监管职责的部门要建立煤矿违法行为信息库,定期公布瞒报事故、非法建设、发生较大以上事故、存在重大事故隐患拒不整改等严重违法行为的煤矿企业"黑名单";按照"谁发现、谁通报"原则,实施部门通报、联合惩戒,提高违法成本,形成企业落实安全生产主体责任的倒逼机制。

14. 开展事故警示教育

对近年来发生的较大以上事故的矿井落实事故责任和防范措施情况开展"回头看";要督促煤矿企业建立事故警示日制度,结合实际开展煤矿事故典型案例警示教育活动。

(四)提升煤矿从业人员素质

15. 严格从业人员准入

建立煤矿井下从业人员安全素质准入制度,制定煤矿安全管理人员、专业技术人员、特殊工种和关键岗位安全素质标准和培训考核制度。煤矿安全监管部门要加强对煤矿企业开展安全培训工作情况的监督检查。

16. 规范劳动用工管理

加强煤矿劳动用工管理,规范用工秩序。严格原煤生产人员全员准入,实行变招工为招生。严格实施工伤保险实名制。严禁未经培训考核合格上岗。

17. 提高工人安全素质

煤矿企业要制订员工素质提升计划，健全员工队伍素质提升考评机制，强化职工职称评定、技能鉴定工作，鼓励员工自主提升学历，保证所有从业人员素质达到劳动用工规范要求。加强煤矿班组安全建设，强化矿工理论知识、实际操作技能培训与考核。健全考务管理体系，严格教考分离。将农民工培训纳入促进就业规划和职业培训扶持政策范围。

（五）优化煤矿安全发展环境

18. 优化生产结构

推动煤炭企业加快供给侧结构性改革，做好"减法"，提升煤矿安全系数，进一步优化生产结构，提升全省煤炭行业整体竞争力。减资产，处置"僵尸企业"，集聚优势资源，发展核心主业；减矿井，关闭不安全的矿井，淘汰开采工艺落后的矿井；减产量，压减亏损矿井、劣质煤矿井、灾害严重矿井的产量；减环节，优化生产系统，减少辅助环节；减头面，优化布局，集中生产；减人员，机械化换人、自动化减人。对120万吨/年及以下矿井，鼓励实施"一矿一井一面"（开采薄煤层除外）。

19. 压减主体数量

在化解过剩产能的过程中，逐步取消三级主体企业公司，减少管理层级，减少办矿主体；取消煤矿主体变更、股权转让限制，鼓励企业间产权重组置换，缩小管理跨度，提升企业掌控力，提高产业集中度。

20. 建立退出机制

研究出台资源枯竭、地质条件复杂矿井退出机制，消除危险源；支持灾害严重、亏损严重国有大型煤炭企业转型；在关闭资源枯竭和不具备技改条件的停建缓建矿井的基础上，按照能力置换原则，在矿区规划、矿权设置、资源配置、项目核准等方面给予支持，帮助国有老矿转产转型，开发新的接替产业，引导技术工人转岗，帮扶技能单一的一线职工顺利转业。

### 三、2016年工作措施

（一）严格施工准入，强化建设管理

1. 严格施工资质

督促煤矿企业严格建设项目招投标程序，严格施工队伍资质审查；施工项目部主要负责人和安全生产管理人员必须与中标通知书、煤矿安全监管部门备案一致；施工人员接受入矿培训，百分之百考试合格，方可入矿施工；严禁分包转包。

2. 清理施工队伍

负有监管职责的部门要定期开展对煤矿建设项目的清理整顿，对未招投标、无资质、超资质范围施工、资质挂靠转让、工程转包、违法承包的施工队伍一律清退。全省生产煤矿井下采掘工作面、巷道维修一律禁止使用外委队伍和劳务派遣工。

3. 落实"五方"责任

项目建设单位要全面负起安全管理职责，对项目施工相关单位进行统一协调管理；项目施工单位对煤矿建设施工负建设安全主体责任，同时还要落实建设项目监理、设计责任；煤矿安全监管监察部门要加大对建设项目的监督检查，严肃查处重大变更不报批、不按施工顺序施工、不执行安全设施"三同时"等违法行为。

（二）加强基础建设，强化自主保安

4. 强化安全培训

煤矿企业要严格执行从业人员培训工作要求，保证从业人员培训合格上岗；严格"三项岗位"人员准入，强化安全管理、工程技术人员法规标准学习培训。各类煤矿安全培训机构要根据不同岗位人员的素质要求，开展针对性培训，不断提高从业人员的业务素质和标准意识，强化员工自主保安意识，加强岗位操作的培训考核。

5. 强化基础建设

煤矿企业要强化班组安全建设，提升员工安全意识和技能素质；强化岗前教育、岗位标准学习、岗中再教育，有效提高员工自主保安意识；大力推进安全生产标准化建设，实现安全管理、操作行为、设备设施和作业环境标准化；加强隐患排查治理，将排查治理措施落实到区队、班组和岗位，从源头上强化事故预防。

6. 强化灾害治理

省级煤矿重大灾害防治工作牵头部门要督促指导各地区和各煤矿企业抓紧完善重大灾害防治实施方案，细化工程、技术和管理等综合措施，做到"一地一案""一企（矿）一策"，并对实施方案逐级报备。各级煤矿安全监管监察部门要建立煤矿重大隐患治理督办机制，监督检查煤矿企业建立健全灾害风险分级管控和隐患排查治理双控机制，探索构建具有煤矿特色的风险分级管控、隐患排查治理和安全质量标准化相结合的安全管理制度。

（三）优化采掘部署，合理集中生产

7. 统筹生产布局

煤矿安全监管部门、主体企业要及时掌握煤矿采掘衔接情况，加强对煤矿采掘计划的审批、备案管理工作，严格采掘图纸交换制度，确保"三量"平衡；要把生产布局管理作为煤矿生产能力管理的基础工作，提高煤炭生产科学化水平；把合理生产布局、提高系统可靠性，贯穿于煤矿设计、建设、技改、生产的全过程，有序推进现代化矿井建设。重组整合矿井在进行边角煤、煤柱残采区、启封的密闭区等非正规面设计前，必须制定专项措施，并经煤矿主体企业或煤矿安全监管部门审批后，方可执行。

8. 合理集中生产

针对部分矿井开采时间长、隐蔽致灾因素复杂的现状，督促煤矿企业制定改造调整规划；简化生产系统，优化采掘布置，合理集中生产，减少采掘头面和下井人数，降低安全生产风险，减小安全管理难度；认真执行正规循环作业，杜绝"三超"行为。加大老矿井技改力度，特别是同煤、阳煤、晋煤等集团的单班入井人数超千人的矿井，要限期再精选设计、再优化系统、再减少环节、再缩短战线、再精减人员。

9. 实施减量生产

监管部门和煤矿主体企业不得变相下达超煤矿核定生产能力的生产计划指标；煤矿企业要严格依据省煤炭厅按煤矿全年作业时间不超过276个工作日重新确定的生产能力组织生产；煤与瓦斯突出矿井、水文地质类型复杂及以上矿井要按照原公告生产能力的80%组织全年生产；煤矿企业原则上在法定节假日和周日不安排生产。

（四）深化专项治理，维护生产秩序

10. 强力"打非治违"

实行部门联动、多管齐下，形成工作合力，始终保持打击煤矿非法违法生产建设的高压态势，对违反有关安全生产规定的行为加大处罚力度，严厉打击煤矿"五假五超"（假整改、假密闭、假数据、假图纸、假报告，超能力、超强度、超定员、超层越界、证件超期）、生产矿井井下采掘工作面和巷道维修使用外委队伍等行为，维护正常的生产秩序。

11. 深化隐患治理

煤矿企业要围绕瓦斯、水害、顶板、火灾等重大致灾因素，致力于查大系统、治大隐患、防大事故，建立健全隐患排查治理体系；负有煤矿安全监管职责的部门要严格落实监管责任，完善煤矿重大事故隐患治理督办制度建设，督促企业深入排查容易发生煤矿重特大事故的环节。

12. 消除盲区空档

在避免"想不到、看不到、查不到、管不到、整治不到"上多下功夫，解决矸石山爆炸、燃烧、中毒、煤泥、煤堆溃泄、采空区爆炸、瓦斯抽放管路、极端气象灾害引发煤矿事故等问题，并针对性地制定和落实防控措施。

13. 严格复产复建

坚持"谁监管、谁验收、谁签字、谁负责"的原则，严格落实煤矿复产复建验收工作。煤矿企业要严格采掘工作面安全评价，严格掘进工作面开工前、回采工作面生产前验收。

14. 保障安全投入

煤矿企业要确保安全费用提足、用够，使用范围符合规定；加强安全管理机构对煤矿安全费用提取使用情况的审核，并行使一票否决权。煤矿安全监管监察部门要加强对煤矿企业提取使用安全费用的监督检查力度，联合审计、财政、税务等部门开展专项检查。各级政府要加大对本行政区重点区域煤矿隐蔽致灾因素的普查投入。

（五）落实岗位责任，强化现场管理

15. 落实企业责任

煤矿企业要认真履行《中华人民共和国安全生产法》规定的职责，各级负责人要按照"一岗双责"的要求，对业务范围内的安全生产工作负首要和直接领导责任；要强化煤矿矿长（法人、实际控制人）的法定责任，真正落实建立健全责任制、制定制度规程、保证安全投入、消除安全隐患、组织应急救援、及时报告事故等方面的责任；要保障总工程师的技术决策权，健全完善煤矿总工程师负责的技术管理体系，突出技术管理对安全生产的约束和支撑，确保安全生产。

16. 强化层级管理

各级管理人员要坚持系统主导抓安全，形成一级对一级管理、一级对一级负责，安全工作重心下移、关口前移。要把精力放在过程管理上，带着责任、带着问题到现场，查隐患、找问题、把控安全。

17. 加强过程管控

煤矿企业各级负责人要全面掌握现场安全状况，认真履行抓关键环节、盯要害场所、消除问题隐患、制止违章行为的工作职责，切实加强对重点区域、重点工程、薄弱环节和不放心地点的安全管控。

18. 深化灾害治理

煤矿企业要建立水文地质信息管理系统，开展水文地质补充调查与勘探，加强矿井涌水量观测和水质监测工作，建立技术、探放水、物探三支队伍；全面掌握瓦斯基本参数，要建立适合矿井实际的突出预测预报指标体系和抽采达标评判体系，制定适合本矿区瓦斯防治技术体系和治理标准，坚持"一矿一策、一面一策"；对采用综采放顶煤工艺的煤矿，逐矿进行水、火、瓦斯、顶板等灾害防治能力的安全技术评估。

（六）严查煤矿事故，严厉责任追究

19. 严格事故责任追究

发生特别重大责任事故的，对煤矿主体企业主要负责人给予撤职处分；对煤矿企业主要投资人（实际控制人）构成犯罪的，依法追究刑事责任；对其他责任人员视情节给予处分，直至追究刑事责任。对发生事故的煤矿企业，依法依规予以处罚；对发生重大及以上事故的煤矿，依法吊销《安全生产许可证》。

20. 严肃处理瞒报事故

对于迟报、瞒报事故的煤矿企业一律依法按上限处理，煤矿、主体企业、煤矿安全监管监察部门造成迟报、瞒报，依法处理相应单位的主要负责人，构成犯罪的依法追究刑事责任。举报煤矿瞒报事故，由煤矿所在设区市、县级政府根据事故等级，组织公安、安监、煤炭、煤监等部门联合核查，3人及以上事故由设区的市级政府组织核查，3人以下事故由县级政府组织核查。

21. 严格事故责任落实

要完善事故通报、警示、约谈和督办四项制度，提高事故调查质量和按期结案率。完善省市两级生产安全事故责任追究督查机制，建立督查制度，定期公布督查结果。

### (七) 实施文化引领，构建长效机制

**22. 加强宣传教育**

通过各种方式、各种渠道，全方位宣传企业核心价值观和安全理念，使"红线"意识入心、入脑，让安全理念进企业、进班组、进家庭，提升煤矿从业人员"关注安全、关爱生命"的意识。

**23. 强化行为养成**

推进企业安全文化实践渗透，加深安全文化认知，树立安全文化自信，培养安全文化自觉，推广手指口述、岗位描述、危险源辨识、大师工作室、职工技能竞赛等措施和方法，提高从业人员现场操作和风险管控能力，提高从业人员规范行为能力。

**24. 推进示范创建**

各级政府、企业要高度重视安全文化引领，围绕打造"塑心、塑行、塑境"三大工程，积极开展安全文化建设示范企业创建工作。要把重视安全生产、搞好安全生产形成一种文化自觉，形成"关注安全、关爱生命"的浓厚文化氛围，促进企业安全文化素质的提升。2016年省属五大集团要分别建成一个全国安全文化建设示范矿井。

## 四、工作保障

### (一) 加强组织领导

省政府成立遏制煤矿重特大事故领导小组，负责对各负有煤矿安全监管职责部门的任务分工，对全省遏制煤矿重特大事故工作进行检查指导。各市、县政府及各煤矿企业要成立主要负责人任组长的遏制煤矿重特大事故工作领导机构，把遏制重特大事故纳入全年工作目标责任考核范围，突出工作重点，细化责任分工，明确工作职责，建立周例会、月报告、季通报和年督办制度，精准发力，确保责任落实。

### (二) 选择试点对象

各煤炭主体企业要选择2~3个灾害严重的煤矿作为试点，开展以有效预防和坚决遏制重特大事故为重点内容的攻坚战。各有关市、县政府、集团公司要成立攻坚战领导小组，由分管负责人、企业主要负责人任组长，组织制订并落实实施方案,确保完成攻坚战任务；成立若干督导小组，审查实施方案，进行督促检查，在重点煤矿灾害治理、技术指导等方面研究政策，采取措施，提供服

务。各重点煤矿要以矿长、总工程师为主成立治理工作组，找准攻关重点、难点，确定治理内容、工作任务、主要措施，全力推进。

（三）逐级落实责任

各市、县政府、各煤矿企业要制定遏制重特大事故的实施细则，并提供人力、物力、财力支持，确保有序实施。构建形成市县、煤炭企业无缝对接的安全风险管控和隐患排查治理双重预防工作体系，构建形成新的安全保障能力高的工艺、技术和装备推广体系，构建形成煤矿企业安全生产诚信制度建设体系，构建重大危险源辨识、跟踪和治理防控体系，构建形成以互联网等新技术为载体的安全宣传、安全培训、安全文化、舆情引导传播体系，进一步凝聚安全共识，提升全体从业人员安全防范意识和风险防控能力。

（四）强化政策支持

大力推进煤炭资源再整合、煤矿企业再重组，优先调整矿业权属，缓缴矿业权价款。各级政府财政每年都要拿出一定资金，支持建立完善煤矿安全技术服务体系，开展重大灾害治理研发攻关，实施重点区域隐蔽致灾因素普查；实施煤矿灾害分类管理，按照煤层瓦斯含量、瓦斯压力大小和水文地质类型复杂程度，确定产能大小，规定安全费用的最低提取标准，强化监督检查；加强应急管理，建立突发事件应急平台，构建协作联动机制，强化救援队伍建设，完善预案管理和应急演练，实行应急评估考核；鼓励中介服务机构为煤矿企业技术创新成果的转化搭建平台，提供专家咨询、技术会商、重大危险源评估等专业技术服务。

# 山西省人民政府办公厅
# 关于煤层气矿业权审批和监管的实施意见

2016-10-14 晋政办发〔2016〕139号

各市、县人民政府，省人民政府各委、办、厅、局：

为规范推进我省煤层气矿业权审批和监管，根据《国务院办公厅关于进一步加快煤层气（煤矿瓦斯）抽采利用的意见》（国办发〔2013〕93号）及《国土资源部关于委托山西省国土资源厅在山西省行政区域内实施部分煤层气勘查开采审批登记的决定》（国土资源部令第65号），结合我省煤层气矿业权管理实际，经省人民政府同意，现提出如下实施意见。

## 一、明确煤层气矿业权审批和监管的总体要求

（一）努力实现承接委托事项的总体目标

省国土资源厅要全面落实委托决定，办好审批登记，加强监督检查，协调开发时序，促进综合利用，保护合法权益。

省直有关部门要按照各自职责，积极配合省国土资源厅，协调推进办好委托事项、促进产业发展、优化发展环境、落实资源惠民等各项工作，共同实现国家放心、地方满意、企业安心、群众受益的共赢目标。

（二）始终坚持实施审批和监管的基本思路

省国土资源厅实施审批和监管，应做到承接委托不走样、审批标准不降低、办事效率有提高、管理机制有创新、服务发展见成效。

省直有关部门要落实省政府要求，主动推进相关审批和监管事项的调整完善，以放大改革效应，实现创新联动。

## 二、落实煤层气矿业权宏观管理政策

（三）认真贯彻落实国土资源部的有关要求

省国土资源厅要严格执行国土资源部《探矿权登记（油气类）服务指南》

《采矿权登记（油气类）服务指南》《勘查石油天然气等流体矿产试采审批服务指南》，及时向国土资源部报告实施中的重要问题，落实国土资源部的有关要求。建立山西省煤层气矿业权审批和监管系统及数据库，2017年实现试运行。

（四）科学编制全省煤层气资源勘查开发规划

根据《全国矿产资源规划（2016—2020年)》《山西省矿产资源总体规划》以及国家、省有关煤层气产业发展规划、行动计划，在2016年底前编制完成《山西省煤层气资源勘查开发规划（2016—2020年)》，合理划分重点矿区、布局重点项目、安排开发时序，编制矿产资源区划、环境影响评价专章，报国土资源部审核后，由省发展改革委、省国土资源厅联合发布，作为煤层气资源保护、利用与矿业权管理的依据。

**三、建立煤层气矿业权审批登记制度**

（五）准确承接国土资源部委托审批登记事项

国土资源部委托审批登记事项包括：

1. 煤层气勘查审批登记及已设煤层气探矿权的延续、变更、转让、保留和注销审批登记；

2. 储量规模中型以下煤层气开采审批登记以及已设储量规模中型以下煤层气采矿权的延续、变更、转让和注销审批登记；

3. 煤层气试采审批。

以上事项均不含：

1. 跨省级行政区域的煤层气矿业权审批登记；

2. 涉及石油、天然气、页岩气的煤层气矿业权审批登记。

（六）规范办理煤层气矿业权审批登记

省国土资源厅要发布办理煤层气矿业权审批登记事项的公告，制定煤层气矿业权登记审查工作细则，按照规定完善权力清单、责任清单，规范煤层气矿业权审批登记行为。

**四、完善煤层气矿业权审批和监管的配套制度**

（七）统筹煤层气矿业权审批和监管的重大事项

省煤层气勘查开采协调领导小组要统筹协调全省煤层气矿业权出让、关联审批事项、综合执法等重大事项，及时研究解决煤层气矿业权审批和监管中遇到的重大问题，指导各有关部门加快建立"政府牵头、部门联动、优化流程、提高效率"的工作机制。市、县政府也应当建立相应的工作机制，推动本地区承担工作任务的落实。

（八）优化煤层气勘查开采关联审批制度

省直有关部门要根据"简政放权、放管结合、优化服务"要求，进一步清理规范审批事项，简化优化办理流程。积极推行有关事项并联审批，有效解决部分审批事项要件互为前置的问题，严格执行并联审批事项办结时限要求。适时发布山西省煤层气勘查开采行业服务指南，指导各级政府、各职能部门依法规范审批，监督各类企业依法勘查开采。

**五、推进煤层气和煤炭资源有序开发**

（九）协调煤层气、煤炭开发时序

在煤炭远景规划区（后备区）以及取得煤炭探矿权、尚未取得煤炭采矿权的矿区，实施先采气、后采煤。已领取煤炭采矿许可证尚未进行基础建设的矿区，实施先抽后采、采煤采气一体化；正在进行生产或者基础建设的矿区，在5年内计划动用储量区域，以采煤为主，落实地面、井下联合抽采煤层气（煤矿瓦斯），推进采煤采气一体化。

在已设置煤炭矿业权但尚未设置煤层气矿业权的区域，经综合勘查具备煤层气地面规模化开发条件的，煤炭矿业权人可依法申请煤层气矿业权，自行或采取合作方式进行煤层气勘查开采。

（十）化解煤层气和煤炭矿业权重叠区争议

实施《山西省煤层气和煤炭矿业权重叠区争议解决办法（试行）》，指导有关矿业权人签署安全互保协议、深化务实合作，通过自主协商、行政调解、行政裁决以及法院判决等多种方式，有效化解煤层气和煤炭矿业权重叠区争议，集中精力做大煤层气产业。

煤炭、煤层气矿业权人要建立日常生产技术资料交换制度，实现开发方案相互衔接、项目进展定期通报、相关资料留存共享、安全生产共同保障。

**六、规范出让煤层气矿业权**

（十一）规范煤层气矿业权竞争出让

竞争出让煤层气矿业权，须经省政府同意，并执行国土资源部的统一规定。

煤层气矿业权主要以招标方式出让，逐步采取拍卖、挂牌方式出让，单个矿区面积原则上不超过300平方公里。煤层气矿业权出让实行勘查承诺制，矿业权竞得人须对资金投入、实物工作量、勘查进度、综合勘查、储量提交、产能建设、区块退出、违约和失信责任等做出承诺，并明确违约责任及处理方式。

（十二）严格煤层气矿业权协议出让管理

对符合国家及我省规定、可以协议出让的煤层气矿业权，须由省国土资源厅集体会审决定，报省政府同意。协议出让煤层气矿业权，参照公开出让实行勘查承诺制。

### 七、促进煤层气矿业权人加快勘探开发

（十三）实施煤层气勘查开采激励措施

1. 根据已签承诺或者合同考核，对提前提交探明储量、完成产能建设的企业，在煤层气矿业权招标中予以优先考虑。

2. 鼓励持有勘查区块超过500平方公里的煤层气探矿权人，适当细分勘查区块、分设矿业权，引入煤炭企业或其他投资者加快勘查开发；除与煤炭企业合作情形外，细分勘查区块范围不应小于300平方公里。

3. 鼓励具有煤层气勘查开发资质的企业与煤炭企业联合成立公司，在已获得煤炭矿业权矿区内申请煤层气矿业权，综合勘查、综合利用煤层气。

4. 鼓励和支持具有煤层气勘查开采资质的企业与煤炭企业在签署合作协议后，在煤炭矿业权矿区内申请勘查开发煤层气。

5. 鼓励煤炭采矿权人在本矿区内、矿区相邻的多个煤炭矿业权人联合在所属煤炭矿业权范围内申请煤层气矿业权，立体抽采、综合利用煤层气。

6. 鼓励煤层气探矿权人在确保安全生产前提下，就近销售试采阶段回收的煤层气，减少直接向大气中排放。

7. 鼓励对废弃矿区、关闭煤矿煤层气资源抽采利用的研究调查，建设示范项目。

8. 对煤层气重大开发项目给予一定贴息支持。

9. 对地面直接从事煤层气勘查开采的企业，按照国家规定减免探矿权使用费、采矿权使用费。

10. 对煤层气勘查的临时用地、煤层气抽采项目的建设用地，予以优先安排。

(十四) 建立煤层气勘查开采约束机制

煤层气探矿权人要严格执行勘查实施方案,按照合同约定,在承诺期限内完成勘查活动,提交地质报告。煤层气探矿权人未按合同约定完成地质勘查工作的,依照合同做出处理;未履行勘查承诺的,按照承诺做出处理,未完成投资比例的核减同比例的矿区面积。

对外合作区块应严格合同管理,对不按合同实施勘查开发的对外合作项目,矿业权人应依照法律、法规、合同约定督促合作方认真履约,直至终止合同。

勘探结束、具备开发条件的区块,应当及时办理采矿登记,并承诺完成产能建设期限。煤层气采矿权人未按承诺完成产能建设的,按照承诺追究违约责任。

## 八、加强煤层气勘查开采监督管理

(十五) 严格煤层气勘查开采监督管理

煤层气矿业权人应当认真实施勘查实施方案、开发利用方案,按照规定公示年度资源勘查开采信息,及时汇交地质资料,履行土地复垦等法定义务。需要公开发布有重大影响的勘查成果、探明储量、新增探明储量等,应当遵循"先向国土资源主管部门备案、后公开发布"的原则,并对其真实性负责。

省国土资源厅要明确各级国土资源部门的监督管理职责,认真实施勘查开采信息公示制度,依法开展勘查开采活动"双随机"抽查,随时对社会举报实施定向核查。对设立时间长、勘查开发进度缓慢的矿业权,可引入第三方评估、聘请专业机构实施勘查开采实际投入专项审计。对未完成法定最低勘查投入的,要依法严肃处理。

(十六) 加强综合执法和联合惩戒

省直有关部门要加强煤层气矿业权审批和监管信息的交流共享,实施监管合作、案件移交、联合惩戒。要依法维护煤层气矿业权人合法权益,及时化解争议,依法制止侵权行为。对违法勘查开采煤层气的行为,要纳入企业不良记录,依法实施准入限制和行政处罚。要对各类企业一视同仁、所有矿区逐一覆盖,全面落实勘查监管与开采监管全覆盖、地面监管与井下监管相衔接,依法维护正常的勘查开采秩序。

# 附录三 单位简介

## 山西省煤炭职业教育基金会

山西省煤炭职业教育基金会成立于2006年9月，是在时任全国人大常委、全国法律委员会副主任委员、原中共山西省委书记王茂林同志的倡导和推动下，在省委、省人大、省政府、省政协的高度重视和山西省煤炭工业厅及社会各界的大力支持下在太原成立。

基金会成立九年来，共接受来自台湾富士康科技集团和我省各大煤炭集团公司以及社会各界的捐赠5637万元。实现理财收益3700余万元，全部用于了《章程》所规定的公益事业。主要如下：

一、在省内高等院校设立了煤矿井下专业优秀学生奖学金和特困生助学金

（一）奖励煤矿井下专业优秀学生6245人。

（二）资助煤炭类专业特困生5277人。

二、开展了资助煤矿职工培训工作

为了搞好煤矿职工培训，提升煤矿从业人员专业素质。基金会对煤矿职工教育培训进行了资助。其中：

（一）资助编撰出版了由时任山西省省长王君同志主编的《煤矿安全科学保障能力建设》丛书（7册）。

（二）资助了由王茂林老书记主编的《综采工作面实用技术》等煤炭类专业书籍。

（三）资助省内部分煤矿职工培训机构教学实训设备。

## 三、表彰奖励了全省煤炭教育工作优秀教师和煤炭类专业优秀学生

2008年11月,基金会会同山西省教育厅、山西省煤炭工业厅联合表彰奖励了优秀教师90人和优秀学生299人。

## 四、资助编辑出版《山西煤炭工业发展报告》绿皮书

基金会自2008年开始,每年组织专家、学者和行业权威人士编写出版一本山西煤炭工业"绿皮书"——《山西煤炭工业发展报告》。对山西煤炭工业年度运行情况进行及时研究发布,记载年度重大决策和重要成就,为各级领导和相关行业及社会各界提供综合性、前瞻性、权威性资料。至今已连续编辑出版了十本。得到了各级领导和社会各界人士广泛好评和认可,已成为我会公益项目的一个品牌。

## 五、资助了全省煤炭类专业院校教师教研项目61项

2008年以来,基金会连续三年开展了资助山西煤炭类专业教研项目活动,共资助了61项煤炭类专业教研项目。涉及煤炭类专业教师300余人。

## 六、开展了降分录取煤矿职工子女学习煤炭主体专业工作

2008年和2010年,基金会组织开展了两次降分录取煤矿职工子女学习煤炭主体专业工作。通过适当降分,两年共录取了323名煤矿职工子女在省内4所高职学院学习煤炭专业。

## 七、连续三年资助了全省高职院校煤矿安全技能大赛

2012年以来,开展资助全省高职院校煤矿安全技能大赛,为高职院校煤矿安全专业的教育教学工作起到积极的促进作用。

山西省煤炭职业教育基金会的基金来源于捐赠,用于煤炭职业教育。基金会始终严格遵守国家法律法规,恪守基金会宗旨,立足煤矿,服务教育,着眼发展,为山西省煤炭工业的可持续发展,为全面建成小康社会做出积极贡献!

名誉理事长:王茂林　郭台铭(台商)
理　事　长:王　昕
秘　书　长:丁钟晓
监事会主席:邓保平
办公地址:太原市长风街125号泰华城市广场A-2-2001室
联系方式:0351-8331338(兼传真)　　8331337

# 太原方天煤炭技术咨询有限公司

太原方天煤炭技术咨询有限公司成立于2008年9月，是国内专业从事能源项目技术咨询的服务机构。公司成立以来，立足山西、服务全国，按照"以煤为本，延伸煤炭"的咨询理念，对全国煤炭及其相关产业进行系统研究，为政府机构、煤炭生产企业、消费企业、金融机构、投资机构等提供全方位的咨询服务。

（1）矿井生产、建设、技术改造、生产运行和管理、生产技术工艺、设备选型、设备运行和管理、瓦斯防治、防治水等技术服务和咨询；

（2）煤炭资源、生产、供需、价格等市场信息研究和咨询；

（3）煤炭产权交易和企业重组项目独立技术调查和评价；

（4）煤炭、电力、焦化、煤层气、煤炭地下气化等产业现场调查和技术评估；

（5）煤炭企业发展规划、循环经济规划、年度生产经营计划的编制。

公司汇集了行业内众多资深专家，在所涉及的矿产资源、煤田地质、煤矿设计、煤矿开采技术、煤炭洗选加工、煤炭机械设备、煤炭资源规划、煤炭资源综合利用、煤矿管理、煤炭市场、煤焦化技术、煤层气开发、循环经济等领域具有丰富的专业知识和研究经验。公司研究团队由教授级高工、高级工程师、硕士、博士和注册评估师等构成，能够为客户提供量身定做的优质服务。

公司主要合作单位和咨询客户包括山西省发改委、山西省科技厅情报研究所、山西省社会科学院能源研究所、山西都宝新能源经济研究院、山西省煤炭教育发展基金会、山西焦煤集团、山西煤炭运销集团公司、山西煤炭进出口集团公司、沁新能源、加拿大泰克资源、剑桥能源、英美能源、麦肯锡咨询公司、中国联合钢铁网、世界石油网、澳大利亚麦格理银行、香港里昂证券、平安信托、太平洋保险等。

公司咨询方向：

1. 发展规划

编制行业、企业中、长期发展规划；编制投资项目开发规划；编制生态环境治理规划；编制循环经济规划及实施方案；编制煤炭企业生产经营计划和基本建设计划。

2. 市场研究

煤炭行业运行情况研究；煤炭资源供应调查研究；煤炭生产成本调查分析及预测；煤炭价格调查分析及预测；煤层气开发及市场研究；焦炭市场研究；电力市场研究。

3. 项目投资报告

煤矿项目投资调研及评价；选煤厂项目投资调研及评价；煤电联营项目调研及评价；焦化项目投资调研及评价；煤层气项目投资调研及评价。

4. 技术专题报告

煤矿建设方案编制；煤矿开采技术方案编制；煤矿通风及瓦斯治理技术研究；煤矿机电设备选型和论证；煤矿现场生产情况诊断；煤矿安全技术专题咨询；煤矿绿色开采技术研究；矿井防治水技术研究；煤层气开发利用研究；煤炭地下气化研究。

2008—2014年公司主要业绩：

1. 产业发展规划

2008年受山西省发改委委托完成山西煤炭产业布局研究；2009年受山西省发改委委托与山与省社科院合作编制山西煤炭产业调整和振兴规划；2010年受邀山西省发改委编制山西煤炭产业"十二五"规划的专家顾问；与省社科院合作完成晋中市煤层气（2011—2020年）开发利用规划；与省社科院、中国矿大合作完成山西焦煤集团循环经济（2011—2020年）发展规划；山西煤炭运销集团公司"十二五"产业发展规划；山西煤炭进出口集团公司"十二五"煤炭产业发展规划；山西煤炭进出口集团2011—2013年生产建设计划；山西煤炭运销集团公司节能规划；山西焦煤集团"十二五"煤基气开发利用规划；山西焦煤集团煤炭绿色开采规划；山西焦煤集团煤矸石综合利用研究；汾阳文峰集团焦化厂重组方案。

2. 煤炭及其相关产业市场研究

澳大利亚麦格理银行2008—2010年煤炭成本和价格的研究；麦肯锡咨询公司炼焦煤成本分析；加拿大泰克公司2010—2013年炼焦煤成本和市场供需研究及预测；香港里昂证券山西2009—2013年煤炭供应市场研究；山西焦煤国际发展公司煤焦钢油月度市场研究报告；山西沁新能源集团高硫煤加工及市场研究报告；福山能源炼焦煤市场研究；华电集团投资煤矿项目技术评价及市场研究报告；涛石基金内蒙古、贵州、河南、山西煤矿资源调查及评价报告；国家科技部山西煤层气开发利用及市场研究报告；山西沁水石楼、陕西韩城煤层气调研及评价报告。

3. 煤炭技术专题报告

和顺天池矿井井筒布置方案研究；灵石鑫辉源煤矿资源整合矿井设计方案；山西省浅部煤层露天复采研究；山西煤炭运销集团机电设备管理规划研究；古交矿区白家沟煤矿、石鑫煤矿、星星煤矿资源整合储量核实报告；阳泉盂县石店煤矿、路子村煤矿、秀南煤矿、石峪煤矿煤炭资源开发利用方案；山西煤炭运销集团煤炭产业安全事故应急预案；山西焦煤集团矿业管理公司煤炭生产安全事故应急预案；福山能源选煤厂投产运营评价报告；上海复星集团煤矿重组项目调查及评价；平安信托投资煤矿重组项目调查及评价报告；太平洋保险煤矿灾害及防治讲座。

4. 技术顾问

沁新能源集团 2009—2014 年矿井生产、安全技术顾问；金山能源 2010—2014 年矿井生产、安全技术顾问；中矿宝源 2008—2013 年煤炭地下气化项目顾问；涛石基金 2010-2014 年煤炭、煤层气投资项目技术顾问。

5. 技术专著

2011 年出版《综采工作面实用技术》；2012 年出版《综掘工作面实用技术》和《煤矿安全避险"六大系统"实用技术》；2014 年出版《瓦斯抽采实用技术》和《2014 年山西煤炭工业发展报告》绿皮书；2015 年出版《2015 年山西煤炭工业发展报告》绿皮书。

公司地址：太原市漪汾桥西望景路 8 号十字路口东南角浙江大厦 1109 室
联系人：李生定　刘　慧
联系电话：13513646213　13015448822
E-mail：lishengd@sina.com　liuhui8027@163.com

# 参考文献

[1]肖林,张明海.中国的债务问题及去化路径[J].科学发展.2016(09).

[2]贾壮.以市场化法治化方式去杠杆[J].中国金融家.2016(10).

[3]《去杠杆不容易》[J].新民周刊.2013(31).

[4]毛振华.去杠杆与金融风险防范[J].中国金融.2016(10).

[5]纪敏,张翔.对杠杆率和资产负债率的思考[J].金融与经济.2016(09).

[6]钮文新.供给侧结构改革需要"慢金融"[J].中国经济周刊.2016(02).

[7]马飞,新形势下煤炭企业融资风险分析,金融经济,2014.10.

[8]邓丽丽.煤炭企业的融资渠道及风险防范问题研究[J].企业改革与管理.2015(03).

[9]侯丽娜.煤炭企业融资现状及风险管控探析[J].煤炭与化工.2015(05).

[10]王金曼,孙晓东.对煤炭企业的融资及渠道的分析[J].煤炭技术.2014(01).

[11]王一冰.浅谈煤炭企业成本的精细化管理[J].经营管理者.2012(07).

[12]卜昌森.山西煤炭产业转型发展要找准突破口打好组合拳.新华网 2016年11月21日.

[13] 专访卜昌森:困境中必须坚定对煤炭行业发展的信心.http://www.sx.xinhuanet.com/sxbwzg/20151215/2642539_c.html.

[14]卜昌森:加快推进改革创新激发煤炭国企活力,山西日报.http://shanxi.sina.com.cn/economy/cjyw/2015-12-25/ec-ifxmxxsp6904560-p2.shtml.

[15]杜慧霞.山西煤炭上市公司资本结构问题及优化措施[J].北方经贸.2016(05).

[16]党娜.资本结构对煤炭行业的影响[J].经营管理者.2016(05).

[17]卜昌森.煤炭行业未来在提高集中度[J].能源.2016(03).

[18]于振海等.推动供给侧改革实现山西煤炭浴火重生.先锋队企业党建.2016(06).

[19]王志刚.企业负债率与融资困境研究——基于山西企业负债情况的调查[J].金融监管研究.2015(10).

[20]辉金波.资产证券化在我国保险市场的运用[J].河北企业.2011(05).

[21]任泽平,冯赟.供给侧改革去杠杆的现状、应对、风险与投资机会[J].发展研究.2016(03).

[22]《山西省人民政府办公厅转发省煤炭厅等部门关于推进煤炭供给侧结构性改革工作第二批实施细则的通知》之《推进煤炭绿色低碳消费的实施细则》.http://www.toutiao.com/i6286304850493833730/.

[23]中共山西省委、山西省人民政府《山西省煤炭供给侧结构性改革实施意见》(晋发〔2016〕16号).

[24]《山西省人民政府关于印发国家创新驱动发展战略山西行动计划(2014—2020年)的通知》晋政发〔2014〕6号.

[25]中国社会科学院.《中国国家资产负债表2015》.

# 后　记

　　2014—2016年，国家和地方连续出台各种利好煤炭的相关政策，随着政策的不断落地，2016年煤炭市场悄然复苏，煤炭行业等到了期盼已久的春天，沉寂了近四年的煤炭价格终于迎来了上涨，企业盈利开始好转，这是供需双方共同发力的必然结果。但是我们应该清醒地认识到，目前全球经济仍处在缓慢复苏的通道中，中国经济处于新旧动能的交替过程中，整个经济社会的改革仍在向纵深推进，经济发展中的不确定因素仍然较多。全省煤炭行业要坚定不移地推进煤炭供给侧结构性改革，提升煤炭先进产能比重，淘汰落后产能，优化煤炭产能结构、产品结构和产业结构，促进煤炭行业全面转型。

　　在经历过煤炭市场的暴涨与暴跌之后，煤炭行业已经可以以一种理性的态度去对待整个市场，政府的调控在一次次的市场验证后也更加精确，2017年后的煤炭市场将长期向好，煤炭行业将以饱满的热情和优异的成绩迎接党的十九大的召开。

　　《2017年山西煤炭工业发展报告》由山西省煤炭职业教育发展基金会、山西省煤炭工业协会、太原方天煤炭技术咨询有限公司

# 后记

联合推出。本书是分年度出版的山西煤炭"绿皮书"的第十本,对一年来山西煤炭工业的运行状况和发展趋势进行了全面记录与深度解读。

本书在编辑过程中得到了省内有关单位的大力支持和协作。省发展和改革委员会、省经济和信息化委员会、省煤炭工业厅、省安全生产监督管理局、省社会科学院等能源方面的专家积极参与了研究和撰稿,我们谨对他们表示衷心的感谢。本书截稿时间为2016年10月,书中主要数据截至2016年9月,因此对山西煤炭工业2016年运行状况的分析难免有不尽全面、准确之处,望读者予以注意。

在撰写过程中,我们力求与时俱进、不断创新,对山西煤炭行业发展进行了分析,并提出了建议。但由于水平有限,不妥之处恳请读者批评指正。

编 者

图书在版编目(CIP)数据

2017年山西煤炭工业发展报告/王昕主编.—太原：山西经济出版社,2016.12
ISBN 978—7—5577—0120—8

Ⅰ.①2… Ⅱ.①王… Ⅲ.①煤炭工业—工业发展—研究报告—山西—2017 Ⅳ.①F426.21

中国版本图书馆 CIP 数据核字(2016)第 326473 号

## 2017年山西煤炭工业发展报告

主　　编：王　昕
责任编辑：任　冰
装帧设计：王云翠

| | |
|---|---|
| 出　版　者： | 山西出版传媒集团·山西经济出版社 |
| 地　　　址： | 太原市建设南路 21 号 |
| 邮　　　编： | 030012 |
| 电　　　话： | 0351-4922133(发行中心) |
| | 0351-4922085(综合办) |
| E - mail： | scb@sxjjcb.com(市场部) |
| | zbs@sxjjcb.com(总编室) |
| 网　　　址： | www.sxjjcb.com |
| 经　销　者： | 山西出版传媒集团·山西经济出版社 |
| 承　印　者： | 山西科林印刷有限公司 |
| 开　　　本： | 787mm×1092mm　1/16 |
| 印　　　张： | 19.5 |
| 字　　　数： | 400 千字 |
| 版　　　次： | 2016 年 12 月　第 1 版 |
| 印　　　次： | 2016 年 12 月　第 1 次印刷 |
| 书　　　号： | ISBN 978—7—5577—0120—8 |
| 定　　　价： | 60.00 元 |